2013 年浙江省后期资助项目（13HQZZ015）

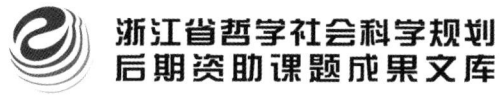
浙江省哲学社会科学规划
后期资助课题成果文库

20世纪上半期社会主义经济核算论战研究

20shiji Shangbanqi Shehuizhuyi
Jingji Hesuan Lunzhan Yanjiu

杨日鹏 著

中国社会科学出版社

图书在版编目(CIP)数据

20世纪上半期社会主义经济核算论战研究/杨日鹏著.—北京：中国社会科学出版社，2015.5
ISBN 978-7-5161-6151-7

Ⅰ.①2… Ⅱ.①杨… Ⅲ.①社会主义经济-经济核算-研究-20世纪 Ⅳ.①F211

中国版本图书馆CIP数据核字(2015)第107048号

出 版 人	赵剑英
责任编辑	宫京蕾
特约编辑	大 乔
责任校对	刘 娟
责任印制	何 艳

出　　版	中国社会科学出版社
社　　址	北京鼓楼西大街甲158号
邮　　编	100720
网　　址	http://www.csspw.cn
发 行 部	010-84083685
门 市 部	010-84029450
经　　销	新华书店及其他书店
印刷装订	北京市兴怀印刷厂
版　　次	2015年5月第1版
印　　次	2015年5月第1次印刷
开　　本	710×1000 1/16
印　　张	16.5
插　　页	2
字　　数	279千字
定　　价	56.00元

凡购买中国社会科学出版社图书，如有质量问题请与本社联系调换
电话：010-84083683
版权所有　侵权必究

目　　录

导论 ………………………………………………………… (1)
    一　问题的提出与价值 ………………………………… (1)
    二　研究现状综述 ……………………………………… (4)
    三　研究框架 …………………………………………… (7)

第一章　论战的背景 ………………………………………… (11)
  第一节　理论背景（一）：马克思的社会主义观 ………… (11)
    一　生产资料公有制 …………………………………… (12)
    二　计划经济 …………………………………………… (13)
    三　按劳分配 …………………………………………… (15)
  第二节　理论背景（二）：门格尔与奥地利学派的兴起 … (16)
    一　奥地利学派创始人门格尔简介 …………………… (17)
    二　主观主义 …………………………………………… (18)
    三　个人主义 …………………………………………… (23)
    四　方法论原则的应用 ………………………………… (26)
  第三节　时代背景 …………………………………………… (28)
    一　社会主义国家的建立 ……………………………… (28)
    二　资本主义市场的大萧条 …………………………… (30)
    本章小结 …………………………………………………… (32)

第二章　论战的前奏 ………………………………………… (34)
  第一节　自由主义者对社会主义的批评 ………………… (34)
  第二节　纽拉特与战时经济理论 ………………………… (36)
    一　战时经济创始人纽拉特简介 ……………………… (36)
    二　实物经济理论 ……………………………………… (37)
  第三节　皮尔逊与考茨基的论战 ………………………… (44)

  一　皮尔逊的价值理论 ……………………………………(45)
  二　社会主义共同体中的价值问题 ……………………(47)
  三　皮尔逊对考茨基的批评 ……………………………(51)
 本章小结 ………………………………………………………(56)

第三章　论战过程（一）：奥地利学派对中央计划经济的批评 ……(60)
 第一节　米塞斯对中央计划经济的批评 ……………………(60)
  一　经济核算理论提出的背景 …………………………(60)
  二　经济核算的基本理论 ………………………………(61)
  三　资本主义制度中的经济核算 ………………………(72)
  四　社会主义制度中的经济核算问题 …………………(80)
 第二节　哈耶克对中央计划经济的批评 ……………………(87)
  一　哈耶克第一次思想转变 ……………………………(87)
  二　知识问题的提出 ……………………………………(91)
  三　知识的性质 …………………………………………(93)
  四　对中央计划的批评 …………………………………(97)
  五　价格作为一种传递知识的工具 ……………………(101)
 第三节　罗宾斯对中央计划经济的批评 ……………………(103)
  一　罗宾斯其人 …………………………………………(103)
  二　对计划经济的批评 …………………………………(104)
  三　对社会主义和资本主义的理解 ……………………(106)
 本章小结 ………………………………………………………(107)

第四章　论战过程（二）：社会主义者对奥地利学派的回应 ……(112)
 第一节　巴罗尼的"数学计算法" …………………………(112)
  一　巴罗尼其人 …………………………………………(113)
  二　自由竞争的均衡体系 ………………………………(114)
  三　社会主义的均衡体系 ………………………………(117)
  四　作为支持社会主义的巴罗尼 ………………………(120)
  五　作为反对社会主义的巴罗尼 ………………………(121)
 第二节　泰勒的"试错法" …………………………………(124)
  一　泰勒其人 ……………………………………………(124)
  二　泰勒的社会主义观 …………………………………(125)
  三　社会主义经济核算问题 ……………………………(127)

第三节　兰格的市场社会主义模式 …………………………… (132)
　　一　兰格需要解决的问题 ………………………………… (132)
　　二　兰格利用的学术资源 ………………………………… (133)
　　三　兰格解决问题的方案 ………………………………… (134)
　　四　兰格模式的内在一致性 ……………………………… (140)
　　五　兰格模式的可行性 …………………………………… (145)
第四节　论战中社会主义阵营内部的争论 …………………… (151)
　　一　争论的背景 …………………………………………… (151)
　　二　迪金森的观点 ………………………………………… (152)
　　三　多布对迪金森的批评 ………………………………… (156)
　　四　迪金森的回应 ………………………………………… (160)
　　五　勒纳对多布的批评 …………………………………… (161)
　　六　多布对勒纳的回应 …………………………………… (164)
　　本章小结 …………………………………………………… (166)

第五章　论战过程（三）：奥地利学派对市场社会主义的回应 …… (175)
第一节　哈耶克对市场社会主义的批评 ……………………… (175)
　　一　哈耶克在论战中的贡献 ……………………………… (176)
　　二　哈耶克对均衡分析的批评 …………………………… (177)
　　三　哈耶克对竞争解决方案的批评 ……………………… (183)
第二节　米塞斯对市场社会主义的批评 ……………………… (188)
　　一　米塞斯的论战经历 …………………………………… (189)
　　二　米塞斯对均衡分析的批评 …………………………… (191)
　　三　米塞斯对人造市场的批评 …………………………… (197)
　　本章小结 …………………………………………………… (202)

第六章　论战的延续 …………………………………………… (207)
第一节　米塞斯的理论扩展 …………………………………… (208)
　　一　市场过程理论 ………………………………………… (208)
　　二　企业家理论 …………………………………………… (211)
　　三　激励机制 ……………………………………………… (213)
第二节　哈耶克的理论扩展 …………………………………… (216)
　　一　学术生涯的第二次转变 ……………………………… (217)
　　二　自发秩序 ……………………………………………… (217)

三　法治 …………………………………………………… (219)

　第三节　布鲁斯的分权模式 …………………………………… (222)

　　一　布鲁斯其人 …………………………………………… (222)

　　二　分权模式 ……………………………………………… (222)

　　三　对分权模式的评价 …………………………………… (226)

第七章　对论战的思考 …………………………………………… (228)

　第一节　论战过程的重述 ……………………………………… (228)

　第二节　市场与计划 …………………………………………… (232)

　　一　市场与计划 …………………………………………… (232)

　　二　市场体制与计划体制 ………………………………… (234)

　第三节　对中国转型的分析 …………………………………… (241)

　　一　对计划体制的分析 …………………………………… (241)

　　二　对改革开放进程的分析 ……………………………… (243)

参考文献 ………………………………………………………… (245)

导　　论

20世纪人类最重大的事件之一，就是社会主义在世界上许多国家的实践。从价值追求的角度来看，社会主义代表了人类自古以来对于"平等"这一理念的热爱和向往；从制度建设的角度来看，社会主义体现了人类渴望认识身边的一切事物、进而把握人类自身命运的愿望，这其中既包括我们生活于其中的大自然，也包括与我们的生活息息相关的各种习俗、惯例和制度；从经济发展的角度来看，社会主义代表了一种全新的经济发展模式，即用计划经济体制代替之前的市场经济体制。这样一种全新的价值诉求、制度设计以及经济发展模式，从它诞生的那一刻起，就引起了思想家不断地关注，也带来了相关的讨论。而社会主义在20世纪的实践，为我们更好地了解这一思想，提供了现实的样本。在此基础上，一些敏锐的思想家，在各自的领域，从不同的角度，对社会主义不断地进行反思。20世纪20年代至40年代发生的社会主义经济核算论战，就是众多反思之一。

一　问题的提出与价值

社会主义在20世纪的历程中，经历了一个由上升到衰落的复杂过程，到20世纪末，社会主义已经明显处于低谷。对于社会主义的演变过程，我们有必要从理论上厘清，究竟是社会主义内在的理论缺陷所致，还是历史时机不成熟，抑或是其他现实条件不具备使然。人类认识的进步，其中一个重要的途径，就是不断地对认识进行反思。因此，对社会主义的认识，透过社会主义的反对者，或许我们的视野能够更加开阔，理解也能够更加深刻。如果说19世纪的自由主义，其主要的理论对手是专制主义和封建残余，那么，在20世纪，由于社会主义实现了从思想运动到制度实践的飞跃，自由主义则主要以社会主义为对立面，代表了人们对社会主义的反思。时至今日，自由主义在政治、经济和意识形态各方面，在世界上的主要国家依然处于强势。在众多自由主义谱系当中，奥地利学派尤其以反对社会主义而闻名。从19世纪后期门格尔创立该学派以来，无论是第二代领袖庞巴维克，还是在整个20世纪中以反社会主义为己任的米塞斯和哈耶克，以及后来的罗斯巴德等人，都是社会主义坚定的反对者。

社会主义与自由主义之间在政治、意识形态等方面的争论的研究，目前已是卷帙浩繁。但是，关于社会主义与自由主义之间围绕经济思想、经济政策和经济体制等方面的争论的研究，与这方面的争论对于20世纪历史进程所产生的巨大影响是极不相称的。在众多自由主义者对社会主义经济思想的反思当中，奥地利学派无疑又是其中最具有代表性的。关于奥地利学派在经济理论方面的主要内容，人们一般认为包含以下几个方面："(1) 方法论上的个人主义（请不要与政治上或思想意识上的个人主义混淆，而是指它主张经济现象的解释应该回到个人行为中去探寻）；(2) 方法论上的主观主义（承认只有参考有关个人的知识、信念、知觉和期望，才能理解他们的行为）；(3) 边际主义（强调决策者所面临的数量的预期"变化"的重要性）；(4) 效用（和边际效用递减）对需求和进而对市场价格的影响；(5) 机会成本（承认影响决策的成本是指，为某一目的而使用生产要素时所放弃的最为重要的选择机会，而不是指已被放弃去选择其他目的之机会）；(6) 消费和生产的时间结构（表明时间偏好和生产率的'迂回性'）。"[①] 透过这些思想，我们可以发现，在很多重要的问题上，奥地利学派都与马克思主义经济学相对立。

在这样的问题背景下，本书选择了奥地利学派与社会主义在20世纪20年代到40年代发生的一场论战为切入点。奥地利学派的领军人物是米塞斯和哈耶克，兰格等人则为社会主义阵营的代表。本书将系统地介绍这场在社会主义思想史上占有重要地位的论战，通过对社会主义经济核算论战的背景、前奏、过程、影响等问题的研究，希望能够对社会主义理论本身有更深刻的认识，对社会主义运动在20世纪的演变有更清晰的把握，同时也能够加深对奥地利学派的理解。从这一角度出发，本书的意义主要体现在以下几个方面：

---

① ［英］约翰·伊特韦尔等编：《新帕尔格雷夫经济学大辞典》（第1卷），经济科学出版社1996年版，第160页。

第一，十月革命以后，围绕着社会主义建设问题，在国际范围内展开了激烈的辩论。社会主义者和共产主义者在社会主义建设的路线、纲领等问题上，矛盾重重；在国际共产主义运动内部，主要是在苏联共产党内部，对一些重大问题也产生了分歧；而在社会主义与自由主义这两大阵营之间，则存在着更多针锋相对的观点，这其中最为著名的就是奥地利学派与社会主义者围绕着社会主义经济核算问题的论战。对于前两条战线上的辩论，中国学术界已经有大量的著作进行了整理和介绍，并作出了评价，但是，对于奥地利学派和社会主义者之间的这场论战，中文文献中只是零星地提到，并无系统介绍。本书将细致地介绍这场论战，对论战的背景、过程、主题等问题进行全面研究，从而使人们能够完整地看到整个论战的全貌。

第二，一些重大而复杂的具体学术问题，也应该通过这项研究得到解决或推进。例如，马克思主义创始人笔下的社会主义没有商品货币，因此，社会主义与市场经济结合的问题，对他们来说是不存在的。然而在实践中，社会主义与市场经济的结合，已经被证明是可行的，人们大都认可"资本主义有计划，社会主义有市场"这一基本事实。不过，这只是对现象、对事实的描述和确认。从理论上对这一事实进行的分析，似乎还仍然不是很清晰。社会主义经济核算论战中，一个至关重要的主题，就是计划与市场、计划体制与市场体制的关系。通过对围绕这一问题展开的争论进行系统研究，应该把社会主义与市场经济的关系理论研究推向前进。

第三，奥地利学派自门格尔在19世纪后期开创以来，在西方学术界不断产生着影响，甚至诺贝尔经济学奖得主詹姆斯·布坎南和弗农·史密斯都承认从这一学派获益匪浅。对于奥地利学派的解基本思想，学术界已经有很多的研究成果，但是对于这些基本思想与社会主义建设的关系，目前仍有一些有待补充的地方。在奥地利学派与社会主义这场论战的过程中，代表奥地利学派出战的是米塞斯和哈耶克，他们二人是奥地利学派在整个20世纪最为出色的领军人物。通过对这场论战的介绍和分析，可以帮助我们观察这一学派的演变过程，同时也可以丰富我们对这一学派的理论体系的了解。

第四，人们对这场论战结果的认识，存在着较大的分歧。当米塞斯1920年的文章《社会主义制度下的经济核算》挑起社会主义问题论战时，正值苏俄实行战时共产主义的经济混乱时期。米塞斯在文章中断言社会主义经济体制下不可能有合理的经济核算，这一观点自然会在当时的思想界激起强烈反响。而马克思主义者和社会主义的同情者对自由主义进行反击并逐渐占得上风，则几乎是与资本主义的危机和苏联社会主义经济体制的优势的显现同步的。甚至在学术界，那些自由主义经济思想的代表人物也从台前退到了幕后，以至于熊彼特在写于30年代末40年代初的《资本主义、社会主义和民主》一书中认为，米塞斯、哈耶克们在争论中失败了，而且熊彼特对辩论结果的这一判断得到了广泛的接受。在20世纪的八九十年代，随着自由主义思潮的复苏和社会主义运动处于低谷，半个多世纪前的论战却得到了截然相反的评价。雅诺什·科纳伊在《社会主义制度》（1992年）一书认为，哈耶克们在这场辩论中的每个观点都正确无误的，而兰格所保有的希望则都是空想。论战双方的观点，到底孰对孰错，又或者是双方各有所取之处，通过本书的系统研究，应该可以作出相对中肯的评价。

第五，社会主义经济核算论战中涉及的问题，如计划与市场的关系，政府与社会的关系，所有制结构以及分配机制等，事实上也是自十月革命以来，一直到今天，社会主义发展进程中必须面对和处理的问题。如何理解价格的运行机制，如何发挥市场在资源配置过程中的作用等，这些都是社会主义改革的关节点，也是我们中国改革开放过程中的核心问题。回首30年历程，从80年代家庭联产承包责任制的确立、以价格双轨制为突破口的全民所有制企业改革的启动，到90年代初将改革的目标确定为建立社会主义市场经济体制，再到世纪之交明确非公有制经济是社会主义市场经济的重要组成部分以及将保护私有财产写进宪法，可以说，所有这些举措都与论战中涉及的问题密切相关。系统介绍和分析这场论战，并努力解决理论上的难点，不仅可以深化我们对改革开放的认识，也能够为我国今后的发展提供借鉴。

二 研究现状综述

与通常意义上的学科专业不同，论战中所涉及的社会主义和奥地利学派，都不是狭义的"学科"，而是综合性的思想体系，各自都具有深厚的哲学思想基础，其内容也涵盖了政治、法律、经济、社会、伦理甚至审美生活等各个方面。因此，各方面的专家学者在不同的领域，从不同的学术方向，对它们进行了大量的研究，并取得了极其丰硕的成果。但由于这种现代学科越来越专业化的发展趋势，社会主义和奥地利学派的这场论战在很大程度被忽视了。

关于社会主义问题的研究，国内学术界主要关注的是社会主义、共产主义内部的理论、历史和社会制度问题，在马克思主义的理论和历史、共产主义运动史、社会主义建设的理论和历史、民主社会主义的理论和历史、社会主义流派史等各个方面上，在国别、组织和人物等各个领域内，在思想、政治、经济、文化等方方面面，发表出版了大量作品。在这些卷帙浩繁的作品中，社会主义与奥地利学派的这场论战有时被提到，但基本上没有细节的展开，缺乏系统的梳理和分析。

在著作方面，最有代表性的 2008 年经济日报出版社出版的《市场社会主义：历史、理论与模式》，该书由余文烈教授等人合著。在谈到市场社会主义的理论渊源时，作者简单地介绍了社会主义经济核算论战的过程，虽然也谈到了皮尔逊、米塞斯和哈耶克等自由主义者，以及巴罗尼、泰勒和兰格等研究社会主义问题的经济学家，但是其论述过于笼统，而且忽略了像纽拉特、多布等关键性的人物。在文章方面，情况同样大致如此。例如，吕薇洲老师于 1997 年在《马克思主义研究》杂志上发表的《市场社会主义理论的历史回顾——两次论战和两种模式》、李春放教授 1999 年分别在《当代世界与社会主义》和《探索》杂志上发表的《关于二三十年代社会主义经济计算大辩论的解读和反思》、《市场社会主义的主要代表人物及其观点》、景维民教授等人 2008 年在《当代经济研究》杂志上发表的《奥地利学派对社会主义经济的诘难——文献综述及基于中国实践的一个回应》等文章，都在不同程度上涉及了论战的相关人物和特定主题，对于我们了解这场论战提供了一定帮助，但是，对于我们深刻地理解论战双方的具体观点和详细过程而言，尚有不足。

关于奥地利学派，虽然从门格尔创立该学派开始，已经一百多年，而且在国际学术界产生了重要的影响，但是，就国内学术界而言，尚属一个新兴的研究领域。近年来随着自由主义研究的升温，奥地利学派也逐渐引起国内学者的注意，一部分人将关注的目光，投向了奥地利学派的方法论、政治哲学、法律思想等方面，还有人则对奥地利学派的代表人物，如门格尔、米塞斯、哈耶克等人，产生了浓厚的兴趣。但是，由于奥地利学派强调逻辑分析，拒斥数学方法，在现代越来越数理化的主流经济学面前，奥地利学派的经济思想，始终处于边缘。在这样的形势下，国内奥地利学派的研究者，对社会主义经济核算论战，只在较少的场合零星地提及，并无全面的介绍和梳理。

在著作方面，主要有两本代表作，分别是中国经济出版社 2004 年出版的王军博士的《现代奥地利经济学派研究》和四川出版社 2008 年出版的项后军博士的《奥地利学派企业理论研究》，这两部作品都对奥地利学派的基本理论和代表人物，进行了梳理，也简单地谈到了社会主义经济核算论战。关于奥地利学派经济思想的文章，韦森教授 2005 年在《学术月刊》上发表的《奥地利学派的方法论及其在当代经济科学中的意义及问题》、李华芳在 2008 年《读书》杂志上发表的《维也纳的回声——关于奥地利学派的经济思想》、杨春学教授 2008 年《云南财经大学学报》发表的《米塞斯与奥地利学派经济学》等文章，都从不同的角度涉及了奥地利学派的经济理论，为我们更好地了解奥地利学派、进而更全面地理解社会主义经济核算论战，带来了帮助和启示。

从国际学术界来看，从 20 世纪末开始，对于社会主义经济核算论战进行回顾的作品相继问世。这类作品大体可以分为两类：一类是在研究特定问题时，对论战进行回顾，另一类则是直接以论战为主题。在前一类作品中，具有代表性的著作包括美国经济学家罗默的《社会主义的未来》、英国学者皮尔森的《新市场社会主义》、日本学者伊藤诚的《现代社会主义问题》、弗赖堡学派的奥肯所著的《平等与效率——重大的决策》等，具有代表性的文章则包括考德维尔发表的《哈耶克与社会主义》、柯兹纳发表的《米塞斯与他对资本主义制度的理解》等。在这些作品，作者在讨论各自的主题时，都在不同程度上涉及了社会主义经济核算论战，并对论战的过程和某个方面进行了阐述。

直接以论战为主题的文献，从我们目前掌握的情况来看，主要有奥地利学派学者拉瓦伊 1985 年发表的《竞争与中央计划——社会主义经济核算论战回顾》，博特克 2001 年系统整理的长达九卷的《社会主义与市场——社会主义经济核算论战回顾》等著作，以及社会主义学者阿林·科特尔和保罗·科克肖特发表的《计算、复杂性与计划》等一系列论文。这些作品都对论战的过程进行了回顾，并对相关问题展开了一定的探讨，但是遗憾的是，他们各自的意识形态特点过于浓重，拉瓦伊和博特克完全站在奥地利学派的立场上，对社会主义进行批评；而科特尔和科克肖特的作品，则是完全地为社会主义辩护。这种研究，虽有助于我们更全面地理解论战，但却无助于我们从客观的角度对其进行思考。

最后，不得不提一下翻译界的状况。马克思主义经典作家的作品，自不待言。但是与论战相关的社会主义经济学家，其引介情况并不令人满意。除了勒纳和兰格各有一本文集出版以外，纽拉特、巴罗尼、泰勒、迪金森和多布的作品，一直没有译本。从奥地利学派方面来看，最近20年，尤其是近几年来，其相关作品不断被引介至国内。哈耶克的大部分重要著作，如《个人主义与经济秩序》、《自发秩序原理》、《科学的反革命》、《哈耶克文选》和《法律、立法与自由》等，都被翻译成中文，但是哈耶克1935年编撰的与论战密切相关的文集《集体主义与计划经济》，一直没有中译本。米塞斯的情况大致与哈耶克相同，其《社会主义》、《官僚体制》、《货币、方法与市场过程》等，都已经得到引介，但是其最重要的代表作《人类行为》，里面包含着大量对兰格模式的批评，在大陆还缺乏中文读本。至于与论战相关研究的作品，例如前文提到的拉瓦伊和博特克等人的相关研究，翻译成中文的寥寥无几。总而言之，在本书的研究写作过程中，需要依靠大量的外文文献，这对文献的搜索、整理和利用，提出了一定的考验。

三 研究框架

结合本书的写作目的，根据社会主义经济核算论战中双方争论的演变过程，我们将全书的格局大致分为以下几个部分：首先描述论战的背景，接着介绍论战的前奏，然后讨论论战过程的三个阶段，分别是奥地利学派对中央计划经济的批评、社会主义者对奥地利学派的回应和奥地利学派对市场社会主义的批评。其次介绍论战结束之后，双方学者对于论战的延续。最后对论战的主题等内容进行思考，以期从中得出一些有价值的结论，从而丰富我们的理论，并为实践提供一定借鉴意义。

第一章介绍论战的背景。本章主要探讨社会主义经济核算论战的理论背景和现实背景。理论背景中，又分为社会主义和奥地利学派两部分。首先分析马克思的社会主义观，针对马克思提出的生产资料公有制、计划经济和按劳分配，对原初的社会主义思想进行评析。然后结合奥地利学派创始人门格尔的代表作《国民经济学原理》，分析奥地利学派的主观主义和个人主义方法论，并结合着论战中涉及的一些问题，对门格尔的思想进行评价。最后，介绍社会主义经济核算论战发生的时代背景，即社会主义国家的建立、资本主义世界的大萧条等。通过对论战背景的介绍，我们可以从整体上把握社会主义经济核算论战。

第二章介绍论战的前奏。本章主要涉及戈森、纽拉特、考茨基和皮尔逊等人。在社会主义经济核算论战爆发之前，一些心智比较敏锐的自由主义思想家，就已经感觉到社会主义理论存在着问题，例如他们觉察到，马克思对资本主义的认识值得商榷，社会主义共同体并不能避免对市场和货币的利用等，从而站在自由主义的立场上，对社会主义的相关问题进行批判。而另一些信奉或者支持社会主义的人士，则坚决地捍卫社会主义经济理论。也就是说，在米塞斯挑起社会主义经济核算论战之前，双方不仅针对某些问题展开了隐形的对话，而且有直接的论战。通过梳理论战之前的这些争论，我们可以更清晰地看到社会主义经济核算论战的历史渊源，从而更好地理解双方的观点。

第三章介绍奥地利学派对中央计划经济的批评。本章主要涉及米塞斯、哈耶克和罗宾斯三个人物。社会主义经济核算的论战，是由奥地利学派的米塞斯率先挑起的。1920年，米塞斯发表了题为《社会主义共同体的经济核算》的文章，重点讨论了社会主义的经济核算问题，1922年，又出版《社会主义》这部专著，对社会主义制度进行全面的批评，断言社会主义的中央计划体制是不可能的。米塞斯的核心论点是，社会主义取消了市场、货币和价格，必然无法在众多政策之间进行选择，只能进行盲目的计划，最终导致混乱不堪。从1935年开始，奥地利学派的另一位主将哈耶克，加入了这场论战，对之前的论战过程进行了梳理，并从知识论的角度，对中央计划经济体制提出了进一步的批评。著名的英国经济学家罗宾斯，深受奥地利学派的影响，在1935年发表的《大萧条》和1937年发表的《经济计划和国际秩序》等作品中，也对中央计划经济进行了批评。

第四章介绍社会主义者对奥地利学派的回应。本章主要涉及巴罗尼、泰勒、兰格等社会主义者。在米塞斯和哈耶克等奥地利学派学者批评社会主义的同时，泰勒、迪金森、多布和兰格等很多支持或信奉社会主义的经济学家，从不同的角度，设计出不同的经济核算方案，对奥地利学派作出回应。针对米塞斯的观点，很多经济学家认为，巴罗尼早在1908年发表的《集体主义国家的生产管理》一文，就已经论证了在社会主义制度下，可以通过数学计算的方式，成功的解决资源配置问题。1928年，美国经济学家泰勒，在当选美国经济学会会长的演说中，发表了《社会主义国家中的生产管理》，提出了社会主义可以采用试错的方法，逐步实现经济体系的均衡。而著名的市场社会主义者兰格，从1936年开始，相继发表了一系列的文章，对社会主义的经济计算问题进行理论建构。兰格认为，社会主义的确需要利用市场，在生产要素公有制的范围内，通过模拟竞争和试错法，同样能够发现均衡价格，社会主义经济体系同样能够实现均衡。在应对奥地利学派挑战的同时，社会主义阵营内部也发生了激烈的争论，例如迪金森和多布之间的争论、多布和勒纳之间的分歧，等等。

第五章介绍奥地利学派对兰格模式的批评。本章主要涉及哈耶克和米塞斯两人。针对兰格提出的市场社会主义模式，哈耶克于1940年发表文章，从知识论的角度讨论兰格模式内在的问题，并对市场社会主义模式的现实可行性问题进行了分析。继哈耶克之后，米塞斯也在1949年发表的最为重要的代表作《人类行为》中，对兰格模式进行批评。哈耶克和米塞斯批评的重点，涉及试错法、均衡分析以及人造市场等方面。通过分析米塞斯与哈耶克对兰格模式的批评，我们可以更加清晰地看到奥地利学派与新古典主义经济学之间的差异。

第六章介绍论战的延续。本章主要涉及米塞斯、哈耶克、布鲁斯等人。作为20世纪思想史上非常重要的一次学术争论，20年代到40年代爆发的社会主义经济核算的论战，无论对奥地利学派，还是对社会主义，都发生了深刻的影响。在论战结束之后，无论是奥地利学派，还是后来的社会主义者，都从不同的角度，对论战中各自的观点重新进行了阐述。从奥地利学派一方来看，在论战结束之后，米塞斯更清晰地阐述了市场过程理论、企业家理论以及激励问题，而对哈耶克而言，论战的经历，使其学术兴趣发生了重大转移，开始思考他无法接受的社会主义观念，为什么会受到众多学者的支持。从这一问题出发，哈耶克以论战中提出的知识论为理论基石，开始探讨政治哲学、法律哲学等其他社会科学思想。从社会主义一方来看，尽管社会主义经济核算论战未能对社会主义国家的实践产生直接的影响，但是对于社会主义理论，尤其是市场社会主义理论，影响深远。布鲁斯等社会主义思想家，不断地从兰格模式中汲取资源，推动了市场社会主义理论的发展。

第七章对论战的思考。通过对社会主义经济核算论战过程的梳理，以及对论战主题的分析，我们可以进行一些思考。首先是关于论战的过程，之前关于论战过程的描述，存在着众多错误，并且对于重要人物有所遗漏，因此，我们首先尝试着，对论战过程进行一个全面的客观的描述。其次，对于论战过程中涉及的最为主要的主题，即市场与计划、市场体制与计划体制，我们进行了理论上的分析，在详细比较的前提下，厘清各自的优缺点。最后，从社会主义经济核算论战的角度，我们对中国改革开放进程进行回顾。

第一章

论战的背景

本章主要探讨社会主义经济核算论战的理论背景和现实背景。理论背景中，又分为社会主义和奥地利学派两部分。首先分析马克思的社会主义观，针对马克思提出的生产资料公有制、计划经济和按劳分配，对原初的社会主义思想进行评析。然后结合着奥地利学派创始人门格尔的代表作《国民经济学原理》，分析奥地利学派的主观主义和个人主义方法论，并结合着论战中涉及的一些问题，对门格尔的思想进行评价。最后，介绍社会主义经济核算论战发生的时代背景，即社会主义国家的建立、资本主义世界的大萧条等。通过对论战背景的介绍，我们可以从整体上把握社会主义经济核算论战。

第一节 理论背景（一）：马克思的社会主义观

20世纪最为重大的事件，或许就是社会主义从一种单纯的理论，成为影响人类历史发展进程的实践。如果我们从社会主义理论发展史的角度来看待社会主义经济核算论战，那么，它只不过是众多对这一实践进行理论思考的努力之一。在论战的整个过程当中，要么直接地围绕着马克思的传统社会主义观而展开，要么间接地涉及传统社会主义观的几个核心要点，主要包括生产资料公有制、计划经济、按劳分配。为了更好地理解这场论战发生的原因，更准确地把握论战双方围绕着计划和市场这一主题所展开的争论，我们必须回到原点，看看马克思关于传统的社会主义，到底做过哪些具体的描述和设想，由此出发，我们才能清楚社会主义理论本身是否就存在着不足，才能分晓奥地利学派对社会主义的批评到底是否有意义。

一 生产资料公有制

马克思主义关于未来社会主义的第一个设想,是生产资料所有制问题。马克思主义认为,未来的社会,将取消资本主义社会中的私有制,代之以生产资料社会所有制,即生产资料既不归国家所有,也不归个人所有,而是属于全体社会成员。对此,恩格斯曾经有过明确的表述,就是"使整个社会直接占有一切生产资料——土地、铁路、矿山、机器等等,让它们供全体和为了全体的利益而共同合作"。[①]

要考察生产资料社会所有制究竟是否可行,我们必须分析马克思主义关于社会所有制创想的依据。在马克思看来,未来社会之所以要取消资本主义的私有制,是与规模经济带来的生产社会化以及资本集中密切相连的。马克思认为,资本主义竞争的结果,就是将分散的、按照习惯进行的生产过程,逐步转变成社会结合的、用科学方法来处理的生产过程,也就是规模经济的产生。在规模经济的形势下,一方面,私人资本主义企业渐渐无法管理如此庞大的产业;另一方面,整个社会矛盾被激化,从而形成要求和支持社会变革的力量。在这两方面的共同影响之下,公有制的建立就成为必然的选择。

然而,从我们今天的观察来看,马克思对资本主义发展的预见,存在着严重的缺陷。企业的确有集中化、规模化的趋势,但是与此同时发生的,是中小企业的蓬勃发展,而且在促进消费品多样性、更好地满足消费者需求等方面,发挥着日益重要且不可替代的作用。对于这种作用,美国前总统克林顿在其总统报告中,曾经明确指出:"中小企业是我国经济中的一个关键部分。它雇用了近60%的劳动力,占总销售额的54%,占国内生产总值约40%,占私人部门产值的50%。过去十年,每年都有超过60万家新企业诞生,在此期间的大部分时间里,中小企业创造了很多就业的机会……富有企业家精神的中小企业家也是很强的革新家,他们比大企业创造多一倍的重要革新。"[②] 另外,在现代社会的发展进程中,的确伴随着资本不断集中的趋势,但是股份公司的发展和壮大,也使企业的资

[①] 《马克思恩格斯选集》(第4卷),人民出版社1995年版,第390页。

[②] 本段统计资料及美国前总统克林顿的评论引自张卓元等著的《论中国所有制改革》,江苏人民出版社2001年版,第89—91页。

本所有权日益分散。以 1990 年的通用公司为例，当时最大的五家股东，分别持股为 1.4%、1.3%、1.2%、1% 和 0.9%，其股份加起来都没有超过 6%。在中国，据说已经有超过一亿的股民存在。

由此可见，马克思对社会所有制进行判断的依据，出现了很大的问题，也正因为如此，公有制的发展，并没有如马克思所设想，成为历史的必然，反而在很多国家，即使建立了公有制，又纷纷实行私有制改革。而资本主义至今仍然在很多方面，展现出较强的生命力，也就不足为奇了。

二 计划经济

与生产资料公有制紧密相连的，是计划经济体制问题。马克思主义的经典作家认为，在未来的社会主义制度中，计划经济体制将取代资本主义制度下的市场经济体制。关于计划经济体制的可行性问题，马克思认为，生产资料公有制的确立，为计划经济体制的发展提供了前提，而资本主义企业内部有计划的生产，以及农民家庭经济、原始经济的相关文献记载则为这种计划经济体制提供了现实依据。

关于生产资料公有制与计划经济之间的关系，马克思曾说过："在一个集体的、以生产资料公有为基础的社会中，生产者不交换自己的产品；用在产品上的劳动，在这里也不表现为这些产品的价值，不表现为这些产品所具有的某种物的属性，因为这时，同资本主义社会相反，个人的劳动不再经过迂回曲折的道路，而是直接作为总劳动的组成部分存在着。"[①] 恩格斯的表述则更为明确，"一旦社会占有了生产资料，商品生产就将被消除，而产品对生产者的统治也将随之消除。社会生产内部的无政府状态将为有计划的自觉的组织所代替"。[②] 透过 20 世纪社会主义国家的实践，我们可以发现，在大部分情况下，计划体制与生产资料公有制是结合在一起的。实行公有制的社会主义国家，往往实行的也是计划体制，而伴随着公有制逐步转化为私有制，计划体制也慢慢走向市场体制。

关于资本主义企业内部实行的计划生产，由罗纳德·科斯领衔的制度经济学，已经从"交易成本"理论上，给予了解释和说明。人们通常认为，通过企业将交易内部化，即所谓的计划性生产，可以加强垄断优势，

---

① 《马克思恩格斯选集》（第 3 卷），人民出版社 1995 年版，第 303 页。

② 同上书，第 633 页。

或者偷税漏税等，但是，在 1937 年发表的《企业的性质》这篇文章中，科斯首先区分了两种协调机制，即市场体制内的价格协调和企业内部不同的组织原则——计划性生产，然后重点回答了两个问题：第一，为什么会存在内部组织，第二，为什么并非所有的生产活动都由一个大企业来完成。我们可以将科斯的两个问题稍微转化一下，即第一，为什么企业内部的计划是行得通的；第二，为什么计划不能从单个企业扩展到整个社会的层面。对于前一个问题，科斯认为，在市场体制中，"建立企业有利可图的主要原因，似乎是利用价格机制是有成本的。通过价格机制'组织'生产活动的最明显的成本就是发现相关价格的成本。随着出售这类信息的专业人员的出现，这种成本可能减少，但却不能消除。市场中发生的每一笔交易的谈判费用和签约费用也必须加以考虑"。对于后面一个问题，科斯通过引用卡尔多和罗宾斯等人的观点，给予了明确的回答，即企业与市场之间的边界之所以存在，是因为企业内部的管理收益存在着递减。通过科斯的分析，我们至少可以明确一点，企业内部实行的计划，不能成为马克思支持计划经济的依据，相反，科斯以及其追随者，如诺贝尔经济学奖获得者威廉姆森的研究表明，在整个社会范围内，用计划取代市场，将导致内部交易成本急剧上升，最终必定会导致混乱。

至于原始经济中存在的计划，我们或许应该这样来认识。在原始经济中，社会分工体系基本没有建立，整个经济体系相对简单，就连交换也是偶尔发生的行为。从现代社会精密的分工体系、复杂的经济体系以及分散的知识体系，原始经济根本不具有可比性。在如此错综复杂的经济体系面前，任何人试图通过完整而统一的计划，指导整个社会的生产和交换，都无异于幻想。而农民家庭中的计划，基本上属于任何社会都将存在的现象。因为只要家庭作为一个整体还存在，那么它就是社会生活的一个基本单位，它就要承载教育子女、为家庭谋取福利等责任，作为整体而言，其内部必然要进行精打细算。

由此可见，计划经济实行的理论前提和现实依据，都无法支持为计划经济完美的运行提供支持。尽管如此，马克思和恩格斯的这一设想，在理论上依然引起了巨大的反响。社会主义经济核算论战，就是众多思考之一。在实践中，计划经济的思想，同样发挥了巨大的影响。几乎所有的社会主义国家，在建成之初，都制定了严密的经济计划，并用行政命令的方式，保证经济计划的实施。而且直到今天，即使很多社会主义国家已经走向市场化，计划经济的影响力依然很难短时期内消除。

三 按劳分配

马克思经典作家关于未来社会主义的另外一个设想，就是按劳分配。关于按劳分配的具体内容，马克思在《哥达纲领批判》中作出了比较细致的描述："在一个集体的、以生产资料公有为基础的社会中，生产者不交换自己的产品；用在产品上的劳动，在这里也不表现为这些产品的价值，不表现为这些产品所具有的某种物的属性，因为这时，同资本主义社会相反，个人的劳动不再经过迂回曲折的道路，而是直接作为总劳动的组成部分存在着。……每一个生产者，在做了各项扣除以后，从社会领回的，正好是他给予社会的。他给予社会的，就是他个人的劳动量。例如，社会劳动日是由全部个人劳动小时构成的；各个生产者的个人劳动时间就是社会劳动日中他所提供的部分，就是社会劳动日中他的一份。他从社会领得一张凭证，证明他提供了多少劳动（扣除他为公共基金而进行的劳动），他根据这张凭证从社会储存中领得一份耗费同等劳动量的消费资料。他以一种形式给予社会的劳动量，又以另一种形式领回来。……消费资料在各个生产者中间的分配……通行的是商品等价物交换中通行同一原则，即一种形式的一定量劳动同另一种形式的同量劳动相交换。"①

马克思之所以提出按劳分配的构想，其目的在于取消资本主义市场体制下的剥削。在马克思看来，资本家是依靠剥削工人的剩余价值来发财致富的，要消灭剥削，就要使工人的劳动，得到公平合理的报酬。因此，马克思才会设想，在生产资料公有制的基础上，每个人参加社会劳动，其劳动所得，就是他为社会所作出的贡献。但是问题在于，这种贡献如何才能精确地衡量呢？在马克思关于未来社会的设想中，由于取消了货币，因此，马克思所采用的衡量尺度是劳动量。而以劳动量作为衡量标准的可行性，恩格斯曾说过：在社会主义经济体系中，"一个产品中所包含的社会劳动量，可以不必首先采取迂回的途径加以确定；日常的经验就直接显示出这个产品平均需要多少数量的社会劳动。社会可以简单地计算出：在一台蒸汽机中，在100公升的最近收获的小麦中，在100平方米的一定质量

---

① 《马克思恩格斯选集》（第3卷），人民出版社1995年版，第303—305页。

的棉布中，包含着多少劳动小时"。①

很明显，对于以劳动量作为衡量尺度进行的计算，马克思和恩格斯过于乐观。对于这种劳动计算的困难，在理论上引起了深刻的讨论。事实上，早在社会主义国家成立之前，荷兰自由主义者皮尔逊就敏感地意识到，劳动量作为经济计算的尺度，存在着难以克服的问题。皮尔逊和考茨基之间的论战，很大程度上就是由这一点而引发的。而社会主义经济核算论战的一个关键问题，就在于取消了市场价格，以劳动量为标准进行计算，究竟是否可能。针对劳动核算，奥地利学派提出的最为重要的两条依据，分别涉及复杂劳动的劳动量如何计算和异质劳动如何比较。对于这些理论上的探讨，我们将在下文详细论述。

劳动计算在理论上存在的缺陷，导致其在实践中引发了很多难题。由于劳动量无法进行精确的计算，社会主义国家只能实行平均主义。这种平均主义分配方式，引发了两个重要的问题，一个是在社会主义计划体制下，缺乏有效的激励机制，干多干少一个样，干好干坏一个样，甚至干与不干也几乎没有什么差异；另一个则是为了获得更高的收入，每个人只能极力地向权力和官僚体制靠拢，因为一个人的政治表现，往往与直接的物质奖励相挂钩，更重要的是，在经济领域均等化之后，政治领域则存在着严重的差异和森严的等级，跻身更高的官阶，就意味着能够获得对财富更多的支配权。

第二节　理论背景（二）：门格尔与奥地利学派的兴起

人们通常认为，门格尔1871年发表的《国民经济学原理》一书，标志着奥地利学派的形成。在这部作品中，门格尔明确了奥地利学派的研究方法，即主观主义和个人主义，并在此方法论的基础上，对经济学的基本概念，如商品、价值、交换、价格等作出了界定，基本建构起奥地利学派的整体理论框架。当我们回顾奥地利学派的发展史时，我们可以发现，门格尔所确立的研究方法和理论框架，为奥地利学派的发展指明了方向，也为其身后的研究者提供了理论工具。维塞尔从中发展出机会成本理论，庞巴维克推演出奥地利学派的商业周期理论。在社会主义经济核算论战中，

---

① 《马克思恩格斯选集》（第3卷），人民出版社1995年版，第660页。

米塞斯将价值理论和价格理论,应用于对社会主义计划经济的批评,而哈耶克则明确提出了独具特色的知识理论。可以说,奥地利学派时至今日的发展,几乎全部都是在门格尔奠定的基础上进行的。因此,对门格尔的方法论原则进行探讨,对他的思想脉络进行梳理,不仅有利于我们从整体上把握奥地利学派的基本观点,而且可以进一步发掘出,在社会主义经济核算论战过程中,米塞斯和哈耶克所汲取的思想资源,从而有利于我们更深刻地理解这场论战。

一 奥地利学派创始人门格尔简介

门格尔1840年出生于奥地利,1863年获得博士学位。他一生从事了很多职业,最初是新闻记者,后来成为奥地利政府的公务员,然后又辞去了这一职务,成为维也纳大学法律和政治科学系的教授,而且还担任奥地利鲁道夫王储的家庭教师。1903年退休,1921年与世长辞。门格尔的一生,虽然职业经历丰富,但是其兴趣始终如一,那就是经济和财政问题。他发表的相关作品不多,但是影响却极为深远,代表性的作品包括1871年出版的《国民经济学原理》和1883年发表的《经济学方法论探究》。前者奠定了奥地利学派今后发展的基础框架,后者则点燃了他与德国历史学派之间关于方法论问题的论战。

门格尔的作品中,一个非常重要的特点在于,他是在批评中进行建构的。《国民经济学原理》一书,门格尔的写作目的非常明确,那就是反对劳动价值论。他认为,"古典经济学家的最重要和最著名的论点要么是根本站不住脚的,要么只有在经过重大的修正和补充后才能成立"。[1] 因此,门格尔创立自己的主观价值理论以及边际效用理论,希望由此可以解决经济学家们困扰的理论问题。正如当代著名的奥地利学派研究者沃恩所说,"《国民经济学原理》中的每一章,都包含着驳斥某些早期的学说,或其他需要正确的价值理论去阐明的学说"。[2] 对于《经济学方法论探究》这部作品而言,门格尔的这一特点体现得就更加明显了。以施莫勒为代表的

---

[1] [奥]庞巴维克:《奥地利学派经济学家》,彭定鼎译,《美国政治与社会科学院年刊》1891年第1期。

[2] [英]约翰·伊特韦尔等:《新帕尔格雷夫经济学大辞典》(第3卷),经济科学出版社1996年版,第470页。

历史学派，在当时的德奥经济学界，占据着难以撼动的主导地位。他们坚决否认科学经济理论的存在，在他们看来，只有通过历史经验研究，才能够推断出隐藏在经济事件背后的规律。而门格尔就是希望通过这本书向读者证明，精确的研究方法不仅是可行的，而且对于建构经济理论而言，是必要的。结合着门格尔的这两部代表作，本书主要讨论门格尔对主观主义和个人主义的强调，因为方法论问题是门格尔乃至整个奥地利学派最为重视的问题，也是他们理论建构中最突出的特点。在介绍门格尔坚持的方法论之后，简单论述一些与社会主义经济核算论战相关的问题，例如对数学方法的批评、知识理论、市场过程理论等。

二 主观主义

在经济思想史中，奥地利经济学派一直以边际效用而著称。如果边际主义是奥地利学派的理论特色所在，那么，如何将奥地利学派与同样坚持边际主义的杰文斯和瓦尔拉斯学派区别开来呢？通过对门格尔思想脉络的梳理，我们将看到，真正"使这一学派维持统一的东西——或许可以称之为它的主题的东西——正是其成员的方法论观点：主观主义"。[①] 主观主义这一根本性的方法论原则，使奥地利经济学派与新古典主义保持了一定距离，并在思想史上独树一帜。

何为主观主义呢？著名的奥地利学派经济学家霍维茨指出，"主观主义的根本论点是：社会科学的解释必须从解释我们所研究之行为主体的主观心理状态开始"。[②] 这就要求我们对经济现象进行经济分析的时候，要考察行为主体的动机，从行为者的主观心理角度对其有目的的行为和选择进行研究。门格尔的《国民经济学原理》，开创了奥地利学派主观主义的研究传统，其贡献之巨，用奥地利学派的代表人物之一萨勒诺的话来说："奥地利学派的经济学曾经是、而且将永远是门格尔的经济学。"[③] 在该书的英文版前言中，也包含着这样的一段话："门格尔的国民经济学原理，不仅引入了边际分析的概念，而且它呈现了一种完全崭新的研究方法，即主观

---

① [美] 劳伦斯·怀特：《奥地利学派经济学的方法论》，转引自 [奥] 门格尔《经济学方法论探究》，姚中秋译，新星出版社 2007 年版，第 297 页。

② [奥] 门格尔：《经济学方法论探究》，姚中秋译，新星出版社 2007 年版，第 268 页。

③ Joseph T. Salerno, *Carl Menger: The Founder of the Austrian School*, Ludwig von Mises Institute.

主义，这一研究方法至今仍然是奥地利学派价值和价格理论的核心。"①

在《国民经济学原理》的序言中，门格尔就向我们提出了一系列的问题："某物是否对我**有用**②？要在怎样的条件下才对我有用？这物是否为**财货**？是否为**经济财货**？并在怎样的条件下才是**财货**？才是**经济财货**？这物对我是否具有**价值**？要在怎样的条件下才对我具有**价值**？并对我具有多大的价值？在两个经济主体间是否能进行财货的经济交换？并在怎样的条件下才能进行经济交换？以及在交换的时候，财货的**价格**将在怎样的界限内形成等等。"③ 而我们，就将根据对这些问题的回答，分别从财货理论、价值理论和价格理论三个方面考察门格尔的主观主义。

首先让我们看一下门格尔的财货理论。《国民经济学原理》开篇伊始，门格尔就指出，人类的欲望从需要满足的状态过渡到满足的状态，必须满足一定的条件。或者是我们抚平内心的波澜，清心寡欲，或者是拥有能够使我们的欲望得到满足的外物，并对我们发生作用。因此，对于门格尔而言，只有能够满足人类欲望的物品才是有用的，而物品要想成为财货，则必须具有以下四个条件：

1. 人类对此物的欲望；
2. 使此物能与人类欲望的满足保持着因果关系的物的本身属性；
3. 人类对此因果关系的认识；
4. 人类对此物的支配，即人类事实上能够获得此物以满足其欲望。④

从这四个条件中我们可以看出，一件物品是否能够成为财货，除了其本身具有一定的属性这一客观因素之外，还需要种种主观因素的存在，即人们确实有这种需求，而且认识到这种需求，也就是说，物品的财货性质，是客观因素和主观因素共同发挥作用的结果。

在此处插入人们对门格尔"虚拟财货"的众说纷纭，但愿不会给读者留下离题的嫌疑。门格尔说："我们常常可以看见一种特殊情况，就是一些物对于人类欲望的满足并无任何因果关系，但它们却被人们当作财货

---

① Carl Menger, *Principle of Economics*, Translated by James Dingwalland and Bert F Hoselitz, Ludwig von Mises Institute, 2007, p. 7.

② 文章中的黑体字均为作者原文所注。

③ ［奥］门格尔：《国民经济学原理》，刘絜敖译，上海世纪出版集团2005年版，第3页。

④ 同上书，第2页。

来处理。"① 例如人们对某些化妆品以及对图腾、偶像和建筑物的崇拜，等等。对于这些物品，门格尔称之为"虚拟财货"。这一概念的提出，使门格尔受到很多人的指责，他们认为门格尔背离了自己的主观主义，或者说最终没有坚持主观主义，不是一个纯粹的主观主义者。因为如果财货的性质是由个人的主观评价来确定的，何以一种财货较之其他财货更有虚拟性呢？在这些批评者看来，一旦承认了虚拟财货，就等于承认了知识的客观性，从而否定了经济主体的主观知识。如果虚拟财货的背后，门格尔所想象的知识真的是客观的，那么，这无异于一种决定论，稍微熟悉奥地利学派传统的人都会相信，门格尔无论如何也不会秉承这样的学术观点。相反，如果从个人主义的角度出发，则虚拟财货与主观主义就毫无矛盾了。因为每个人的知识是在不断增长、不断修正的，正如古人所云"活到老学到老"，所以今日的真知灼见，到了明天可能就真的会贻笑大方，而且门格尔自己也表示，人们能够懂得知识并纠正谬误，或许在此意义上，门格尔才赋予了财货"虚拟"的性质。

言归正传。当我们支配一些能够直接满足欲望所必需的财货时，我们的福利自然就得到了直接的保证。例如，当我们拥有必要的面包的时候，则我们就不会因为饥饿而苦恼，这里的面包就获得了财货的性质。但有时候我们并不能直接拥有面包，而只能拥有一些面粉、制造面包的设备、燃料等，它们虽然不能直接地满足我们的欲望，却可以间接地满足。于是，根据财货直接还是间接满足人类的欲望，门格尔将财货分为了低级财货和高级财货。但是，无论是低级财货还是高级财货，其终极目的都是为了满足人类的欲望和需求。

紧接着，门格尔又对财货进行了另外一种区分。人类欲望的满足需要一定的财货量，当这一需求量大于我们所能支配的数量时，此时的财货就是经济财货；反之则为非经济财货。对于非经济财货，因为其支配量超过了需求量，所以为了满足欲望，无需刻意而为之。而对于经济财货，由于我们所能支配的财货量无法完全满足我们的需求，我们就需要小心谨慎地使用这些能够支配的数量，充分发挥其中任何一部分的效用，并对我们的各种欲望进行区分，优先满足那些比较急迫、比较重要的欲望，而这一系列的活动总体，就是经济。所以，从门格尔的角度看，所谓的经济，无外

---

① [奥]门格尔：《国民经济学原理》，刘絜敖译，上海世纪出版集团2005年版，第3页。

乎就是经济主体为了满足自身的需求而进行的有目的的活动,归根到底就是利用能够直接掌握的财货来尽可能地满足自身的需求。

当人们为了满足自己的欲望而对他所掌握的财货进行经济活动的时候,便产生了另一个问题,即财货的价值。这就涉及了门格尔最重要的理论——主观价值理论。门格尔说:"当经济人意识到他们欲望的满足及其满足程度的大小,是依存于他们对于某财货的一定量的支配时,该财货对于经济人,就获得了我们叫做价值的意义。"[1] 因此,门格尔将价值定义为:"一种财货或一种财货的一定量,在我们意识到我们对于它的支配,关系到我们欲望的满足时,为我们所获得的意义。"[2] 所以,财货的价值并不是附属于财货之物,也不是财货本身的属性,它本身更不可能单独存在,其本质是财货在保持我们的生命和福利上对于我们所具有的意义,或者说是财货与人之间所发生的一种关系。

由此看来,价值是建立在经济人主观判断的基础之上,而并不存在于经济人的意识之外。一件物品的价值在本质上与物品不同,它只是经济人对于它所具有的上述意义所作出的判断。

既然价值的本质是一种意义,一种关系,那么,价值判断的根本尺度是什么呢?为了研究这个问题,门格尔说,我们需要弄清楚两个问题。第一,我们要研究各种不同欲望的满足,对于人类具有何种不同的意义。通过门格尔的研究我们可以发现,与人类生命的维持密切相关的欲望满足,对人类具有最高的意义;为人类的福利所依存的欲望满足,则仅具有次要的意义。而在人类福利所依存的欲望满足之中,高度福利[3]所依存的欲望满足,则又比低度福利所依存的欲望满足具有更大的意义。第二,各种欲望的满足对各种具体财货的依存性。经过分析之后,门格尔总结说,"在每一种具体情况下,假如一个经济人所支配的财货数量中的一定部分量,为各种欲望满足中只具有最小意义的一个欲望满足所依存,则此人所支配的财货数量中的这一部分量的价值,对于此人来说,一定等于各种欲望满足中重要性最小的欲望满足对于此人所具有的意义。这些各种欲望满足都

---

[1] [奥]门格尔:《国民经济学原理》,刘絜敖译,上海世纪出版集团2005年版,第52页。
[2] 同上。
[3] 按照门格尔的解释,所谓的高度福利,是指在同一强度下,持久性较长的为高度;在同一持久性下,强度较大的为高度。

是为总体量所保证且可为同一部分量所实现的"。①

从门格尔对上述两个问题的回答中，我们可以得出这样的结论：财货对我们所具有的价值意义，不过是一个转移的意义，因为从根本上说，只有欲望满足才对我们具有意义，而欲望满足必须依存于一定的财货量，所以我们才在逻辑的演绎之下，有意识地将这一意义转移到财货上面。也正因为如此，转移到财货之上的欲望满足意义的大小就决定了该财货价值的大小。

门格尔主观价值理论向我们表明，财货的价值，不仅在本质上是主观的，而且它的尺度也是主观的。同一财货，对某一经济人有价值，对于情况与之不同的另一经济人则很可能没有价值；对于某一经济人具有较高的价值，而对于第二个人则可能只有较小的价值，甚至对于第三个人来讲完全没有价值，这些都不矛盾。

最后，让我们再来审视一下门格尔的价格理论。作为价格理论的前奏，门格尔首先澄清了交换的起源和本质。假设经济主体甲拥有大量的面包，而只有少量的水，而经济主体乙拥有大量的水，而只有少量的面包，这时，同一块面包对甲的价值要小于对乙的价值，而同一杯水对甲的价值要大于对乙的价值。此时，则存在着交换的可能。当二者同时意识到此种情况，且没有进行交换的阻碍时，交换就在事实上发生了。而且，随着甲获得了越来越多的水，而乙获得了越来越多的面包，当同一块面包对甲的价值不再小于对乙的价值，或者同一杯水对甲的价值不再大于对乙的价值时，双方的交换也就达到了临界点。交换过程中，甲乙双方互惠互利；交换结束后，甲乙双方皆大欢喜。

由此可见，人类倾向于交换，并不是因为交换本身的乐趣，或者交换本身就是目的，而是因为通过交换的手段，人类可以尽最大可能地满足自身的需求。"诱导人类进行交换的原则，与指导人类进行经济活动的原则，即尽可能地完全满足其欲望的原则是没有什么区别的。人类在交换财货时所感受到愉悦，实际上就如人类在某一事件发生后其欲望能得到满足时的愉悦一样"。②

前面我们陈述了甲乙双方为什么进行交换和交换的界限在何处，但是

---

① ［奥］门格尔：《国民经济学原理》，刘絜敖译，上海世纪出版集团2005年版，第66页。
② 同上书，第100页。

这里隐含的一个问题则是，双方按照什么比例进行交换呢？假设甲认为100块面包最少换得30杯水，而乙认为100块面包最多换得80杯水，那么，100块面包的价格最终很可能落在30杯水和80杯水之间。如果100块面包的价格低于30杯水，则甲就不会参与到交换过程中，同理，如果高于80杯水，则乙就不会参与交换。因为交换双方都会为了最大限度地获得自己的利益而努力，因此在一般情况下，价格最终会形成于双方平均点附近。

这就是门格尔的价格理论中最简单的模型。由于价格是在交换过程中产生的，是内在于交换过程之中的，所以门格尔说，"价格不过是他们进行经济活动和财货交换时的一个偶然现象，不过是在人类经济中所形成的经济平衡的一个表征"，而"一个正确的价格理论所应说明的，是经济人在企图尽可能地满足其欲望的努力上，如何以一定量的财货相互交换"。[1]那么，门格尔是否完成了价格理论这一研究任务呢？奥地利学派著名的代表人物萨勒诺曾评价说："门格尔充分证明了，正是价格，充分客观地体现了经济主体为了满足其欲望而付出的各种主观上的努力，他的这一论证，不仅是他最重要的贡献，而且是他引发的经济学'革命'的本质。"[2]

通过对门格尔《国民经济学原理》的分析，我们就可以回答作者在序言中提出的那一系列的问题了。无论是一件物品的财货性质，还是财货的经济性质，抑或是财货的价值，人们的主观判断都在其中发挥着决定性的作用，它们都体现了人与物之间的一种关系。无论是获得财货，还是将自己支配的财货与他人进行交换，抑或在交换过程中的讨价还价，都是为了更好地满足自身的欲望和需求。因此，奥克勒认为，"虽然主观价值论在门格尔的经济理论中具有突出的地位，但就主观主义对经济学的宽广意义来说，它只是其中的一个要素，就所有经济现象作为个人决策、选择和行动的产物来说，它所具有的主观性质和起源则是门格尔主要著作的焦点"。[3]

三 个人主义

与主观主义密切相关的，是门格尔对方法论个人主义的强调。在门格

---

[1] [奥]门格尔：《国民经济学原理》，刘絜敖译，上海世纪出版集团2005年版，第112页。

[2] Joseph T. Salerno, *Carl Menger：The Founder of the Austrian School*, Ludwig von Mises Institute.

[3] A. Oakley, *the Revival of Modern Austrian Economics*, Edward Elgar, 1999, p. 22.

尔看来，主观主义和个人主义是无法分割的。研究经济现象、建立经济学理论，必须依据主观主义方法论，从个人的主观感受出发。从现实的角度来看，每一个个体都是具有各种欲望的主体，无论是生存、福利、享乐还是彰显自己美德的欲望，人类都希望得以满足，恰恰是为了满足这些欲望，他们才会对各种财货进行经济活动，才会在经济交换的过程中与他人讨价还价并最终确立市场价格。因此，人类的一切行为，从经济学的角度来看，其目的都是为了满足自己的欲望。只有真实的个体才有各种各样的需求，从这一现实思考出发，门格尔将主观主义与个人主义联系在一起。从理论研究的角度看，在《国民经济学原理》的序言中，门格尔就表明了他的研究立场："努力使人类经济的复杂现象还原为可以进行单纯而确实的观察的各种要素，并对这些要素加以适合于其性质的衡量，然后再根据这个衡量标准，从这些要素中探出复杂的经济现象是如何合乎规律地产生着。"[①] 也就是说，在坚持主观主义方法论的同时，必然坚持个人主义。将社会现象还原为个人的主观追求、需要和感受，是经济学和其他社会科学中需要应用的重要方法。

从个人主义方法论的角度，门格尔对德国历史学派的经济理论提出批评。他们认为，"国民经济"是一个独立的集体性概念，国民经济学唯一的研究对象，就是国家的特性，而不应该包括个体经济现象。他们甚至将考察个体经济的理论，称为"原子论"。而在门格尔看来，历史学派的经济学家根本就没有认识到，所谓的国民，根本不是一个具有独立的需求、能够进行经济活动的主体，"'国民经济'现象并不是像有些人所设想的那样是对一个国家的生活或一个'经济性国家'的直接成果的直接描述。相反，国民经济是该国中无数个人的经济活动的全部结果"。因此，我们必须将这些现象追溯至其真正的构成因素，即个体的经济活动中，从个体的角度，考察经济主体的各项活动，进而研究他们之间相互作用的规律。

在门格尔看来，大而化之地从集体主义角度，考察国民经济这样的概念，是不恰当的，也不可能充分认识经济现象，而且，不仅经济学领域需要个人主义研究方法，在其他社会科学领域，同样如此。因为在所有的社会科学领域，我们在进行理论建构时，始终应该牢记的一点是，在该领域几乎所有的复杂现象，都是导致它生成的各种因素共同作用的结果。单纯

---

① [奥]门格尔：《国民经济学原理》，刘絜敖译，上海世纪出版集团2005年版，第2页。

的考察这些复杂现象，并不能帮助我们理解其实质。只有利用个人主义方法论，从个人对自身利益的追求过程中产生的互动这一角度，才能洞悉复杂现象的起源和发展。

在与德国历史学派的经济学家论战过程中，门格尔分析了为什么他们会忽视个人主义，而迷恋集体主义。最主要的原因在于，他们接受历史学的基本立场，即历史学的研究对象不是单个个人的命运以及他们的活动，而是民族的。这种研究取向或者路径，在很大程度上导致了他们忽视个体，而重视整体。站在历史学的角度来看待经济问题时，他们片面地追求历史进程中的相似性，或者说谋求经济的发展规律。在他们看来，只有从经济发展史中，发掘不同国家在价格、资本、地租和利息方面的相似性，才是唯一正当的。从这一立场出发，他们自然会否认，从个体活动的角度讨论个人的欲望、需求和利益，能够建构起精确的经济理论。

个人主义不仅是门格尔批评德国历史学派经济学家、进而构建奥地利学派经济理论的方法，也是他研究各项制度的形成和演进的基础。在这一研究领域内，门格尔对社会现象和制度进行了分类。一类是社会成员达成协议或者是实证立法的结果，是社会主体有意识地进行选择的结果。对这类现象和制度的研究，我们应该探究的是，"在具体的情况下，指导社会共同体或者统治者创建和改进这里所讨论的社会现象的那些目的。我们要探究，在这种情况下，他们可以利用的种种手段，妨碍他们创建和发展这些社会现象的各种障碍，这些可以利用的手段以何种方式、通过何种途径被用于创建这些现象"。[①] 只有从这种因果关系的角度，我们才能深刻地认识到这类现象和制度的起源和演变的过程。

但是，在社会科学领域，还存在着另外一部分社会现象和制度，它们并不是社会成员通过协议或者立法形成的产物，不是共同体有意识地作出的选择。相反，它们乃是社会成员通过无意识的活动、相互作用产生的非意图后果。社会生活中，很多现象和制度都属于这一类范畴，它们对于人类的合作、交流和福利，做出了巨大的贡献。例如语言、宗教、法律甚至国家本身，还有其他一些经济现象，例如市场、货币，等等。对于这些现象和制度，采用之前的研究方法，即探究事物之间的线性因果关系，是不合乎实情，也是完全违背历史的。因此，研究这些属于社会发展之非意图

---

① [奥]门格尔：《经济学方法论探究》，姚中秋译，新星出版社2007年版，第133页。

结果的社会现象，就必须从个人主义的角度，对其起源进行理解。

以货币为例。在历史上，的确有些货币，是由政府通过法律而规定的。但是，"在大部分情况下，法律规定显然并不是将某种东西规定为货币，相反，经常是对某种已经成为货币的东西予以承认而已"。个人为了追求自己的利益，在市场交换过程中，逐渐选择那些可售性强、便于携带、耐用而且易分割的物品，充当交换的媒介，当选择这种媒介的人越来越多，而且逐渐成为习俗的时候，货币在事实上就产生了。事实上，我们的确可以看到，在这一过程中，没有任何公共的约定，没有国家法律的强制，甚至没有从公共利益进行的考虑。因此，在研究这类非意图的现象和制度时，最好的办法，就是从个人主义的角度，"将它们还原至其组成因素，即还原至其因果关系中的个体因素，通过探究由这些因素……来获得对这些现象的理解"。[①]

门格尔所坚持的这种个人主义方法论，"被奥地利学派经济学家视为一项根本的研究领域，视为某种在进行具体的次级学科研究之前就需要严格坚持的东西"。[②] 沿着门格尔将个人主义与主观主义相结合的研究路径，奥地利学派的学者们对经济学和其他社会科学进行了进一步的探讨。如社会主义经济核算论战过程中，米塞斯提出的人类行为理论，哈耶克发现的知识理论等，都是在这一研究方法的指导下而进行的思考。

四 方法论原则的应用

以主观主义和个人主义研究方法为基础，门格尔的著述，大体上建构了一个经济学研究框架。在这一框架内，包含了丰富的理论资源，为今后奥地利学派的发展指明了方向。社会主义经济核算论战中涉及的很多问题，都能够从中寻找到理论支持，例如奥地利学派对数理经济学的批评、米塞斯论证的市场过程理论、哈耶克的知识理论等。在门格尔的理论框架内，对这些问题进行追溯，有利于我们更清楚地认识到，米塞斯和哈耶克在论战所利用的理论资源，其来龙去脉究竟何在，也有利于我们更全面地

[①] [奥]门格尔：《经济学方法论探究》，姚中秋译，新星出版社2007年版，第142、148页。

[②] [美]格里高利·克里斯坦森：《方法论个人主义》，转引自[奥]门格尔《经济学方法论探究》，新星出版社2007年版，第260页。

理解整个社会主义经济核算的论战。

第一，米塞斯在论战过程中，对数理经济学的反感，直接起源于门格尔。从门格尔开始，奥地利学派坚持的一个重要学术传统，就是认为数学方法并没有什么价值，因为它不可能有助于理解经济过程中那些最重大的问题。事实上，门格尔本人处在一个具有特殊的数学天赋的家族内，而且在奥地利当时的教育环境下，受到过系统的数学训练。而《国民经济学原理》这部作品中，对数学方法几乎只字未提。对经济学研究中采用数学理论如此决绝，在很大程度上就是因为门格尔所坚持的主观主义和个人主义方法论。从主观主义和个人主义的角度来看，个人的感受、主观的评价是不可能相同的，商品的边际效用本身也处于递减状态，而这些差异，在"无差异"的一般均衡理论中，根本无法显现。门格尔曾写信给瓦尔拉斯说："我们不仅研究经济现象的数量关系，也研究其性质（或本质）。我们怎能借助数学方法获得后一类知识（比如价值、租金、利润、劳动分工、金银复本位制等的性质）呢？"① 可以说，门格尔所坚持的主观主义和个人主义研究方法，奠定了整个奥地利学派对数理经济学的基本态度。

门格尔对瓦尔拉斯的质疑，不仅是因为一般均衡理论无法体现个人主观感受的差异，还有另外一点值得我们关注，那就是在奥地利学派看来，一般均衡理论在本质上是一种静态理论，而门格尔所关注的，乃是市场的动态过程。在《国民经济学原理》的第一章，门格尔就明确指出了，时间是我们进行经济考察的一个本质因素。从高级财货演变成低级财货，进而满足人们的需求，这一过程只能发生在时间的进程中。"所以，我们若要完全把握整个过程中的各个现象之间的因果关系和这个过程本身，那我们就须在时间中来考察这个过程，并用时间来测算这个过程。"② 然而，我们对时间过程的把握是不确定的，或者说，由于种种原因，我们希望在一段时间之后获得的产品，在实际获得时，无论是数量还是质量，都具有一定程度的不确定性。而且在此过程中，人们的知识、需求和整个制度，都可能会发生变化。后文我们将看到，从这一观察当中，米塞斯逐渐提出了奥地利学派的市场过程理论，并以此为依据，对论战中的市场社会主义

---

① ［美］劳伦斯·怀特：《奥地利学派经济学的方法论》，转引自［奥］门格尔《经济学方法论探究》，新星出版社2007年版，第303页。

② ［奥］门格尔：《国民经济学原理》，刘絜敖译，上海世纪出版集团2005年版，第15页。

者进行批评。

第二，门格尔的观点，在社会主义经济核算论战过程中，不仅为米塞斯提供了灵感，也对哈耶克的知识论产生了重要影响。门格尔认为，亚当斯密对于人类生产力的发展和福利增进的分析是片面的。劳动分工固然是人类经济进步的重要原因，但是，它仅仅是原因之一。比劳动分工更重要，或者至少同样重要的是，人类知识的增长，以及由此带来的对各种高级财货更多的控制。门格尔认为，"人类对于物与人类福利的因果关系之认识的进步，和对于这些有关福利的较为间接的条件之掌握的进步，已经把人类从野蛮与极度贫困的状态，提高到今日这样文明与富裕的阶段"。[①]一旦我们接受这一观点，并从主观主义和个人主义方法论的角度看待知识问题，那么，哈耶克在论战过程中提出的知识理论，也就顺理成章了。因此我们说，门格尔的方法论和理论框架，是哈耶克知识理论的重要来源。

第三节 时代背景

社会主义经济核算论战的时间跨度，主要是从20世纪20年代到40年代。这期间，虽然也有"一战"后世界秩序的重建等影响人类历史进程的重大事件，但是从社会主义经济核算的论战来看，最重要的历史事件有两个，即第一个社会主义计划体制国家的建立和世界性大危机的爆发。前者使支持社会主义的人们欢欣鼓舞，后者则使很多即使曾经对市场体制信心满怀的理论家，也开始发生了动摇。在市场体制腹背受敌、计划体制大行其道的背景下，社会主义经济核算论战如火如荼地展开了。

一 社会主义国家的建立

1917年，俄国爆发了"十月革命"，建立了马克思主义政党领导下的世界上第一个社会主义国家。尽管米塞斯否认这是一个"历史的转折点"[②]，但是它的确改变了人类历史的进程。一方面，十月革命的胜利，使理论上的传统社会主义，终于成为一个国家的主导意识形态，对于那些向往社会主义的人们而言，犹如一剂强心针，极大鼓舞了他们的信心。十

---

① [奥]门格尔：《国民经济学原理》，刘絜敖译，上海世纪出版集团2005年版，第20页。
② [奥]米塞斯：《有计划的混乱》，冯克利译，《当代世界社会主义问题》2008年第2期。

月革命"在社会主义的西方和被奴役的东方之间架起了一座桥梁,建成了一条从西方无产者经过俄国革命到东方被压迫民族的新的反对世界帝国主义的革命路线",推动了世界各地被压迫民族和国家争取独立、自由和解放的运动,带动了世界性社会主义实践的发展。另一方面,通过"十月革命"和社会主义在俄国的建立,很多人开始相信,未来就掌握在我们手中,一切都可以按部就班地、通过有意识的计划来控制,国有化和集体化就是人类未来的发展方向。这种情绪和思想,甚至逐步蔓延到西方资本主义国家。西方国家兴起的国有化浪潮,就是这种影响的证明。

俄国建立了社会主义国家之后,在残酷的战争形势面前,实行的是战时共产主义政策,把中小企业全部收归国有,在城市统一实行供给制,而在农村,则实行余粮收集制,要求农民只能保留必要的口粮,将剩余的生产所得全部上缴给国家,由国家统一支配。战时共产主义政策,既是社会主义计划体制的必要体现,同时也是战争期间不得已而为之的选择。

由于战争期间耗费了巨大的国民财富,使得本来生产就相对落后的俄国,整个经济形势更加困难,经济体系处于崩溃的边缘。而这时,农民对战时共产主义,尤其是继续实行的余粮收集制的不满情绪不断上升,纷纷要求国家能够在经济上予以帮助,为此甚至爆发了武装运动。在此情况下,苏俄于1921年开始实行新经济政策。在农业方面,用粮食税的征收,取代了战时共产主义时期的余粮收集制,允许农民在缴纳税收之后,自由支配剩余的劳动所得,从而减轻农民负担。在工业领域,除了涉及国家经济命脉的产业由国家统一管理之外,允许私人经营中小企业,甚至允许外资以合作经营的方式,参与经济建设。在商业领域,允许实行产品的交换,国家通过合作社的形式,保证工业产品与农业产品之间的流通。从理论上来讲,新经济政策的实施,意味着苏俄的领导者,尤其是列宁,已经意识到单纯的计划体制存在严重的缺陷,必须引入市场,才能在一定程度上弥补计划体制的僵化与无效率。而从实践上来看,新经济政策则在苏俄的生死存亡之际,扭转了整个国家的经济形势,在一定程度上促进了俄国战后的重建和发展。

但是新经济政策最终的结果,却并非如俄共所预想的那样令人满意,毕竟它是在计划体制的整体范围内的、局部的引用市场。从整个体制来看,中央的权力仍然占据主导性地位,中央计划和行政命令依然是社会管理的基本手段。当企业运用经济核算原则,却与行政命令相抵触的时候,往往政治考虑占据上风。与此同时，私有企业和农民的积极性，受到严重的打击，其生存空间在计划体制下，越来越少。另外，国家片面追求快速工业化，带来了人力与物力不计成本的损失和牺牲，并由此带来了严重的负面效果：人民生活水平下降，不满情绪逐步蔓延。最终，从1926年开始，新经济政策便停止不前了。尽管这其中有苏共党内斗争的影响，但是它在很大程度上反映了中央计划体制内在的、无法克服的缺陷。最终，从1928年起，在斯大林的集权统治下，开始制订五年计划，社会主义高度集中的计划经济体制重新得到确立。

二 资本主义市场的大萧条

"一战"结束后，尤其是从1924年到1929年5年的高速增长期间，整个西方都沉浸在对"繁荣"的期望和幻想中。"繁荣变成了一个神秘的名词，有些人认为，繁荣会无限期地持续下去，人类富足的秘密和进步的秘密被发现了，科学和发明创造终于实现了多年来的希望。"[1] 然而，1929年开始爆发的大萧条，打破了人们这种梦想和希望，残酷的现实，让人们开始对资本主义的市场体制产生了强烈的不满和怀疑。

从严格的意义上来说，大萧条始于股票和金融市场。在过去的几年中，股票的价格在市场和利息的刺激下，一路高歌猛进。股票市场人头攒动，连普通百姓都被吸引进来。股票价格达到了不可思议的高度。然而，从1929年10月纽约的股票价格狂跌开始，到1932年的3年时间里，股票价值下降了接近一半，5000多家美国银行开始倒闭。美国的国民生产总值和净国民产值，1929年分别为1044亿美元和958亿美元，到1932年已经下降到585亿美元和509亿美元。[2]

美国的危机，迅速扩展到世界的其他国家和地区。由于美国金融体系接近崩溃，依靠美元输入而进行的欧洲战后复兴，开始停滞。欧洲商品对美国的出口，也急剧下降。对于欧洲国家来说，美元不见了，曾经庞大的美国市场也消失了，由此带来了大规模的失业，使整个社会人心惶惶。据统计，1932年，全世界有3000多万人失业，这其中还不包括依靠小时工

---

[1] [美]帕尔默·科尔顿：《近现代世界史》，孙福生等译，商务印书馆1988年版，第1050页。

[2] [美]罗斯巴德：《美国大萧条》，谢华育译，上海人民出版社2003年版，第459页。

而生活的几百万人。破产、倒闭以及各种各样的商业灾难，就像幽灵一样，笼罩在欧洲的上空。

虽然像美国当时的总统胡佛等乐观主义者相信，大萧条只是资本主义商业周期中的一个环节，只是一种交替上升中的低潮，但是，很多人对未来充满了悲观，他们认为，"危机代表着资本主义和自由的私营企业的整个制度的瓦解。在许多情况下，这些人从当时苏联所采用的计划经济里寻找未来的预兆"。① 很明显，在这两种思想和情绪的对抗当中，后者远远占据着上风。1932 年，罗斯福在总统大选中获胜。在"百日新政"期间，罗斯福重点整顿金融，在 15 项重要的立法中，有关金融的法律占据 1/3。除了金融领域之外，罗斯福还促使国会通过了《农业调整法》以及《全国工业复兴法》。最后一项重要的改革，就是政府提供各种救济，甚至主张社会保险应该负责每个人"从摇篮到坟墓"的一生。罗斯福的新政，开创了国家积极干预经济的新模式，也为后来凯恩斯主义等理论的盛行，奠定了现实基础。

与大萧条相对照的，是苏联执行五年计划，并不断取得工业化的进步。西方人并不了解苏联的内部情况，不清楚工业化背后付出的代价，但是工业化的成果在他们眼中，的确闪烁着诱人的光芒。西方资本主义国家开始反思，并对社会主义抱有极大的同情感和羡慕。对于这种氛围，从弗里德曼对 20 世纪 30 年代芝加哥大学的描述这个缩影当中，我们可以一览全貌，"几乎一多半社会科学家和学习社会科学的学生，不是共产党员，就是同它的立场十分接近。那是一种强烈亲社会主义的环境。人们强烈赞成政府直接接管经济"。② 在很多美国学者看来，社会主义的确是一个值得为之付出的选择。难怪美国经济学会主席泰勒在 1928 年的就职演讲中，讨论的主题都是社会主义的可行性。

事实上，从 19 世纪末开始，随着资本主义越来越多的显现出垄断和帝国主义色彩，西方世界就已经不断有人怀疑资本主义的未来。经济上，资源越来越集中在少数人的手中，贸易保护主义不断发展，政治上，则是人们对资本主义代议制民主的反思。在当时很多欧洲人看来，社会主义的

---

① ［美］帕尔默·科尔顿：《近现代世界史》，孙福生等译，商务印书馆 1988 年版，第 1054 页。

② 转引自［美］考德维尔《哈耶克评传》，冯克利译，商务印书馆 2007 年版，第 277 页。

确是一种未来的选择，他们希望通过社会主义，来控制、干预甚至改变资本主义的发展趋势，甚至很多人非常虔诚地相信，社会主义具有严肃的可行性。

综上所述，就当时整个社会背景而言，随着俄国建立第一个世界社会主义国家，社会主义计划体制作为一种实践，引起了世界的关注，而由于资本主义的大萧条，西方国家对市场体制的怀疑越来越深，相应的，对国家大规模干预经济的计划体制逐步产生好感。在这种形势下，奥地利学派依然对社会主义的计划体制展开批评，或许更凸显了其时代意义。

本章小结

通过上述分析，我们可以发现，马克思经典作家关于未来社会主义的设想，即生产资料公有制、计划经济和按劳分配，是紧密结合在一起的。作为一个整体，生产资料公有制是基础，计划经济是手段，而按劳分配、消灭剥削则是目的。其中任何一个环节出现问题，都会直接影响到其他环节。但是遗憾的是，这三个环节自身都不同程度的存在着缺陷。马克思的社会主义设想本身就存在着问题，我们也就不难理解，为什么社会主义的实践矛盾重重，举步维艰。对马克思的社会主义观进行批评，是奥地利学派发起社会主义经济核算论战的主要目的。在此意义上，奥地利学派为我们从另一个角度把握社会主义，提供了一份重要的理论资源。

在《国民经济学原理》的序言中，门格尔曾表明了他的写作目的，他不仅"要在统一的观点之下，确定一个可以统括一切价格现象（从而利息、工资、地租等）的价格理论；而且还为的是要对于那些从未被人充分理解的其他许多经济现象，加以扼要的阐明"。[①] 哈耶克从门格尔的儿子透露出来的手稿笔记中发现，这本书是通论部分，所要处理的问题就是产生经济活动的一般条件、价值交换、价格和货币。而后面的几部分，他还要分别探讨利息、价格、地租、收入、信用和纸币，以及生产和产业理论，并准备对当时的经济体制进行批评、提出各种改革建议。尽管他的宏大目标最终没有实现，但是，他开创的主观主义和个人主义研究路径，使奥地利学派"江山代有人才出"。从他的主观价值论开始，发展到米塞斯的市场过程理论和哈耶克的知识论，一直到今天拉赫曼的主观预期论、里

---

① [奥] 门格尔：《国民经济学原理》，刘絜敖译，上海世纪出版集团2005年版，第3页。

佐等人所坚持的时间与无知的经济学,无不体现出他在历史发展过程中所留下的印迹。或许从这个角度,我们可以更好地理解,为什么哈耶克会断言,奥地利学派几乎所有的观点,都来源于门格尔。

马克思开创的社会主义,和门格尔创立的奥地利学派,在价值理论、价格理论、市场过程等重要方面,都存在着重大的差异。而这种差异,随着双方理论的发展,在世界上第一个社会主义国家出现和爆发第一次世界大规模的金融危机以后,以双方直接论战的方式,彻底呈现出来。

第二章

论战的前奏

本章主要涉及戈森、纽拉特、考茨基和皮尔逊等人。在社会主义经济核算论战爆发之前，一些心智比较敏锐的自由主义思想家，就已经感觉到社会主义理论存在着问题，例如他们觉察到，马克思对资本主义的认识值得商榷，社会主义共同体并不能避免对市场和货币的利用等，从而站在自由主义的立场上，对社会主义的相关问题进行批判。而另一些信奉或者支持社会主义的人士，则坚决地对社会主义经济理论进行捍卫。也就是说，在米塞斯挑起社会主义经济核算论战之前，双方不仅针对某些问题展开了隐形的对话，而且有直接的论战。通过梳理论战之前的这些争论，我们可以更清晰地看到社会主义经济核算论战的历史渊源，从而更好地理解双方的观点。

第一节 自由主义者对社会主义的批评

马克思的社会主义思想，从诞生之初开始，就不断受到人们的批评。与马克思同时代的德国经济学家赫尔曼·戈森，就是较早对社会主义进行批评的佼佼者。戈森于1854年出版了《人类交换规律与人类行为准则的发展》一书，系统地阐述了效用理论。但是，由于德国历史学派在当时的学术研究中，占据着压倒性和垄断性优势，戈森的作品并未受到重视。直到边际效用理论的正式兴起，经由杰文斯和瓦尔拉斯等人的推崇，戈森的思想才引起学术界的关注。

戈森重视从人的行为本身进行推理，因为每个人都希望生活得到满足，每个人生活的目的，都是把自己享受的水平进一步提高，或者说，"人的行为的目标是，使他的生活享受总量最大化"。通过观察和理解人的享受到底是如何发生和进行的，戈森总结出以下两点特征：第一，"如果我们持续不断地满足同一种享受，那么这同一种享受的量就会不断递减，直到最终达到饱和"，这就是著名的戈森第一定律，也称为效用递减定律；第二，"如果我们重复以前已满足过的享受，享受量也会发生类似的递减；在重复满足享受的过程中，不仅会发生类似的递减，而且初始感到的享受量也会变得更小，重复享受时感到其为享受的时间更短，饱和感觉重复出现的更早。享受重复进行得越快，初始感到的享受量则越少，感到是享受的持续时间也就越短"。既然人的享受遵循这两条规则，那么在既定的条件下，如何才能使人的享受最大化呢？戈森又提出了另外一条定律，即"人们在多种享受之间自由进行选择，但是，他们的时间不足以充分满足所有的享受。尽管每个享受的绝对量有所差别，但为了使自己的享受总量达到最大化，人们必须在充分满足最大的享受之前，先部分地满足所有的享受，而且要以这样的比例来满足：每一种享受的量在其被中断时，保持完全相等"[1]，这条定律就是著名的戈森第二定律，又称享受均等定律。

从这些关于人的享受的定律出发，戈森构建了一个相对完整的经济体系：效用是主观的，每个人对于自己的效用拥有最好的了解，为了满足个人的需求，个人必须在法治的保护下，通过平等的交换，最大可能地促进自己享受程度的提高。因此，为了提高人类实现最大可能的幸福，最应该重视的就是，"消除阻碍个人建立有利的生产部门和自由地运用他的货币的障碍"，也就是说，市场过程本身的结果，是个人自由选择的，同时也是最为公平的。从这一立场出发，戈森略带嘲讽地说道："共产主义者和社会主义者在错误的道路上所追求的公平原则，通过交换规律以这样完美无缺的方式实现了，根本不允许做任何修正。"[2]

当每个人都确信，他能如数获得与他的劳动相匹配的享受时，为了保证个人享受的提高，还必须做到另一点，即允许每个人具有自由支配自己财产的权利。因此，戈森认为，共产主义者和社会主义者自信地认为，通过废除私有制，就能解决问题，这是根本行不通的。因为"我们也已经看到，对财产最大的保证是人类福利和文化的基本条

---

[1] ［德］戈森：《人类交换规律与人类行为准则的发展》，陈秀山译，商务印书馆1997年版，第7、9、16页。

[2] 同上书，第134、161页。

件之一"。①

哈耶克后来曾提到，戈森的观点，即在不存在私有产权的情况下，人们很难进行理性的计算，时常被后来者以一种并不十分明确的方式重述。例如，坎南教授就强调过这样的一个事实，即"社会主义者和共产主义者的目的，只有通过'废除私有制和交换惯例'才能够实现，'然而我们知道，如果不存在私有制和交换惯例，从'价值'这个词所具有的任何合理的意义上来讲，价值都是不可能存在的'"。②

第二节 纽拉特与战时经济理论

一 战时经济创始人纽拉特简介

纽拉特是著名维也纳学派代表人物之一。1882年生于维也纳，1902年进入维也纳大学学习。但是不久之后，便离开维也纳大学，转到柏林，投奔到德国历史学派著名的代表人物古斯塔夫·施莫勒门下，于1906年拿到博士头衔。在第一次世界大战前夕，他应征入伍，并于1916年担任了战争部战时经济科学委员会战争与经济司的头头。他还领导着战争部在莱比锡的一个博物馆，这个部门的目的就是要成为一个"战时经济学知识的传播和研究中心"。"一战"后，他先后担任巴伐利亚共和国的中央计划局局长、社会和经济博物馆馆长等职务。1934年，他离开了维也纳，定居牛津，1945年去世。③

纽拉特一生的学术经历比较复杂，除了早期受过历史学训练之外，他还研究社会学，后来转向了社会主义，从战时经济的角度论证社会主义计划经济的可行性。纽拉特的战时经济理论，以及后来为计划经济所做的辩护，很少受人重视。但是我们需要认识到，他的理论在很多方面是独具特色的。例

---

① [德]戈森：《人类交换规律与人类行为准则的发展》，陈秀山译，商务印书馆1997年版，第271页。

② E. Cannon, "A History of Theories of Production and Distribution", (1983; 3rd, ed., 1917), p. 305. 转引自 F. A. Hayek, *Collectivist Economic Planning: Critical Studies on the Possibilities of Socialism*, London: George Routledge & Sons, 1935, p. 26。

③ 关于纽拉特生平的介绍，参见[美]考德维尔《哈耶克评传》，冯克利译，商务印书馆2007年版，第136—137页。

如，他总是将经济问题视为一个技术问题，并一直将自己视为一个"社会工程师"，再比如，他坚信与生产要素的收归国有相比，社会生产的重组问题更加重要，等等。这些理论观察，直到今天，依然为我们的思考提供了借鉴。

纽拉特文集的编者尤贝尔称其是"政治经济学中另类的新实证主义者"，这表现在以下四个方面。第一，纽拉特反对新古典主义和奥地利学派坚持的边际分析。纽拉特的父亲，威尔汉姆·纽拉特，是一位经济学家，支持激进的社会改革，虽然并非社会主义的，但是受到父亲的影响，纽拉特对新古典主义经济学的边际分析抱有强烈的批评态度。第二，在分析经济理论问题时，他和奥地利学派一样，反对新古典经济学的正统观念，即一般均衡理论。第三，与此同时，他又反对奥地利学派的观点。从德国历史主义的角度出发，他反对门格尔将经济学视为一门演绎的科学。第四，与门格尔开创的奥地利学派相对照，纽拉特有一点还是相同的：那就是都强调理性的选择。与奥地利学派一样，"他注重经济选择，资源在各种使用方式之间的分配，但是与他们不同的是，他认为这些决定各自具有不同的性质，无法化约成统一的单位，因此没有必要进行计算"。奥地利学派和新古典主义学派中，将经济决策过程视为理性的，对于这种思考的方式，纽拉特持怀疑态度。[1]

二 实物经济理论

在第一次世界大战爆发之前，纽拉特就开始研究他所谓的战时经济学，即战争期间如何对经济进行管理。在他看来，对战时经济的研究，可以很好地弥补经济理论的不足。经济学理论过于关注现实问题，往往忽视了一些可能的变通方案。如果经济理论能够通过战时经济，从现实经济问题的压力中解放出来，不同类型的经济模式很可能就会得到发展。在这种背景下，理论经济学一个重大失误在于，"过于关注货币经济，而且直到目前为止，仍然忽视实物经济"。[2] 而战时经济，就为我们从理论上理解

---

[1] Thomas E. Uebel, "Introduction: Neurath's Economics in Critical Context", from *Otto Neurath Economic Writings Selections* 1904—1945, edited by Robert S. Cohen, Thomas E. Uebel, Springer Netherlands, 2005, pp. 9 – 10.

[2] Otto Neurath, "Economics in Kind, Calculation in Kind and Their Relation to War Economics", from *Otto Neurath Economic Writings Selections* 1904—1945, edited by Robert S. Cohen, Thomas E. Uebel, Springer Netherlands, 2005, p. 300.

实物经济，提供了最好的事实依据。因为战时经济在很大程度上，就是实物经济，或者至少是建立在实物计算基础上的。

战争期间，国家对经济生活采取的管理模式，使纽拉特更加坚信战时经济学的重要性。在纽拉特看来，战争的爆发，不仅导致了经济秩序发生改变，而且在很大程度上，提高了人们对战时经济进行研究的兴趣。如果我们不从理论上理解战时经济，一些经济、政治和社会问题就无法得到根本性的解决。战时经济的起源以及它对整个人类的意义，人们已经从各个方面有所讨论。但是只有从理论上对这些经验事实进行分析，人们才能在未来，更好地利用从中获得的知识和洞见。

纽拉特对实物经济理论的讨论，是以对资本主义制度下货币计算的批评而开始的。与其他社会主义者一样，纽拉特将资本主义制度视为万恶之源，而他批评的角度，就是与实物计算针锋相对的货币计算。首先，货币计算导致了人与人之间极大的不平等。纽拉特认为，在资本主义制度下，每个人所关心的，就是如何才能最大限度地获取金钱。货币计算在任何情况下，都仅仅以赢得利润为目标。但是，由于各种各样复杂的原因，例如天赋、地位、所受的教育水平、机遇等等，人与人之间的财富，存在着极大的不平等。财富的不平等，随之而来的，是其他众多方面的不平等。因此，资本主义社会中的货币计算，在本质上就是一种不平等的计算。

货币计算并不能说明任何事情。在资本主义的货币计算体系中，企业要想增加利润，可以采用各种各样的手段，有时候增加产出，有时候降低产出，有时候甚至把已经生产的商品毁掉。货币计算对于应该生产多少总量，并没有任何提示。一个利润持续增长的经济体系当中，很可能生产持续下降，人们生活水平持续下降，甚至很可能的是，整个经济体系经过经济计算发现利润增长，但人们却处于水深火热之中。因为垄断集团完全可以为某些稀缺物品指定一个价格，并由此产生计算上的利润。他们完全可以针对不同的行业和部门，对同一产品进行不同的定价，从而使企业获得高额的利润。

因此，"货币计算并没有告诉我们，人们到底拥有多少财富，也没有告诉我们，稀缺资源是如何得到利用的，生产的产品如何分配的，它更无法告诉我们，人们的死亡率和疾病率到底是上升了还是下降了，人们的生活水平到底是提高了还是降低了"。① 在他看来,那些崇尚货币计算、为资本主义经济而辩护的经济学家,都是"不科学的、形而上学的主观主义","在创立一种科学的、非形而上学的自然主义社会学的所有努力当中,只有马克思主义才是最完美的"。②

除此之外,纽拉特还从历史的角度,对货币计算进行了考察。他认为,从战后的资本主义的实际发展来看,中央已经部分地控制了经济,经济计算也已经在很大程度上丧失了自发的特征。至少在以前,看起来似乎市场是一种外在的力量,能够自动地决定成本和利润,等等。但是在中央控制一部分经济之后,稀缺资源和半成品的价格,在很大程度都是随意来确定。

既然货币本身并不能代表着社会财富的增长,或者人们生活水平的提高,而且货币往往成为政府的一个工具,那么,"在社会主义经济中,货币无法承担管理性作用……它至多仅仅是个符号和象征"。③ 一旦人们充分认识到这一点,它就会淡出人们的视野,而且数个世纪的发展都将被视为一个巨大的历史性错误。

由于货币计算具有这些无法克服的缺陷,所以未来的社会主义经济体系当中,不能像在资本主义制度下一样,进行货币计算。纽拉特说道:"在未来的社会主义经济体系中,资本主义时代经济理论中的各种概念,都应该被视为历史性事物。"④ 有鉴于此,有人曾建议,在社会主义经济当中,应该按照劳动量来进行计算,采用某种"劳动券"。纽拉特认为,这样的计算同样无法进行。第一,根据劳动量进行的计算,无法衡量那些并非人们直接参与的劳动,例如生产过程中耗费的煤资源、用水力发的电,以及风力磨坊等。第二,劳动量的计算,其应用范围相

---

① Otto Neurath, "Socialist Utility Calculation and Capitalist Profit Calculation", from *Otto Neurath Economic Writings Selections* 1904—1945, edited by Robert S. Cohen, Thomas E. Uebel, Springer Netherlands, 2005, p. 468.

② Otto Neurath, "Empiricism and Sociology", edited by Marie Neurath and Robert S. Cohen, Dordrecht: Reidel, 1973, pp. 349, 363.

③ Ibid., p. 346.

④ Otto Neurath, "Economics Plan and Calculation in Kind", from *Otto Neurath Economic Writings Selections* 1904—1945, edited by Robert S. Cohen, Thomas E. Uebel, Springer Netherlands, 2005, p. 432.

当狭窄。只有在有限的范围内，和在理论上进行严格限定的情况下，才能确定生产某种物品到底需要耗费多少劳动。一旦我们将视野扩展到复杂的经济体系当中，劳动量计算就无法得到应用。第三，人们的需求体系当中，某些产品并不是人们刻意通过劳动而得来的，当然这些产品的数量也是有限的。在社会主义制度下，我们可以把这些产品当作奖品，奖励给某些劳动者。

因此，纽拉特总结说，在社会主义社会当中，尽管消费品的分配会受到"劳动券"的影响，而且依照惯例，特定数量的"劳动券"需要用特定数量的产品给予补偿，但是，在社会主义经济体系中，根本不需要"劳动券"的帮助，在生产当中耗费的劳动力、机械设备和稀缺资源、土地等，从来也不需要用劳动券来衡量。作为分配的尺度，劳动券根本无法成为一般性标准。

事实上，纽拉特所反对的，不仅是货币计算和根据劳动量进行的计算，对于一切要求将需要计算的要素，化约成一个统一单位的计算，都是纽拉特批评的对象。纽拉特认为，一旦需要化约成统一单位进行计算的话，就必须将生产中耗费的各种资源、劳动的数量，同人们福利增加的程度相对比，但是后者永远都是无法准确衡量的。对于人们的福利，我们所能做的，仅仅是估计和猜测，永远不可能精确地计算和考量。另外，当我们思考劳动努力程度、劳动时间、死亡率和发病率时，并不需要化约成一个统一的数量单位，或者说，我们根本不可能用一个统一的单位来衡量。举例来说，在确定时间内，为了确定人口的数量，需要加工的面包的数量是确定的，但是从事面包加工的工人的技能、劳动努力程度、劳动时间、劳动强度以及由于劳累而导致的发病率，其各自的衡量标准是完全不同的，这些不同的要素，根本无法用统一的单位来衡量。

基于对货币计算和劳动量计算的批评，纽拉特提出了他的实物计算以及实物经济体系。经过第一次世界大战期间，各国所展现出来的战时经济，纽拉特对于实物经济更加充满了信心。纽拉特甚至都有些兴奋地谈道："我认为，当前为了战争目的而采用的实物经济，已经为抽象的实物计算提供了准备。"[①] 因此，在未来的社会主义社会，将对各种计划进行

---

① Otto Neurath, "Economics in Kind, Calculation in Kind and Their Relation to War Economics", from *Otto Neurath Economic Writings Selections* 1904—1945, p. 302.

直接的考量，从中选择出最有利于人们生活水平提高的计划，根据计划对各种生产要素、劳动力和产品进行分配，根本无需诉诸货币计算和劳动量计算。

纽拉特指出，战争的爆发以及战时经济的发展，使人们越来越相信，在正常时期，应用实物计算完全是可行的。纽拉特将战时经济的特点，与资本主义制度下的货币核算，进行了一个简单的对比。战时经济的主要目标，是支持战争，获得战争的最后胜利，而资本主义制度下的货币核算，其目标显然是个人谋取私利。因此，战时经济需要考虑的主要因素是军火和食物，人们最为关心的，是在赢得战争要压倒一切的前提下，如何动员全部力量来打赢战争，组织生产、利用资源和分配产品，都要服从战争的需要，至于生产受到限制、大规模失业以及移民等问题，几乎无法顾及。而在资本主义制度下，人们思考的重点，是如何改造金融和信用体系，如何获得更多的货币财富。由于战争期间，资源的短缺会表现得更加明显，政府的权力，会直接介入对经济体系的管理和控制，对各种资源和产品进行统一掌管，从而在国家层面建立起大规模的实物经济，这一点在德国表现的尤其明显。战争之前的工厂，其管理者会根据货币计算来确定，是否需要关闭和扩大某一企业。而在战争中，管理者必须服从政府的决策，到底是否应该关闭某一工厂，还是生产某种政府认为更加紧缺的产品完全由政府来决定。"统治者决策的基础，是实物计算"。[①]

纽拉特指出，随着战时经济的发展，已经有越来越多的人，在实物计算方面提出了各种设想。例如有人正在研究，从实物计算的角度来看，需要多少土地、劳动力和稀缺资源才能供养特定数量的人群；也有人在研究，在技术可行的情况下，利用实物计算，与利用市场秩序之间的差异。这些研究，不仅充实了实物经济理论，而且为社会主义建立实物经济的实践，提供了重要的帮助。

根据战时经济的经验，以及对战时经济理论的研究，纽拉特提出了实物经济的设想，即在未来的社会主义经济中，计划者关注的是效用，考虑的是社会整体的利益，是社会全体成员在吃穿住用行等各方面的福利。也就是说，社会的福利是实物计算的最终目的。为了这一目的，它要利用现

---

① Otto Neurath, "Economics in Kind, Calculation in Kind and Their Relation to War Economics", from *Otto Neurath Economic Writings Selections* 1904—1945, p. 305.

存的各种稀缺资源、机器和劳动力，等等。但是，最重要的一个环节在于开始制订计划的时候，计划者必须确定，社会整体的福利到底是什么。它是否包括将已有的煤资源耗尽，是否包括保护下一代的健康和成长等，对这些问题的思考，将决定着各种资源和劳动力的方向。一旦从总体上确定社会福利之所在，他们就要继续思考，如何才能最有效地利用现存的各种资源、机器和劳动力，等等。计划者必须寻找最好的方式来利用各种资源，从而促进社会福利的实现。

在考虑最大限度利用资源的问题上，纽拉特认为，实物计算要优于货币计算。社会主义的实物计算，与资本主义的货币计算相比，在很多方面都具有显著的优势。首先，成本和收益的概念，在社会主义制度当中，将具有新的、更全面的内涵。在两种不同的制度和不同的计算体系中，成本的含义，自然存在着很大差异。例如在资本主义制度中，耗费的劳动力是成本，但是对劳动力造成的无形伤害，却并不包含在企业的利润核算中。而在社会主义制度当中，不仅劳动力，而且给劳动力带来的伤害等，都要算作损耗。在资本主义制度中，企业如果要在某块土地上架电缆，需要给土地的主人支付赔偿费用，但是社会主义制度下，土地是国有的，因此无需进入成本计算。不仅成本的概念有很大的不同，收益的概念同样如此。从长期的角度来考虑，对树木、煤矿等资源的节约使用，对社会主义而言是一种收益，但是对于资本主义而言，很可能意味着利润的下降和消失。这就表明，在资本主义制度下，企业仅仅从一个狭隘的视角进行货币的计算，谋取一己之利的时候，社会主义却可以从整个经济体系的大局出发，对某一消耗或者某一收益进行通盘考虑，来衡量其意义。

其次，实物计算体系，能够赋予社会成员更多的平等和自由。在实物经济中，人们的劳动报酬基本上是平等的。纽拉特非常乐观地认为，当前的经济体系，距离建立真正的实物工资，只有一步之遥。"人们很可能渴望战争能够持续得更长久一些，因为只有实物工资，才能取消从工资和收入中带来的风险因素"。[①] 在未来的社会主义制度下，生活用品的分配，例如住房、食物、衣服、教育、娱乐、旅游等，能够以完全不同的方式进行分配，人们可以拥有更多的选择自由。个人的劳动表现，与他的实际所得，并

---

① Otto Neurath, "Economics in Kind, Calculation in Kind and Their Relation to War Economics", from *Otto Neurath Economic Writings Selections* 1904—1945, p. 307.

没有必然的联系；相反，人们的需要才是第一考虑的。商品价格的变化，也将被数量上的变化所取代，二者之间唯一的区别在于，后者的确认需要从整个经济体系的角度进行考虑，或者得到中央委员会的同意。通过实物分配体系，我们完全有可能建立起一个利益共享、风险共担的经济体系。

除此之外，与货币计算相比，实物计算还有其他方面的一些优点，例如它不依赖信用，因此几乎不会带来人与人之间的不信任关系；又比如，实物计算能够减少货币经济体系中不断出现的危机，杜绝过度生产等现象的发生。因为实物计算具有这些优点，所以它能够保证国家在战争期间，集中一切力量，在争取战争胜利的同时，尽可能地维持经济生产，减少经济损失。

总而言之，个人企业的目标在资本主义经济中，就是货币的最大化，因此货币计算是有意义的，可以来衡量这种最大化是否已经达到。而在社会主义经济中，目标是每个人的幸福和生活质量的最大化，产品效用的最大化，因此效用、幸福和生活质量的计算就是有意义的。相反，劳动时间的计算，即使是可能的，对于社会主义经济而言，也是没有意义的，因为社会主义的目标是生活水平的提高，而不是劳动时间的增加。当我们思考两种经济体制时，只能从它们对生活质量的影响上出发，看看哪一种制度下，生活水平更好。

纽拉特认为，"实物计算是经济计算的一种方式，而实物经济则是人类社会由来已久的一种经济秩序"。实物交换体系，与货币交换体系和信用体系相比较而言，之所以没有在现代社会流行，是因为各国在历史上都曾经疯狂地追逐货币财富，由此破坏了实物经济的发展。但是纽拉特指出，实物经济在历史上的确曾经发挥过重要的影响，例如罗马帝国时期，但是遗憾的是，人们显然并没有对这种实物经济抱有兴趣，也没有充分地关注和研究它。"对实物经济制度的研究，应该是一件特别吸引人的事情"。虽然彻底的实物经济体系还没有完全建立起来，但是人们应该通过对战时经济的研究，从理论上真正重视实物经济体系，认清它究竟意味着什么。"从某种程度上讲，理论超越于实践、而不是跟随实践的时候，也正是它能最好地指导实践的时候"。[1]

---

[1] Otto Neurath, "Economics in Kind, Calculation in Kind and Their Relation to War Economics", from *Otto Neurath Economic Writings Selections* 1904—1945, edited by Robert S. Cohen, Thomas E. Uebel, Springer Netherlands, 2005, pp. 304, 310.

因此，资本主义制度下个人企业的货币计算，在社会主义制度下，将被实物计算所取代，货币价值的衡量，也将被效用的衡量所取代。纽拉特指出，尽管马克思"从来没有从理论上对实物计算进行详细的论证"①，只是经常从一般的角度强调货币计算与实物计算的区分，但是马克思从来没有误解这一点，他从来没有说过社会主义经济中，需要用一个单位来进行计算，恩格斯也没有。他们所强调的，都是通过有组织的计划，利用劳动力、稀缺资源和生产工具，为整个社会创造福利。

第三节 皮尔逊与考茨基的论战

马克思主义在诞生之初，其主要内容是对资本主义进行深刻的批评，指出社会主义代替资本主义的历史必然性，而对未来社会主义国家如何建设以及具体的经济运行机制的问题，并没有详细论述。到了19世纪末20世纪初，随着恩格斯所预言的革命胜利时间逐步临近，即"到1898年我们可能取得政权"②，欧洲社会主义政党为了夺取国家政权不断地进行各种努力和斗争。在此背景下，社会主义的经济体系如何运转等问题就慢慢地浮出水面，成为人们关注的焦点。为了更深入地了解社会主义经济核算的论战，我们不得不追溯到论战的史前史，即20世纪初，自由主义者皮尔逊和社会主义者考茨基关于社会主义经济体系的论战。如果说20世纪20年代到40年代发生的关于社会主义经济核算的论战，是奥地利学派与社会主义者之间交战的高潮，那么皮尔逊与考茨基的这场论战，则可以看做是之后论战的序幕。这是双方第一次正面交锋。对于这场论战，无论是后来的奥地利学派，还是社会主义者，都非常重视。③ 因此，对皮尔逊和考茨基之间论战的研究，对于我们理解社会主义经济核算的论战，多有助益。

这场论战中的社会主义一派的代表，即考茨基，是第二国际著名的马克思主义理论家，其大部分作品以及其他社会主义者对他的评价，从20世纪

---

① Otto Neurath, "Economics in Kind, Calculation in Kind and Their Relation to War Economics", from *Otto Neurath Economic Writings Selections* 1904—1945, edited by Robert S. Cohen, Thomas E. Uebel, Springer Netherlands, 2005, p. 303.

② 《马克思恩格斯全集》（第38卷），人民出版社1972年版，第186页。

③ 在米塞斯的《社会主义》、哈耶克的《集体主义计划经济》以及兰格的《社会主义经济计算》等作品中，都不同程度地谈到了皮尔逊与考茨基的论战。

20 年代开始,就不断被引入到中国,国内学界也做了相关的研究。而与考茨基论战的对手,即荷兰自由主义者皮尔逊,对于国内大部分学者而言,很可能是一个陌生的人物。只有个别辞典或者涉及思想史的译著当中,如经济科学出版社 1996 年出版的《新帕尔格雷夫经济学大辞典》第三卷,商务印书馆 2005 年出版的熊彼特的《经济分析史》第三卷,有过一些简单的介绍。所以,本书将结合皮尔逊在论战中最重要的作品《社会主义共同体的价值问题》,首先分析他的价值理论和为什么社会主义共同体中必然存在价值问题,使读者对皮尔逊的理论有一个大致了解,在此基础之上,再介绍他与考茨基的论战是如何展开的,并对双方的观点作出评价。

一 皮尔逊的价值理论

皮尔逊是 19 世纪后半叶享有国际声誉的荷兰经济学家。在政治生活中,他曾任荷兰首相、财政大臣以及中央银行的总裁,最后以议员终其身。在理论建树上,他同样声名显赫。据熊彼特的分析,皮尔逊对经济理论的研究,改变了整个国家经济学发展的方向。皮尔逊赞成市场经济,提倡奥地利学派的经济思想,甚至开创了自己的学派。而在社会主义思想史上,皮尔逊最重要的贡献则在于,他相对系统地研究了社会主义经济生活中无法避免的价值问题。

在介绍皮尔逊围绕社会主义经济生活中价值问题展开的批评之前,我们有必要了解一下他的一般价值理论。这就使我们将目光转向他的代表作《国民经济学教科书》。这本书最初是在 1884—1890 年用德文出版的。1902 年和 1912 年以《经济学原理》为题分别出版了英文版两卷之后,皮尔逊在英美经济学界获得的好评如潮,《经济学期刊》、《政治学评论》等杂志不断发表书评,很多人认为,皮尔逊在社会主义、贸易保护主义、人口发展、土地国有化以及税收等方面,作出了重要贡献。有人甚至认为,在实践知识的丰富性以及论证技巧的缜密性方面,他的作品能够与亚当·斯密的《国富论》相媲美。[1]

---

[1] 参见 *The Quarterly Journal of Economics*, Vol. 27, No. 4 (Aug., 1913), pp. 651 - 655. *Political Science Quarterly*, Vol. 18, No. 4 (Dec., 1903), pp. 706 - 710. *Annals of the American Academy of Political and Social Science*, Vol. 22, *The United States and Latin America* (Jul., 1903), pp. 234 - 236 等杂志。

在《经济学原理》这本书中，皮尔逊是这样定义"价值"的："如果一件物品属于经济财货的范畴，那么一定数量的这种物品就具有价值。"① 可见，价值是与经济财货的概念紧密联系在一起的。那么，什么是经济财货呢？"只有那些能够直接或者间接满足我们欲望的财货，才是经济财货"。② 由此我们可以推论，财货的价值是与我们的欲望紧密相连的。由于不同的人对同一物品的欲望需求程度很可能是不一样的，因此，对于同一物品，不同的人很可能会赋予它不同的价值。

但是我们需要在两种价值之间作出区分，即"一类东西的价值"（a class of things）和"一定具体数量的东西的价值"（a definite quantity of things）。比如当我们说，水是有价值的，这意味着我们不希望缺失它们，我们从内心里希望拥有它们。但是，这并不意味着一杯水就是有价值的。这两个价值之间存在明显的差异。第一种价值是我们日常用语中的价值，它代表的是一类东西对我们而言所具有的意义，我们时常会说，空气、阳光、友谊和爱情等，都很有价值。而第二种价值则是经济学意义上的，它代表的是一定数量的商品的价值。一杯水是否具有经济意义上的价值，要视不同情况而定：在水源充足的地方，没人会在意一杯水，所以它不具有经济学意义上的价值；但是在沙漠中滴水难求的情况下，一杯水的价值甚至超过一两黄金。"因此，我们一定要注意，在使用'价值'这一词语的时候，我们始终要与一定量的财货相联系"。③

从这种观点来看，我们似乎很容易就得出这样一个结论：拥有一定数量商品给我们带来的好处，或者我们期望从一定数量商品中获得的好处，决定了商品的价值。似乎这是无可置疑的。但是，皮尔逊告诉我们，继续对这一结论进行更加仔细的思考，"我们将有机会得到经济学原理中，最简单、同时也是最重要的一个真理"。④

毋庸置疑，我们需要食物和水。但是当我们已经满足了身体的需求，仍然有人不断地向我们提供多余的食物和水，那么我们对这二者将不再有需求，或者需求不像刚开始时那么强烈。同样，我们需要衣服，但是当我

---

① N. G. Pierson, *Principles of Economics*, Vol I, transled by A. A. Wotzel, macmillan and co, London, p. 51.

② Ibid., p. 47.

③ Ibid., p. 53.

④ Ibid., p. 54.

们已经拥有足够多的衣服之后，大部分人对普通的衣物也就几乎没有任何欲望。换句话说，随着我们拥有同一财货数量的不断增多，我们对这一财货的渴望和需求将会不断下降。这是一个不可改变同时也是不可避免的事实。皮尔逊通过论证告诉我们，价值的确是由人的主观欲望决定的，但是同时，一定量财货的价值存在边际效用递减的规律。这也就意味着，不仅同一物品对不同的人而言具有不同的价值，即使同一物品对同一个人而言，价值也不是恒定不变的，也会随着个人拥有该物品的数量的变化而发生变化。

边际革命的发起人之一、奥地利学派的创始人门格尔在其代表作《国民经济学原理》中指出，无论是一件物品的财货性质，还是财货的经济性质，抑或是财货的价值，都是主观的，都是人与物之间的一种关系。无论是获得财货，还是将自己支配的财货与他人进行交换，抑或在交换过程中的讨价还价，都是为了更好地满足自身的欲望和需求。[1] 如果将皮尔逊的价值理论与门格尔的价值理论相比照，我们必定会发现，二人的观点几乎是一模一样，连论证过程都十分相似。可以说，皮尔逊承袭了奥地利学派关于边际效用递减的传统，对于人们经常将效用曲线与需求曲线相混淆，以及将边际效用与价值相混淆，他感到深深的遗憾。也正因为如此，与奥地利学派关系密切的美国著名经济学家弗兰克·费特，当时就在《政治经济学》中说道，皮尔逊"关于价值理论的讨论属于奥地利经济学家的范畴，对于价值问题，几乎是我们（在英语文献中）能够找到的最好的阐述"。[2]

二　社会主义共同体中的价值问题

皮尔逊对社会主义经济体系的批评，集中体现在《社会主义共同体的价值问题》这篇文章中，该文最初于 1902 年用德文发表在《经济学家》杂志上。1935 年，当哈耶克参与到社会主义经济核算的论战时，就把皮尔逊的文章编入《集体主义计划经济》一书中，作为奥地利学派一方的

---

[1] 参见［奥］卡尔·门格尔《国民经济学原理》，刘絜敖译，上海人民出版社 2005 年版，第 52—80 页。

[2] Frank A. Fetter, *The Journal of Political Economy*, Vol. 11, No. 4 (Sep., 1903), p. 660. 弗兰克·费特（1863—1947），19 世纪末 20 世纪初美国经济学界的领军人物。参见［美］熊彼特《经济分析史》（第 3 卷），朱泱等译，商务印书馆 2005 年版，第 186—187 页。

理论支持。尽管在社会主义经济核算论战之前，也有少数学者偶尔从经济运行机制方面对社会主义进行分析，但是相比较而言，皮尔逊的文章更加集中、更加具体地讨论了社会主义必然面对的经济问题。由于他为后人进一步认识社会主义经济体系做出了贡献，米塞斯在《社会主义》和《人类行为》两本著作中，对皮尔逊都给予了极高的评价。米塞斯认为，帕累托和巴罗尼等人都没有深入到问题的核心，"皮尔逊在1902年清楚而全面地认识到了这个问题"，只有皮尔逊看到了社会主义经济问题的本质，并认识到了问题的重要性。[①]

在具体论述社会主义国家的价值问题之前，皮尔逊首先介绍了他对"社会主义"这一概念的理解。这也从侧面反映了他治学的严谨。社会主义的类型多种多样。在他看来，第一种就是"希望的社会主义"。希望的社会主义者们相信人性的进步和利他主义动机的演进，他们认为，一旦未来的社会主义实现了这两点，现有体制的种种缺陷就不复存在了，社会的重建也就自动完成了。第二种是纯粹的共产主义，对此皮尔逊并没有过多的讨论，因为社会主义者自身对于未来的共产主义也没有多少了解。第三种类型的社会主义，则介于现有体制和纯粹的共产主义之间，有的偏左一点，有的偏右一点。在皮尔逊看来，无论是哪种类型的社会主义者，都存在一个共同的问题，对于未来社会的具体运行机制、是否会面临其他一些问题以及一旦出现问题如何应对等，他们都只是雾里看花，并无清醒的认识。如果我们要求他们对某些含糊不清但是又十分重要的问题作出解释，他们会告诉我们，社会主义将在自然演化过程中自动实现。但是"如果他们的努力无论如何都会由社会进化替他们完成，他们何必还要如此热情地致力于社会主义宣传呢？何必还要让考茨基来告诉我们'革命以后的日子'会发生什么呢？"。[②]

在澄清了概念问题之后，皮尔逊就切入了正题，即社会主义国家的价值问题。皮尔逊很清楚，"这个说法会令许多读者大吃一惊；这是最出乎他们

[①] [奥] 米塞斯：《社会主义》，王建民、冯克利等译，中国社会科学出版社2008年版，第114页。另见 Ludwig Von Mises, *Human Action*: *a treatise on economics*, Yale University, 4th rev. ed, p. 701。

[②] N. G. Pierson, "The Problem of Value in The Socialist Community", *Collectivist Economic Planning*: *Critical Studies on the Possibilities of Socialism*, ed. by F. A. von Hayek, London: George Routledge & Sons, 1935, p. 51.

预料的问题"。因为在他们看来,"一旦社会主义实现,便不会再有价值现象,也就不存在价值问题了。一切仅仅是技术问题"。① 也许因为人们广泛地相信这一点,才更加凸显出皮尔逊的这篇论文在当时的重要性。

首先引起皮尔逊注意的是国际贸易问题。日本学者伊藤诚曾说,"国际贸易的论点是皮尔逊特有的"。② 这一特有的论点中包含的价值问题就是,谁为这种贸易提供必要的资本?很明显不可能是那些资本缺乏的国家,这些国家在贸易中处于被动地位。答案应该是资本比较充足的国家,这些国家充当了主动贸易的角色。这样的一种贸易对双方都有利可图,因为与资本充裕的地方相比,在资本缺乏的地方,资本能够发挥出更大的作用。显然这里存在着需要我们确定的价值,即资本的价值。我们只有确定了资本无法在其他地方发挥更大的作用,才能将其运用于国际贸易领域。资本的价值如何才能确定呢?这取决于该国对资本的需求程度。各个国家的政府必须找出一个标准,以便对此进行价值判断。"这里的问题不是一个单纯的技术问题,而是决定如何最有效地使用物质财富的问题"。③

无论在任何社会的经济生活中,资本都有成千上万种组合方式,它们都具有技术上的可行性。但是这其中或许只有为数不多的几种,具有经济意义上的可行性。也就是说,只有少数几种组合方式,才能更好地利用资本。不仅如此,从今天的情况看,这种利用资本的方式是最好的,或许到了明天,当经济形势发生变化的时候,另外一种方式才能最好地使用资本。因此,资本也处于不断的流动之中。资本的流动或许也仅仅是技术问题,但是为了更好地利用资本而发生的必要的流动,则绝非单纯的技术问题。因为"资本流动的重要性不会大于它要求实现的目的"。④ 所有这一切,都是有关资本的价值问题。

---

① N. G. Pierson, "The Problem of Value in The Socialist Community", *Collectivist Economic Planning: Critical Studies on the Possibilities of Socialism*, ed. by F. A. von Hayek, London: George Routledge & Sons, 1935, p. 43.

② [日] 伊藤诚:《现代社会主义问题》,鲁永学译,社会科学文献出版社1996年版,第68页。

③ N. G. Pierson, "The Problem of Value in The Socialist Community", *Collectivist Economic Planning: Critical Studies on the Possibilities of Socialism*, ed. by F. A. von Hayek, London: George Routledge & Sons, 1935, p. 59.

④ Ibid.

或许有人会对皮尔逊说："把你的注意力从国际贸易转向国内吧，你就会发现社会主义国家中不存在价值问题。"因此，在讨论完国际贸易中的资本问题之后，皮尔逊接着讨论国内经济生活中必须面对的价值问题。

社会主义的理想之一就是按劳分配。但是在分配之前，我们首先要确定，国家的净收入如何计算。这是"最严格意义上的价值问题"。社会主义国家的生产中也要耗费大量的物质资源，但是如何从毛收入中减去这些必要的损耗呢？我们不可能从衣服当中减去棉花，从牲口当中减去饲料。"我们只能从一种价值中减去另一种价值"。"如果没有计算或者评估，共产主义国家不可能决定有多少净收入可供分配"。①

假设社会主义国家已经通过某种途径确定了净收入，问题依然存在，即按照什么标准进行分配。社会主义者中一个很流行的学说，就是"劳动票"学说。根据这种理论的解释，所有的劳动都以付出了多少小时为单位进行计算，国家库房货物的价格也同样以工时为标准。以工时确定分配原则，存在着两方面问题。首先，如果将这一准则应用于国际贸易中，那么"这会让任何国家都有权向其他国家随意要求增加货物量：采用低效率的生产方式和不恰当的生产方法，就可以做到这一点。用这种方法就能带来更高的平均消耗"。②另外一个问题则在于，对于一件产品而言，不同的人作出了不同的贡献，有的付出了体力劳动，有的提供了资本，有的提供了机器设备，有的提供了最新的生产技术，还有人提供了销售的信息，这些不同的贡献如何来进行衡量呢？

反过来说，用工时确定价格，毕竟也是一种价值评估。在采纳这种制度的时候，社会主义者似乎并没有试图回避价值问题或解决它的必要性；相反，这种必要性却得到了充分的承认。不过，皮尔逊告诉我们，"现实会嘲弄以工时评估价值的做法，它将建立另一种价值评估来取代它"。③

就算社会主义国家已经通过我们不知道的途径确定了净收入，并且已经按照按劳分配的原则成功地进行了分配，是不是就不存在价值问题了呢？皮尔逊会再次肯定地告诉我们，价值问题依然存在。在分配之后，我

---

① N. G. Pierson, "The Problem of Value in The Socialist Community", *Collectivist Economic Planning: Critical Studies on the Possibilities of Socialism*, ed. by F. A. von Hayek, London: George Routledge & Sons, 1935, p. 70.

② Ibid., p. 60.

③ Ibid., p. 77.

们会发现：每个人得到的东西，始终无法像预期中的那样多，这会让我们每个人都感到失望。我们还会发现，人与人之间失望的程度是不同的。这两方面分别反映了资源的稀缺性和对特定物品效用判断的主观性。而这两点，又决定了价值问题的存在。在此情况下，彼此之间的交换自然就无法避免。因此，资本主义社会的特征之———商品交换，在受到社会主义的打压之后，从前门仓皇逃去，却又必然从后门偷偷地溜回来。

可见，无论是在国际贸易领域，还是在国内经济生活领域，无论是在资本市场，还是在分配原则方面，社会主义国家根本不可能避免价值问题的出现。只要资源还是稀缺的，而不同人具有不同的需求，同一物品给不同的人带来的效用满足感不同，那么，价值现象就一定会存在。"价值现象的无法压制，不亚于万有引力的力量"。[1]

三 皮尔逊对考茨基的批评

在介绍皮尔逊对考茨基的批评之前，我们还是先来了解一下双方论战的过程。早在皮尔逊发表其代表作《国民经济学教科书》的时候，里面就有大量对社会主义的批评，例如主观价值论与劳动价值论之间的对立等。作为一个多产的作家，皮尔逊后来又发表了许多对社会主义不恭的言论。例如，皮尔逊曾说过："当我们听说（社会主义者的）哲学极其深厚的时候，其实经不起推敲。拉萨尔最让人惊奇的就是他在逻辑上的诡辩……马克思犯下的错误，使我们很难将他视为一个严肃的科学的思想家。在这些人当中我们没法谈论科学，你所能找到的只有感情的宣泄。……直到现在，社会主义者仅仅在批评上展现出他们的功力。尽管这些批评有些夸张，但是我们必须从中吸取教训。至于建设性的理论，社会主义者没有作出任何有价值的贡献。"[2]

皮尔逊对社会主义的攻击，引起了考茨基的反感。作为德国社会民主党和第二国际一流的理论家，考茨基不能对此无动于衷。于是就利用到阿姆斯特丹社会主义读书会做报告的机会，对皮尔逊作出了回应。考茨基在

---

[1] N. G. Pierson, "The Problem of Value in The Socialist Community", *Collectivist Economic Planning: Critical Studies on the Possibilities of Socialism*, ed. by F. A. von Hayek, London: George Routledge & Sons, 1935, p. 75.

[2] 转引自 S. J. Chapman, *The Economic Journal*, Vol. 23, No. 89 (Mar., 1913), p. 71。

《社会革命》第一版序言中明确地说道,这本书还有一个特殊的目的,就是因为在考茨基作报告之前,"前任大臣皮尔逊曾在公开的大会上提出无产阶级革命必然由于其内在原因而失败的断言,并对此进行了辩解。我的这两次报告就是对他的答复。这位大臣先生还友好地前来听取了我的第二个报告(即社会革命后的日子),并在会上勤勤恳恳地做了笔记,但可惜他并未发言反对我"。考茨基的失望没有持续多久,很快皮尔逊就在德国的《经济学家》杂志上发表了《社会主义共同体的价值问题》一文,对考茨基关于未来社会主义的设想进行了批评。

考茨基在报告中说,社会主义者应该想象一下,一旦他们掌握了政权,在经济形势的逼迫下,必须做点什么。考茨基认为,"这里有一个凌驾于其他一切问题之上的问题,是无产阶级政权必须首先处理的",即"无论如何应当使失业者的苦难问题得到解决"。[①] 那么,如何才能解决失业问题,使无产阶级早日脱离苦海,不再承受失业这一重负呢?既然失业问题根源于资本主义的垄断,那么废除垄断企业的私有制,将大多数企业变成国家所有或地方所有,从而完全改变无产阶级和资产阶级以及无产阶级和资本之间的力量对比,失业问题自然就会迎刃而解。可见,在考茨基的观念里,解决失业问题的关键就在于将生产资料收归国有。

对于考茨基的这种想法,皮尔逊显然不能苟同。如果从纯粹技术角度来讲,失业只存在于收入取决于这种服务或那种服务的社会,因此,在各取所需的共产主义社会,根本不会存在失业问题。但是,考茨基设想的社会主义,并不是纯粹的共产主义,而是各种因素的混合体:生产资料既有收归国有的,也有属于小生产者的;既有私营企业,也有公办企业、联营企业、合作社企业等;显然,它是各种因素的混合体,应该属于皮尔逊所定义的"第三种类型"。在这样一种混合的社会主义国家中,"仅仅把全部生产资料收归国有,并不能解决失业问题"。因为无论我们如何构建这个社会,季节性的改变,品味时尚的变化,原料的暂时短缺,以及对消费和出口需求估计过高而导致的过剩等,随时都有可能出现。一旦出现变动,生产资料、资本必然发生改变,而劳动力也必然随着发生流动。流动过程中出现失业问题,也就是再自然不过的事情了。由此看来,那些"把失业的消失这项优点纳入其制度的社会主义者","显然,他们在用别人

---

① [德]考茨基:《社会革命》,何江等译,人民出版社1980年版,第79页。

的衣服来装扮自己！"。①

在考茨基计划将生产资料收归国有的过程中，谈到了金融资本的作用。他认为，"金融资本家并不在经济生活中履行任何的个人职务，他们是多余的人；可以毫无困难地把他们一笔勾销，予以剥夺"。② 我们在讨论社会主义的分配标准问题时，已经非常清晰地说明了皮尔逊对这一观点的反驳。这里需要补充一点的是，也许在考茨基看来，当金融资本收归国有之后，皮尔逊提到的资本在产品价值中的贡献这一问题，在社会主义国家并不会特别突出。但是与金融资本密切相关的一个问题则是，对金融资本如何进行安排？皮尔逊承认，考茨基已经意识到，"企业家和资本家所创造的很大一部分利润和租金并没有被消费掉，从而形成了资本"③，可是，我们根据什么标准来确定，多少资本投向工业生产，多少资本改良土地质量，又有多少资本用来资助考茨基非常重视的社会主义精神生产？很明显，对于这一重要的价值判断问题，考茨基根本没有涉及。

对于社会主义革命而言，生产资料所有制问题固然重要，但是只要无产阶级掌握了政权，这一过程的实现还是相对比较容易的，而且将生产资料收归国有，也只不过属于社会主义必不可缺的前提条件之一。"对于无产阶级政权来说，困难不在所有制方面，而在生产方面"。④ 为了能够继续生产并进一步提高生产，考茨基提出了一个关键的举措：发挥劳动工资的吸引力。也就是说，社会主义国家中也可以有各种各样的报酬形式，如固定工资、计时工资、计件工资等，甚至还可以有原材料和机器用具的节约提成奖。

对于皮尔逊而言，这一点可能是考茨基论著中最为重要的一点。在马克思的思想体系中，货币是根本不存在的。但是，考茨基却认为，社会主义社会不可能彻底脱离货币，因为货币本身能够发挥巨大的作用。"货币

---

① N. G. Pierson, "The Problem of Value in The Socialist Community", Collectivist Economic Planning: Critical Studies on the Possibilities of Socialism, ed. by F. A. von Hayek, London: George Routledge & Sons, 1935, p. 52.

② [德] 考茨基：《社会革命》，何江等译，人民出版社1980年版，第82页。

③ N. G. Pierson, "The Problem of Value in The Socialist Community", Collectivist Economic Planning: Critical Studies on the Possibilities of Socialism, ed. by F. A. von Hayek, London: George Routledge & Sons, 1935, p. 81.

④ [德] 考茨基：《社会革命》，何江等译，人民出版社1980年版，第86页。

是迄今为止所知道的最简单的交换手段，它能在一个像现代生产过程那样复杂，而且还有千差万别的劳动分工的社会机体内，促成产品的周转并把它们分配给社会的各个成员；它是使每一个人都能按其爱好（当然要在各自的经济力量限度内）满足其需要的手段"。① 因此，在未来的社会主义社会中，只要还没有找到更好的解决办法，货币作为流通手段就仍然是不可或缺的。正如当代著名的马克思主义经济学家科瓦利克所说，"考茨基是第一批对那种消除了货币的自然社会主义经济的观念提出质疑的社会主义著作家之一"。②

承认货币在流通领域发挥的作用，也就等于否认了实物分配的可能性。在肯定考茨基这种开创性的观念的同时，皮尔逊也注意到，考茨基所设想的货币，跟资本主义社会中的货币并不完全一样。考茨基认为，在社会主义社会中，"货币将丧失其某些功能，特别是作为价值尺度的功能——至少在国内交换方面"。③ 如果说考茨基认为，社会主义社会中根本不存在价值问题，那么皮尔逊的整篇文章谈论的都是这个问题，无论是国际贸易，还是国内的生产、分配和交换，都需要首先进行价值判断；如果说考茨基承认，社会主义制度下，价值问题不可避免，那么唯一能够充当价值尺度的，恐怕还是劳动，而利用劳动工时进行价值评估必然会遇到困难，对于皮尔逊的这一观点，我们在前文也已经作了详细的介绍。总之，以货币为尺度进行的价值计算问题，在社会主义社会中不但不会消失，而且将继续以各种各样的形式存在。但是，这并不代表以货币为单位进行的价值计算就是万能的。"铁路、运河、博物馆、学校和医院对共同体而言都具有极高的价值，但是它们之间不可能用货币价格甚至一种简单的货币进行比较"。因此，我们只能说，在商品交换比较发达的地区，大部分情况下，价值计算都能发挥作用，换句话说，价值计算不是万能的，但往往没有价值计算也是万万不行的。

后来，随着社会主义实践的逐步展开，考茨基对社会主义经济运行问题，又不断有了新的认识，并对之前的观点作了一些修正。在观察到苏联

---

① ［德］考茨基：《社会革命》，何江等译，人民出版社1980年版，第89页。
② ［英］约翰·伊特韦尔等：《新帕尔格雷夫经济学大辞典》（第3卷），经济科学出版社1996年版，第18页。
③ ［德］考茨基：《社会革命》，何江等译，人民出版社1980年版，第89页。

的社会主义建设时,考茨基在《无产阶级专政》中指出,"没有广泛的、详尽的、可靠的和迅速灵通的统计,社会主义生产是不可能的。但是苏维埃共和国至今还不能作出这样的统计"。① 根据奥地利政治经济学家纽拉特②根据战时经验所提出的实物分配计划,在1922年发表的《无产阶级革命及其纲领》这部作品中,考茨基对其进行了严厉的批评。在援引并分析了纽拉特的一些论述的基础之上,考茨基坚持认为,在现代经济中,必须发挥货币的流通功能,如果取消了货币,"就意味着在全国范围内形成一个生产工厂,只服从中央的唯一管理,它会为每个部门指定任务,将全部产品统一收集,在部门之间分配生产资料,并在消费者中间分配消费品。这样的理想状态简直就是监狱或者兵营"。除此之外,考茨基还明确地承认了,在现代生产条件下,计算某种商品的社会必要劳动时间是不可能的,"考虑为每种产品计算它从初始阶段到最后阶段曾耗费的劳动量,包括运输和其他附带劳动,会涉及多么巨大的工作量"。因此,"按照所含劳动来评价商品,这是能设想的最复杂的国家机器也不无法完成的任务③"。在经济核算论战发生之前,在形形色色的社会主义者当中,能够像考茨基这般清醒地认识到社会主义经济面临的各种困难,实在是不多见。

尽管考茨基最初关于未来社会主义的设想存在种种问题,并受到皮尔逊的批评,但是,在现实的社会主义国家建立之前,作为一种理论上的思考,考茨基发表的这篇演讲,无疑具有重大的价值。他提出了很多有价值的思考,为后来社会主义的理论和实践都作出了贡献。或许是从这一角度出发,经济核算论战中社会主义阵营中的主将兰格,曾在《社会主义经济理论》一书中盛赞考茨基:"他比其他任何人对于在全世界传播马克思主义思想都更有贡献。"④

---

① [德]考茨基:《无产阶级专政》,出自王学东编《考茨基文选》,人民出版社2008年版,第389页。

② 参见 Otto Nuerath, "Through War Economy to Economy in Kind", from Boettke edited, *Socialism and the Market*, *The Socialist Calculation Debate Revisited*, Routledge, vol I, 2001, pp. 553–587。

③ 考茨基的德文版《无产阶级革命及其纲领》发表于1922年,两年后被翻译成英文,题为《劳动革命》。参见 Karl Kautsky, transled by H. J. Stenning, *Labour Revolution*, 1924, ALLEN & UNWIN, London, pp. 260–267。

④ [波]奥斯卡·兰格:《社会主义经济理论》,王宏昌译,中国社会科学出版社1981年版,第43页。

本章小结

纽拉特的实物经济理论，在三个方面做出了贡献。首先，从战时经济期间的实物计算实践出发，纽拉特对实物经济和货币经济进行了对比，为我们更好地认识战时经济的特点、理解实物经济提供了帮助；其次，虽然纽拉特支持社会主义计划经济，但是对于以劳动量为标准进行社会主义经济核算的观点，他持否定态度；最后，他对新古典主义经济学中的数理倾向不屑一顾，对瓦尔拉等人所提出的一般均衡理论，他也很反感，并明确指出，在社会主义经济核算问题上，"数理经济学只会让我们误入歧途"。[①]

但是，纽拉特对战时经济与和平时期经济的区别是片面的，他只注意到，战时经济的目标是单一的，政府可以调整所有的政策，为了战争的胜利，调动全部的资源，但是他没有注意到，在和平时期，经济生活的复杂性，根本不可能实现彻底的实物计算、实物分配。虽然纽拉特承认，"独立的实物计算在实践中的重要性，依赖于我们获得的关于消费和生产的统计数据，这一点已经被广泛认可"[②]，但是，对于经济体系的复杂性，以及人类对这一经济体系的掌控，纽拉特过于乐观。这一点，也是社会主义经济核算论战爆发的原因之一。在论战中，奥地利学派所提出的一些观点，无论是获得各种数据是否可能的问题，还是缺少了价格指引的情况下，中央计划机构是否能够合理地利用各种稀缺资源等问题，纽拉特的理论，都无法作出让人满意的回答。

通过伦敦政治经济学院沃特金斯教授的研究，我们可以发现，事实上，对于实物经济的实际可行性和可操作性，纽拉特的观点发生过两次明显的改变。[③] 1912 年，纽拉特对实物经济进行了尝试性研究的时候，他对实物计算的可能性，持有明显的怀疑态度。他认为，当我们同时面对两项计划，需要从中做出选择的时候，我们很可能不知道标准究竟是什么，没有什么充足的理论能够帮助我们，他甚至设想，用抛硬币的方式来决定，

---

① Otto Neurath, *Empiricism and Sociology*, edited by Marie Neurath and Robert S. Cohen, p. 425.

② Otto Neurath, "Economics in Kind, Calculation in Kind and Their Relation to War Economics", from *Otto Neurath Economic Writings Selections* 1904—1945, p. 303.

③ 参见 J. W. N. Watkins, *Reviewed work: Empiricism and Sociology by O. Neurath* ; Marie Neurath; edited by Robert S. Cohen, Springer Nethar lands, 2005, pp. 347 – 48。

究竟该如何选择。随着"一战"期间战时经济的发展,以及 1929 年爆发的资本主义经济危机,纽拉特对于实物经济也越来越有信心。纽拉特非常乐观地认为,我们完全可以在客观的基础上,对不同人的生活水平进行比较。人们的幸福条件,可以同时代表吃饭、穿衣、娱乐和公民自由等各个方面。但是后来,纽拉特的观点又发生了转变。如果有人能够享受天下美食,而有的人拥有最高贵华丽的衣服,二者之间的幸福如何比较呢?对于这一问题,纽拉特承认,在实物经济体系中,并没有一个统一的尺度,对各种创造幸福的条件进行衡量。或许这也在某种程度上表明,纽拉特晚年已经认识到,实物经济在可行性方面有着难以克服的障碍。

苏联时期以及改革之前的中国,都曾经历过物资平衡计划的阶段。这种计划在本质上就是纽拉特所提出的实物经济。然而,这种经济体系在实践中漏洞百出,矛盾重重,暴露出一系列的问题。第一,生产目的本身就是复杂的,难以确定;第二,计划者无法获得各种数据,包括生产技术、原材料的数量等等,这为计划的制订造成了几乎无法克服的困难;第三,无法对计划进行迅速的调整和更新;第四,对结果的评价,缺乏合理而统一的标准。[1] 这些内在的问题和困难,导致了社会主义国家在经历了计划的失败之后,积极寻求改革,探索新的发展路径。

纽拉特与社会主义经济核算论战之间的关系,有必要再补充一下。20 世纪初,纽拉特和米塞斯同属于庞巴维克研究班的成员。米塞斯曾回忆说:"庞巴维克是个出色的研究班领导者,他不把自己当老师,而是充当偶尔也参与讨论的主持人,不幸的是,他给予大家的不同寻常的言论自由,偶尔也被没有头脑的人所滥用。奥托·纽拉特那些狂热的胡说八道尤其令人厌恶。"[2] 当纽拉特于 1919 年发表《通过战时经济走向自然经济》这部作品之后,米塞斯在同年发表的《民族、国家与经济》一书中说道:"战争刚一爆发,就出现了一句流行语,对于它的不幸后果,即使今天也不能完全置之不理:拜物教式的'战时经济'。"[3] 当我们熟悉这段历史之

---

[1] 参见〔英〕格雷戈里、斯图尔特《比较经济制度学》,葛奇等译,知识出版社 1988 年版,第 121—25 页。

[2] Mises, Ludwig von Mises, *Notes and Recollections*, Translated, and with a postscript, by Hans F. Sennholz, South Holland, Libertarian, 1978, p. 40.

[3] Mises, *Nation, State, and Economy: Contributions to the Politics and History of Our Time*, New York University Press, 1983, p. 140.

后，就可以明白，为什么哈耶克会认为，纽拉特1919年发表的作品，促使了米塞斯发动社会主义经济核算的论战。如果没有纽拉特对战时经济的分析，以及从中提出的实物经济理论，或许就不会有这场论战，从这个角度来说，促使社会主义经济核算论战的爆发，也算是纽拉特对人类思想的进步做出的另一个贡献。

关于皮尔逊和考茨基关于社会主义经济体系的论战，虽然主要内容是皮尔逊所论证的社会主义到底是否存在价值问题，但是除此之外，还涉及了众多方面，例如货币的作用和局限性，消费者是否应该有选择自由，社会主义的分配形式，按照劳动时间进行核算是否可能等等，几乎所有这些主题，都为后来的经济核算论战埋下了伏笔。例如，从社会主义一方来看，尽管考茨基已经明确指出，要利用货币赋予消费者选择自由和就业自由，但是社会主义者之间依然存在着分歧。在米塞斯对社会主义经济核算问题发起挑战之后，为了应对米塞斯的批评，莫里斯·多布主张取消消费者选择自由，因为在他看来，这是导致计划无法适应变化的根源，而兰格、勒纳等其他社会主义理论家则坚持消费者应该具有选择自由，并主张在满足消费者需求的基础上，利用一般均衡的数学等式来解决资源分配的问题。

从奥地利学派一方来看，米塞斯和哈耶克等人在社会主义经济核算论战中的主要观点就是：第一，在任何社会中，都必须面对价值等经济问题，这些问题通过技术专家是不可能得到解决的；第二，在共产主义和社会主义体制中，这些问题并不会消失，尽管表现出来的形式可能有所不同；第三，目前对这些问题的解决机制，即建立在生产资料私有制基础上的市场机制和价格机制却消失了，因此他们必须寻找某些必要的替代方案；第四，问题在于他们根本找不到合适的替代方案，只有市场价格才能真正解决这些问题，因此，社会主义根本行不通。从这个角度来看，皮尔逊的贡献主要体现在第一点上，即社会主义共同体中必然存在着无法消除的价值现象，因此，《新帕尔格雷夫经济学大辞典》中对其作出了这样的评价："皮尔逊对于社会主义社会的价值分析具有持久的意义。"[①] 而米塞斯和哈耶克等人，则对全部的四个问题进行了系统的论证。他们不仅指出

---

① [英]约翰·伊特韦尔等：《新帕尔格雷夫经济学大辞典》（第3卷），经济科学出版社1996年版，第938页。

社会主义共同体中必然存在价值问题，而且将论证的重点放在，没有市场价格，价值问题就不可能解决，并将其与生产资料所有制密切联系起来。尽管皮尔逊也在不同程度上涉及了经济核算论战中的很多问题，例如利用工时进行经济核算是不可能的，但他对社会主义经济体系的批评，主要起到了一种引导性的作用。皮尔逊的论文将学术界的注意力引向了社会主义经济问题上，而米塞斯则是对社会主义必然面对的经济问题进行了系统的研究。

作为发生在社会主义经济核算论战之前的论战，皮尔逊尖锐地指出，社会主义国家中必然存在的根本性问题：价值现象不可能消除，对于我们正确地认识社会主义经济问题，提供了一个思考的起点。尽管后来也有人不断指出他的论证中也存在着一些问题，如过分强调了国际贸易，经常没有明确地区分分配和报酬的问题[1]等，不过对于一个开创性的研究，我们也不必苛求太多。后人对皮尔逊还是多有褒奖，如哈耶克在分析社会主义经济核算的历史时，就对皮尔逊给予了充分的肯定："在关于社会主义经济问题的现代讨论中，皮尔逊的论文可以说是第一篇重要的文献。尽管在当时，它的影响力只限于荷兰，而且也只是在其他人独立开始讨论这些问题的时候，才从德文译本中了解到他的观点，但是，作为"一战"前关于这些问题唯一重要的文献，这篇论文仍具有特殊的意义。"[2]

---

[1] 参见 David Ramsay Steele, "Posing the Problem: The Impossibility of Economic Calculation under Socialism", *The Jounal of Libertarian Studies*, Vol V, No. 1 (Winter 1981), p. 12。

[2] F. A. von Hayek. *Collectivist Economic Planning: Critical Studies on the Possibilities of Socialism*, ed. by. London: George Routledge & Sons, 1935, pp. 27 – 28。

第三章

论战过程（一）：奥地利学派对中央计划经济的批评

本章主要涉及米塞斯、哈耶克和罗宾斯三个人物。社会主义经济核算的论战，是由奥地利学派的米塞斯率先挑起的。1920年，米塞斯发表了题为《社会主义共同体的经济核算》的文章，重点讨论了社会主义的经济核算问题，1922年，又出版了《社会主义》这部专著，对社会主义制度进行全面的批评，断言社会主义的中央计划体制是不可能的。米塞斯的核心论点是，社会主义取消了市场、货币和价格，必然无法在众多政策之间进行选择，只能进行盲目的计划，从而导致混乱不堪。从1935年开始，奥地利学派的另一位主将哈耶克，加入了这场论战，对在此之前的论战过程进行了梳理，并从知识论的角度，对中央计划经济体制提出了进一步的批评。著名的英国经济学家罗宾斯，深受奥地利学派的影响，在1935年发表的《大萧条》和1937年发表的《经济计划和国际秩序》等作品中，也对中央计划经济进行了批评。

第一节 米塞斯对中央计划经济的批评

一 经济核算理论提出的背景

在《社会主义》这本书的导言中，米塞斯首先对社会主义实践的成功大加赞扬，其语调甚至可以与马克思在《共产党宣言》中对资本主义的赞扬相媲美。米塞斯说，"我们目睹了俄国布尔什维克已经有所成就，不论如何看待它的意义，必须承认，就其宏伟蓝图而言，这是人类历史上最为显著的成就之一。还没有哪个国家有过如此作为……今天，凡是有影响的政党，都不敢公开主张生产资料私有制。对于我们这个时代，'资本主义'代表着万恶之源。甚至社会主义的敌人也受到社会主义观念的支配"。①

在一个绝大多数民众都站在社会主义一边、服膺自由主义原则的人少之又少的时代里,米塞斯认识到,仅仅指出资本主义制度存在的缺陷,然后就希望能够用社会主义取代资本主义是远远不够的,人们必须充分地思考社会主义社会的性质。然而,能够真正反思社会主义问题的人不多,而且在仅有的一些思考当中,很多又集中在文化、历史和心理方面。的确,这些问题也很重要,但是在米塞斯看来,生产资料社会化问题,是我们时代的首要问题,而这一问题在本质上属于经济学领域。"不首先研究以生产资料公有制为基础的经济秩序的机制,就根本不可能讨论社会主义问题"。② 而在社会主义经济领域当中,"经济核算问题才是社会主义的核心问题和基本问题"。米塞斯认为,人们之所以会忽视掉这一点,主要是下面两点原因所致:第一,"在那些客观价值论的支持者眼中,根本不存在这一问题。如果价值能够从客观上衡量和计算,那么在经济核算中就不会存在任何困难"。第二,"马克思主义严令禁止研究社会主义的社会和经济问题。人人都要遵守这一禁令,否则就会被怀疑成伪科学"。③

从这一角度来看,米塞斯之所以能够在 20 世纪 20 年代从经济核算问题出发,对社会主义展开批评,主要是因为具备了两个基础:第一,以边际效用为基础的主观价值论的兴起,为米塞斯的经济核算理论提供了理论上的基础;第二,世界上第一个社会主义国家的建立,使经济核算理论的建立具有现实的紧迫感。在这一背景下,米塞斯把对社会主义的分析集中于经济问题,尤其是经济核算问题。要了解米塞斯为什么选择经济核算问题作为批评社会主义的工具,经济核算理论对于现代经济的运行具有什么样的意义,我们就要从米塞斯关于经济核算的基本理论谈起。

二 经济核算的基本理论

要想理解米塞斯的经济核算理论,需要先了解他的人类行为理论。米塞斯认为,经济学是一个更加普遍的学科,即人类行为学的子学科,而且

---

① [奥] 米塞斯:《社会主义》,王建民、冯克利等译,中国社会科学出版社 2008 年版,第 24 页。

② 同上书,第 29 页。

③ Ludwig Von Mises, *Selected Writings of Ludwig Von Mises*, Liberty Fund, 2002, Vol 2, p. 351.

是到目前为止，得到了最充分阐述的子学科。① 虽然米塞斯系统阐述后者的作品《人类行为》，直到论战即将结束之际才发表，但是无论是 1920 年的论文《社会主义共同体中的经济核算》，还是 1922 年的长篇鸿著《社会主义——经济与社会学的分析》，都对人类行为理论有了基本的概括。下面我们就从米塞斯的人类行为理论出发，看看米塞斯是如何在此基础上，构建经济核算的理论大厦。

"人类行为学的真正主题——人类行为，与人类的理性有着共同的起源。行为与理性是同质的，甚至可以被视为同一事物的两个不同方面"。② 也就是说，人类行为是理性的。因此，理性能够通过纯粹的推理，使行为的本质特征更加明显。正确的人类行为推理就像正确的数学法则一样，是绝对确定且无可争议的。这种理性行为具体表现之一，体现在行为的目的上，即个人通过自己的行为，获取最大的满足感。"趋乐避苦——这就是行为的意图"。当然，米塞斯这里的"快乐"，是一个纯粹主观的概念，其含义囊括了人们通过自己的追求所希望达到的一切，既有仓廪实的物质欲望，也有知荣辱的精神追求。人类的行为是理性的，在引入行为目的之后，也可以说，人类的行为都是有目的的追求，行为只会因为需要的满足而发生，其"最终目的不外是摆脱被认为有缺憾的状态——满足需要，获得满足，增大幸福"。③

人类行为的理性，除了通过行为目的得以体现之外，另一个重要的体现就在于，对人类生活于其中的外部环境有着充分的理解和认识，并在此基础之上有所作为。这个外部环境始终如一的特点就是：稀缺。也就是说，相对于人类无穷无尽的欲望而言，资源总是稀少的、短缺的，资源的获得总是有限的，因此对资源的利用必须是节约的、有效率的。门格尔在《国民经济学原理》中指出，人类经济行为的起源就在于可以利用的资源的稀缺性，而且是在这种稀缺性的基础上，才产生了私有产权以及交换等经济现象。④ 米塞斯则告诉我们，这个世界是严酷的、无情的，大自然没

---

① Ludwig Von Mises, *Human Action: a treatise on economics*, Yale University, 4th rev. ed, p. 3.
② 同上书，第 39 页。
③ [奥]米塞斯：《社会主义》，冯克利、王建民等译，中国社会科学出版社 2008 年版，第 79、80 页。
④ [奥]门格尔：《国民经济学原理》，刘絜敖译，上海世纪出版集团 2005 年版，第 34—51 页。

第三章　论战过程（一）：奥地利学派对中央计划经济的批评

有赐予我们任何权利，由于她供给我们的生存材料极为匮乏，并且需求是没有止境的，人们才被迫从事经济活动。尽管人类今天的科技水平较一个世纪前又发生了质的飞跃，但是地球上仍然有大量的人口为了温饱问题而四处奔波，可以说，对于稀缺性的认识，已经基本形成共识。且不说奥地利学派等自由主义学派，就连著名的社会主义学者诺夫都承认，"凡是认真对待'罗马俱乐部'关于非补充性自然资源的枯竭的警告者，都会强调绝对稀缺的重要性"。"可以断言的是，可能性的天平大大地倾向于稀缺的继续存在、丰裕的不可达到"。①

如果人们可以利用和支配的经济资源是无限的，取之不尽用之不竭，那么，他们就完全可以通过无意识的行动，使自己获得充分的满足，对于资源的使用无需节约，资源利用的效率更无从谈起。但是，即使在这种情况下，较之他们的全部需求，他们的能力和生存时间仍是有限的，他们仍然必须节约时间和精力。也就是说，即使在人类不受资源稀缺性限制的情况下，人们仍然需要精打细算地分配自己的时间和精力，仍然需要理性发挥作用。

既然人类的欲望是无限的，人们总是为了满足欲望才有所行为，而资源的稀缺性又是人类无法改变的外部环境，那么就必须在各种欲望之间、各种资源之间进行选择，把有限的资源用到最迫切的需求当中，以最小的资源损耗去实现满足的最大化。要选择就必须先有判断，判断哪种欲望优先得到满足，判断哪种资源应用于何处才能物尽其用。在米塞斯的理论体系中，人类的判断分为三个层次：第一，对价值的判断；第二，对直接消费品的判断，即对低级财货②的判断；第三，对生产要素的判断，即对高级财货的判断。这三种判断，在逻辑上是层层递进的关系。"在经济活动的过程中，每个人对只能满足其一的两种需求作出选择时，他就要作出价值判断。这种价值判断最初只包括那种得到满足的需要本身；由此进而影响到低级财货，并进一步扩展至高级财货"。③

---

① ［英］诺夫：《可行的社会主义经济》，唐雪葆译，中国社会科学出版社1988年版，第22、23页。

② 低级财货与高级财货的划分，始于门格尔的《国民经济学原理》。这一划分在奥地利学派的思想中，占据着重要的地位，很多理论都与这一划分密切相关，如生产周期理论、对经济危机的理解，等等。

③ F. A. von Hayek, *Collectivist Economic Planning: Critical Studies on the Possibilities of Socialism*, London: George Routledge & Sons, 1935, p. 95.

所谓的价值判断,就是在爱情与友谊之间的选择,在美味佳肴与衣着打扮之间的选择。价值判断之后,就需要对低级财货进行选择,也就是对特定的手段来满足目的的选择,对消费品满足人类需求的判断。例如,假设相对于衣着打扮,人们更喜欢美味佳肴,那么还需要在各大菜系之间选择,在北京烤鸭和德州扒鸡之间选择。对价值的判断和对低级财货的选择,是一种主观的意愿,是在能够获得的和需要放弃的价值或者消费品之间作出选择,在此基础上,对自己的偏好作出一个序数形式的排列即可。"我们必须意识到,价值判断意味着相对于 B,我们更喜欢 A。无论是在逻辑学、认识论中,还是在心理学、人类行为学中,只存在着偏好的一种模式"。此外,从个人选择的角度来看,商品的价值无法衡量,也无需衡量,就像爱情和友谊的价值无法衡量一样。它们的价值完全是个人意义上的,只能够被人们感受到,因此,"对价值进行衡量的观念是毫无意义的"。[1]

当我们对低级财货的判断,延伸至对高级财货的判断时,事情就很有可能变得复杂和微妙了。对高级财货的判断,在社会生活中主要是生产者的职责。假设人们选择了北京烤鸭,其中必定牵涉到大量的工序,需要饲养员喂养鸭子,需要矿工挖煤,需要运输工,需要烹调师等等,对于他们各自所发挥作用的大小,恐怕单纯的价值判断就无法彻底解决问题了,生产者必须借用一定的工具或者手段来进行判断。当然事情也并非完全如此。在原始的家庭经济中,或者非常简单的条件下,对于特定生产要素的重要性,人们很容易就能够作出判断。因为在这种情况下,消费品本身数量很少,生产过程也相对简单,人们可以直接比较生产中的投入和产出。例如,假设人们需要添置衣服,那么他们就可以种植棉麻作物,然后纺纱织线、染色、缝缝补补。在无需任何计算的情况下,他们很容易就知道自己的辛苦劳作,相对于最终的消费品,是否值得。因此,在简单的经济生活中,基本不存在需要特别解决的经济问题。

但是,当我们把目光从简单经济转向现代经济时,其错综复杂程度远非原始家庭经济所能比拟,足以让人眼花缭乱,甚至不知所措。现代经济生活的复杂性,首先体现在各种生产要素的不同质性。任何生产过

---

[1] Ludwig Von Mises, *Human Action: a treatise on economics*, Yale University, 4th rev. ed, p. 204.

程中都需要利用各种各样在性质上截然不同的生产要素，生产者不仅需要考虑各种材料的物理和化学性质，而且还需要考虑各种材料、机械、工具的物质生产力。不同的生产要素，可以满足不同的生产目的，甚至即使同一种生产要素，也可以满足不同的生产目的，这就使对材料的使用具有更多的复杂性。从这一意义上讲，所有的生产要素，由于其品种、质量等方面存在着众多差异，我们无法在经济生活中，将它们进行简单化处理，必须考虑到各种要素所处的具体经济情势，才能对它们进行判断。

现代经济复杂性的另一个表现在于社会分工越来越复杂。在原始经济当中，人类的财货主要表现为直接消费品以及较低层级的财货。随着社会的发展，生产力的进步，生产逐渐向高级财货领域扩展，生产周期不断延长，整个社会到处都是专门从事高级财货生产的企业，他们彼此之间的协调，甚至有时候都不知道对方是谁，也不知道生产出来的高级财货最终是为哪一种具体的消费品而服务。在这种情况下，任何人单凭自己的价值判断，根本无法直接掌握整个经济生活的本质，更无法对经济生产的各个高级阶段进行判断。

现代经济的复杂性，直接起源于人类知识的进步。在社会分工的前提下，只有随着知识的发展，人类对财货的认识才更加准确、更加深刻。那些原来被认为能够增进人类福利、满足人类欲望的虚拟财货，逐渐被真实的财货所取代；那些之前被人类认为毫无作用的财货，逐渐在经济生产中发挥着越来越重要的作用；那些之前虽然已经发挥了一定作用的财货，人们又逐渐认识到，还可以为人类生活提供更多的帮助。人类对财货的种类、作用的认识逐渐发展，带来的结果就是涌现出越来越多的高级财货，"生产需要众多的迂回过程，而且每一过程的周期都较长"，从而导致现代经济的复杂性日益凸显，"人们不可能仅仅应用模糊的价值判断，而必须对生产过程中所包含的所有经济问题进行更精确的考量和某种判断"。[1]

除了复杂性以外，现代经济生活还有一个重要的特点，那就是持续不断的变化带来的不确定性。人类自古就渴望生活平稳，事业顺利，稳定压

---

[1] F. A. von Hayek, *Collectivist Economic Planning: Critical Studies on the Possibilities of Socialism*, London: George Routledge & Sons, 1935, p. 96.

倒一切。我们希望这种美好的愿望能够成真。现实往往容易让人沮丧。"在经济生活中,除了变化之外没有任何东西是永恒的"。① 在现代经济生活中,促使经济体系保持不断变化的影响因素,米塞斯将其总结为六大类。"首先是外部自然条件的变化。必须说明的是,这里指的不仅是气候和非人影响所导致的自然条件的变化,还包括人在这些条件内的活动所引起的变化,诸如土壤肥力枯竭、建筑材料或矿藏的消耗等等;第二类是人口的数量和质量的变化;第三类是资本品的数量和质量的变化;第四类是生产技术的变化;第五类是劳动组织的变化;最后是需求的变化"。② 在如此众多的纷繁复杂的变化面前,一切经济活动都面临着未知的前景,而人类自身根本无力阻止变化和不确定的出现,人类无法创造一个绝对安稳的时代,从而使历史在那一刻停止。

从本质上说,变化以及由此带来的不确定,乃是人类生活的常态。人类的历史过程就是不断应对变化的结果。"稳定,是一个空洞而且自相矛盾的概念"。因为人类之所以有所行为,就是要改变现状,获得资源,更好地满足自己的欲望和需求。如果没有变化,没有不确定性,人类生活就是一潭死水。生活和行为不再具有任何目标,一切都是按部就班,似乎唯一能做的就是等待死亡。从这个角度来看,人类行为本身就预设了变化和不确定性的存在。"人类自身在时刻发生着变化,他的价值判断、选择和行为也随之改变。在人类行为领域中,根本不存在永恒,唯一存在的就是变化"。也就是说,不仅人类生存的外部环境在不断地发生着变化,为人类的未来生活带来种种不确定性,而且人类行为自身,也在不断地制造着变化。换句话说,即使人类生存的外部环境没有变化,人类也要通过自己的行为不断制造出变化来。人类行为的意义或许就在于,面对着各种各样的变化和不确定性,依然能够与之抗争。"只要有人类行为,就一定存在着变化。行为是变化的杠杆"。③

现代经济生活如此复杂,充满了如此多的变数,单纯地依靠价值判断根本解决不了第三种判断,即对高级财货的判断。如果只依靠简单的主观

---

① [奥]米塞斯:《社会主义》,王建民、冯克利等译,中国社会科学出版社 2008 年版,第 177 页。

② 同上书,第 162 页。

③ Ludwig Von Mises, *Human Action: a treatise on economics*, Yale University, 4th rev. ed, p. 222.

判断，只能对各种高级财货的相对作用有一个大致的了解，缺乏精确性和客观性。而如果诉诸核算，通过精确地计算各种商品之间的替代关系，就可以在变化而复杂的环境中，对所有的高级财货进行统一的比较，从而准确的判断各种财货的价值和发挥的作用。因此，"为了确定一项事业是否合理，必须进行仔细的计算"。①

要核算就必须有核算单位。那么，到哪里找这个核算单位呢？利用商品的价值单位？在米塞斯看来，商品的价值是根本无法用单位来衡量的。这里面就涉及奥地利学派的一个重要传统，即主观价值论。同样是在《国民经济学原理》这本书中，门格尔指出，无论是一件物品的财货性质，还是财货的经济性质，抑或是财货的价值，都是主观的，都是人与物之间的一种关系。无论是获得财货，还是将自己支配的财货与他人进行交换，抑或在交换过程中的讨价还价，都是为了更好地满足自身的欲望和需求。当代奥地利学派代表人物奥克勒（A. Oakley）曾经说过，"虽然主观价值论在门格尔的经济理论中具有突出的地位，但就主观主义对经济学的宽广意义来说，它只是其中的一个要素，就所有经济现象作为个人决策、选择和行动的产物来说，它所具有的主观性质和起源则是门格尔主要著作的焦点"。② 作为奥地利学派的典型代表，米塞斯非常认同门格尔的观点，他说道："商品的主观使用价值没有单位。边际效用没有提供价值单位。"③主观价值理论向我们表明，财货的价值，不仅在本质上是主观的，而且它的尺度也是主观的。同一财货，对某一经济人有价值，对于情况与之不同的另一经济人则很可能没有价值；对于某一经济人具有较高的价值，而对于第二个人则可能只有较小的价值，甚至对于第三个人来讲完全没有价值，这些都不矛盾。

既然商品的价值无法为经济核算提供核算单位，那么只能诉诸商品的交换价值，在市场经济中，它的具体表现就是商品的货币价格。在奥地利学派的思想体系中，个人更加偏爱某些东西而决定放弃其他东西的选择，个人为了改善当前的状况，获得更大的欲望满足，是交换得以发生的主要

---

① [奥]米塞斯：《社会主义》，王建民、冯克利等译，中国社会科学出版社2008年版，第81页。

② A. Oakley, *The Revival of Modern Austrian Economics*, Edward Elgar, 1999, p. 22.

③ [奥]米塞斯：《社会主义》，王建民、冯克利等译，中国社会科学出版社2008年版，第81页。

原因。"全部人类行为，只要它是理性的，都表现为以一种条件交换另一种条件"。① 而价格，恰恰是在交换过程中产生的。也就是说，价格的出现，严格遵循了三种价值判断的顺序，即从消费者的价值判断，最终扩展至对高级财货的判断和选择。

利用商品的客观交换价值作为经济核算的单位，不仅可以将价值简化为一个共同的单位，而且对人类的经济生活意义重大。从微观层面上来看，可以在充分体现消费者的欲望和需求的前提下，为生产者的生产计划和生产后的总结提供可资利用的手段。一种商品的价格，体现了所有市场参与者对这种商品的利用进行博弈之后形成的判断。如果生产者希望获得利润，在复杂变化的现代经济体系中，他就必须借助于市场上形成的价格，对所有必要的投入和最终预计的产出进行衡量，计算自己的成本和预期收益，从而大体预测自己的工作是否像别人一样，充分利用了资源，并且充分节约了资源。如果利用市场价格进行的预算表明，从事此种生产很可能无法获得利润，那么生产者会清楚地知道，生产过程中所涉及的资源，在别人的手中获得了更多的收益，在别处可以发挥更大的作用，体现更多的价值，可以更好地满足消费者的欲望和需求。这就促使生产者要么改进生产技术，更加合理地利用手中的资源；要么退出此种商品的生产领域，将生产过程中需要的资源，留给那些能够更加合理利用这些资源的生产者。

从宏观层面来看，虽然米塞斯等奥地利学派成员一致坚持个人主义方法论，反对从社会福利的角度看待问题，但是，利用商品的客观交换价值进行经济核算，能够使资源在整个社会内更通畅的流动、得到更有效的利用。通过生产者对利润和收益的计算，可以使资源从亏损的生产者手中转移到获利的生产者手中，这就保证了可以合理有效地利用资源。此外，因为经济核算利用了商品的客观交换价值，这就使所有市场的参与者能够联结在一起。通过市场价格，能够将生产者和消费者联系起来，使生产者的产品更好地满足消费者的需求；同时，还可以使生产者与生产者联系起来，生产者甚至不需要知道其他生产者的具体计划和产品，就能够准确地获悉他们对同一资源的利用情况，也就是说，"价格就充当了个体计划之

---

① [奥]米塞斯：《社会主义》，王建民、冯克利等译，中国社会科学出版社 2008 年版，第80页。

间不完美的协调者，能够从整个社会的角度对分散的决策进行权衡"。①

通过上文对货币核算的分析我们可以看出，要想在现代复杂变化的经济生活中进行经济核算，必须具备两个条件：第一，"必须使用有一种一般的交换媒介，即货币"，或者说货币为经济核算提供了一个统一的尺度。这一点我们刚刚讨论过。第二个条件则是，"不仅是用于消费的物品，而且更高层级的物品，都必须是可交换的"。对于简单的消费品，可能很多人都会直接作出评价，喜欢哪个，不喜欢哪个，更需要哪个，不太需要哪个。但是"没有任何人，哪怕他是旷世不遇的天才，具备能够确定无以计数的更高层级物品中每一件的相对价值的智力"。② 对于那些复杂的生产过程中所涉及的各种原材料、劳动力和资本，必须建立市场交换体系。在市场交换过程当中，消费者最初的价值判断，经过一系列复杂的传递过程，形成了生产者对最终产品的经济核算，从而使生产者在获得利润的同时，为消费者的欲望和需求提供满足，并使这种满足越来越发展、越来越充分。同样是在市场交换体系当中，通过对同一商品、同一资源的竞争，市场参与者之间相互博弈，最终形成了对商品和资源的市场价格，也为经济核算提供了切实可行的尺度。

如果说市场交换体系的建立，是进行经济核算的必要条件，那么，只有在私有产权得到保证的前提下，才能在整个社会的范围内，建立起真正的市场交换体系。在奥地利学派看来，对于同一件商品，交换双方的主观评价不同，赋予商品的价值也就不同，双方为了更好地满足各自的需求，才形成了交换的基础。尽管诱导人们进行交换的条件是双方的主观评价不同，但是，要想使交换真正完成，双方必须对交换的物品拥有所有权。从交换的本质意义上来说，至少存在着两个所有者，而且每个所有者对各自所拥有的物品具备绝对的支配权和转让权，才能形成事实上的交换。换句话说，只有私人对物品拥有明确的所有权，才能在彼此之间建立起交换关系。如果全部的物品都归一人所有，那么，根本不存在真正的交换。这时所谓的交换，就像过家家的游戏一样，从左手移到右手，如果严重一点

---

① Don Lavoie, *Rivalry and Central Planning*, *The Socialist Calculation Debate Reconsidered*, Cambrige University Press, 1985, p. 54.

② ［奥］米塞斯：《社会主义》，王建民、冯克利等译，中国社会科学出版社 2008 年版，第 84 页。

说，就是一种自欺欺人。在此情况下，所有的交换都是一种物理意义上的传输，根本不是米塞斯意义上的人类行为，因此，根本无法形成真正的市场交换体系，根本无法形成市场价格，经济核算更无从谈起。也在这个意义上，当代奥地利学派成员霍普将米塞斯对经济核算的论证总结为："如果没有土地和其他生产要素的私人所有权，就不可能形成关于它们的市场价格。因此，也就根本无法进行经济核算。"[1]

市场交换体系的建立，为经济核算提供了基础。同时，也是因为这一点，以货币为基础的经济核算并非完美无缺。既然是一种交换体系，那么，它就会依赖于人们的主观选择，并随着人们价值判断的变化而发生变化。同时，还会随着交换环境、时机的变化而发生变化。因此，供给数量的变化，季节时尚的变化，消费者品位的变化，人口的增长等等，都会使商品价值发生改变，从而导致商品价值始终处在一种变动不居的状态之中。因此，商品之间的交换比率也必将随之而变动。对于货币而言，在这样一个动辄以货币为手段，对经济进行调控和干预的时代，其稳定性更是让人怀疑。积极的财政政策，增加市场流动性，刺激经济增长，提高就业水平等，就像潘多拉的魔盒一样，使现代货币市场的结构越来越复杂，甚至有些扭曲。且不说近年来人民币兑美元的汇率缓慢攀升，也不必说新一轮金融危机影响下人们对国际金融市场的担心，单单看一看前段时间韩币汇率的一路狂跌，就足以让人触目惊心了。虽然为了应对经济生活中的复杂性和不确定性，人们利用了货币手段进行核算，但是，货币本身的变化和不确定性，使货币核算也具有了缺陷。

除此之外，通过上文的分析，我们知道，经济核算应用的范围就是对高级财货的判断，换句话说，是对选择何种生产要素以及如何组合这些要素来满足人们需求的判断，是对能够满足目的的手段的判断。因此，对于人们的主观价值判断以及对直接消费品的判断，经济核算根本不适用。例如，风景如画的美感，人类的生命、健康和安全，个人的美德和民族的荣誉等，这些抽象的价值，都属于人们的主观价值判断，都不能纳入市场交换体系中，换句话说，"经济核算的对象不包括那些无法以货币进行买卖

---

[1] Hans-Hermann Hoppe, "Socialism: A Property or Knowledge Problem?" *The Review of Austrian Economics*, Vol. 9, No. 1, 1996, p. 143.

的事物"。①

因此，无论是经济核算所利用的工具——货币，还是经济核算应用的范围，都存在着明显的缺陷。但是，米塞斯提醒我们，对于货币价格的不稳定性，我们不必担心太多。一方面，"我们可以确定无疑地说，随着地域经济逐渐向全国统一市场的发展，并最终带来全球市场的出现，致力于不断满足消费者需求的商业发展，已经使价格的变化不那么频繁和迅猛"。② 另一方面，市场价格的变化，在使一部分生产者亏损和倒闭的同时，也使另一部分生产者获得利润，并扩大生产规模。也就是说，货币的变化对我们的影响，在某种程度上可以抵消一部分。至于经济核算的应用范围问题，这是跟其发挥作用的需要密切相关。只有关于高级财货，或者说生产资料的选择和判断，才需要以货币为手段进行经济核算。关于目的和直接消费品的选择，主观的价值判断即可。因此，米塞斯说："诚然，货币核算有其不完善之处。诚然，它有内在缺陷。可是我们没有更好的替代手段。在健全的货币体系下，它满足了实际需要。如果放弃它，就绝对不可能有经济核算。"③

或许有些读者会提出这样的疑问：既然经济计算是对手段满足目的的评估，技术计算也可以做到这一点，那么是否可以用技术计算取代经济计算呢？这样的疑问是有道理的。的确，在现代复杂的经济条件下，任何一项工程，都涉及众多的高级财货，如果没有那些熟悉运作法则的科学家或者技术专家的帮助，恐怕任何任务我们都很难完成。而且随着现代自然科学的发展，人类的技术已经取得了长足进步，在没有技术手段的帮助下，我们真的不知道该如何实现特定目的。但是，问题的关键并不取决于技术专家或者科学家，在他们的帮助下，我们同样必须进行经济核算。

为什么会这样说呢？米塞斯举了一个小小的例子，来说明这一问题。当人们打算兴建一条新铁路的时候，一定会面临着很多问题。这条铁路是否值得修建？修建的代价是否抵得过修建以后带来的便利？修建铁路与修建高速公路或者其他的交通方式相比，哪一种更为合理呢？修建铁路的路线如何选择？在纷繁复杂的建筑材料面前，我们到底该选用哪一种？很明

---

① Ludwig Von Mises, *Human Action: a treatise on economics*, Yale University, 4th rev. ed, p. 214.

② 同上书，第 218 页。

③ [奥]米塞斯：《社会主义》，王建民、冯克利等译，中国社会科学出版社 2008 年版，第 87 页。

显，这一系列的问题当中，技术专家能给我们的答案少之又少。他们只会告诉我们，在耗费了若干人力和物力的情况下，在某一线路上可以修建一条铁路。除此之外，我们不可能再有其他的奢望，因为技术计算是"独立于人类欲望和需求之外。它的领域内只有客观的使用价值。它站在一个完全中立的立场上，对物理、化学和地理问题进行判断"。[①] 在技术计算的帮助下，我们并不能解决对手段进行评估的问题。只有用一个统一的单位去衡量各种熟练和非熟练劳动、钢铁、煤炭和各种建筑材料、机械以及其他建筑和维持铁路的一切，才能对各种技术手段提供的方案进行选择，进而解决与此相关的其他各种问题。也就是说，只有经济核算，才能在各种技术可能性之中作出理性的选择，才能将技术的可能性与消费者的主观需求相结合。

至此，米塞斯终于在人类行为的基石上，构建起经济核算的理论大厦。在稀缺的外部条件无法改变的前提下，为了获得欲望和需求的满足，人类的理性行为，必须在各种目的和手段之间进行选择。纯粹的价值以及直接消费品，依靠消费者的直接价值判断就可以解决问题。但是为了获得消费品而对生产要素进行组合，却远非人类的理性所能为，单纯的价值判断又显得过于笼统，因此，必须借助于市场交换过程中所形成的货币价格，进行精确的经济核算。尽管以货币为手段的经济核算的确存在一些不便之处，但是，它仍不失为人类发展过程中可以借用的最好的经济核算工具。这就是米塞斯的经济核算理论。

三 资本主义制度中的经济核算

在介绍了米塞斯关于经济核算的理论之后，我们具体来看一下，在资本主义制度中，经济核算实际上是如何进行的。要讨论资本主义制度下的经济核算，有必要先简单交代一下，在米塞斯的理论体系中，"资本主义"这一概念到底意味着什么。在社会主义经济核算论战发生的年代里，在很多社会主义者看来，"在资本主义制度下，大多数人是忍饥挨饿的贫民，他们受到冷酷的个人主义者的残酷剥削。而这些流氓恶棍则只考虑自己的金钱利益。他们不去关心那些美好而真正有用的东西，而只生产那些

[①] Ludwig Von Mises, *Human Action: a treatise on economics*, Yale University, 4th rev. ed, p. 207.

能够带来最大利润的东西"。因此资本主义这种意识形态，代表的就是"腐朽和堕落的历史，到处充斥的是下流的滑稽歌舞、杂技表演、脱衣舞、好莱坞电影和侦探小说"。① 也就是说，"资本主义"和"资本主义生产"等概念，已经成为一种政治宣传口号，除了被人们用来表示一种万恶的政治体制之外，几乎没有任何其他含义。

但是米塞斯是从经济理论的角度来看待资本主义的。他认为，所谓的资本就是"一个企业的原始资产"，生产者通常将其"归于一个名目之下，不管这些资产是由货币构成的，还是仅仅用货币来表示"。② 通过对整个过程中的资本进行核算，可以确定资产的价值在经营期间到底发生了何种变化，这种变化的范围有多大。这意味着，"用货币进行核算是资本概念的本质"。因此，在米塞斯看来，"资本主义"这一概念指出了现代经济制度的本质特征，即用资本进行的核算支配着全部生产过程。

米塞斯从经济核算的角度来看待资本主义，这样一种视角我们不必忙于评价，因为对于米塞斯的观点，人们总是认为其过于极端，很难给予认可。我们可以先看看与米塞斯同时代的伟大思想家马克斯·韦伯，在米塞斯提出经济核算理论的同时，他对资本主义的理解，与米塞斯并无太多的差异。韦伯认为，资本主义制度最重要的特征在于经济行动的形式理性。"一项经济行动之所以是形式理性的，乃在于其能够以计算的、可计算的权衡思考，表现出任何理性经济固有的'事前准备'，并且实际上如此表现出来的程度"。而从纯粹的技术角度来看，"货币是最完美的经济计算手段，亦即在经济行动的取向中形式上最为理性的手段"。因此，在资本主义制度中，理性的经济性营利所特有的一种货币计算形式就是资本计算。所谓的资本计算，"是指对营利机会与营利损益所做的估算与监控，换言之，个别的营利企业在决算之际，将开始时的全部营利财货（实物或货币）与结尾时（尚在手边和新产生的）的营利财货，以货币估算总额的方式作出比较"。③ 由此可见，从经济核算的角度来认识资本主义，米塞斯与韦伯二人在这一点上是一致的，甚至他们所使用的术语，如理性的

---

① [奥] 米塞斯：《反资本主义心态》，姚中秋译，新星出版社2007年版，第111页。
② [奥] 米塞斯：《社会主义》，王建民、冯克利等译，中国社会科学出版社2008年版，第89页。
③ [德] 韦伯：《经济行动与社会团体》，康乐、简惠美译，广西师范大学出版社2004年版，第36—45页。

行为、资本、货币、资本核算等,几乎都一模一样。

或许在这里需要补充一点,就是米塞斯及奥地利学派对资本的理解。秉承奥地利学派主观主义的传统,米塞斯同样认为,资本在本质上是主观的,涉及企业家为承担未来潜在的利润风险而作出的关于当前的计划,是为实现某个明确的目标而采取的中间步骤。资本的保持和积累是个人的一种选择,是个人为了获得未来的收益,而放弃当前需要的一种努力,是生产者通过节俭消费而获得的。"通过生活不超支和节俭而获得收益对他们来说确实是值得的,这足以激励他们保持和扩大资本。这种激励愈强烈,对资本的迫切需求就愈能得到满足"。① 另外,由于个人的知识、所处的环境不同,同一种财货在不同人的眼中具有截然不同的价值。因此,从严格意义上来讲,只有个人才能度量资本的大小,只有个人才能知道"具体资本品对未来产出的潜在贡献。相关决策者主观评价的东西,是不能被别人'客观'地度量的"。②

对资本主义的概念进行简单概括之后,我们开始讨论资本主义制度下,经济核算到底是如何进行的。一个生产者,或者说一个企业家,为了获得利润,就必须尽可能地满足消费者的需求,这是不言而喻的。在这一过程中,他们必须不断地制定出各种关于生产的决策,并且随着环境的变化,不断地调整这些决策。例如,当身边的同行们引进新技术的时候,他们必须决定,坚守固有的生产方式,通过其他手段提高生产效率,还是要顺应潮流,安装一套新式设备,从而更改生产工艺流程,与此密切相关的是,更改流程之后,生产过程中很可能会需要另外一些不同的稀缺资源,等等。在企业的日常管理中,存在着众多的可选项,他们必须及时作出选择。可是,选择到底该如何进行呢?

事实上,生产者作出的任何决策,都受到两个方面的限制:一个是消费者的限制,另一个则是其他生产者的限制。所谓消费者的限制,指的是生产者从事消费品的生产,要想获得利润,就必须保证能够满足消费者的需求,获得消费者的认可。表面上看来,生产者至高无上,消费者只能依

---

① [奥]米塞斯:《社会主义》,王建民、冯克利等译,中国社会科学出版社2008年版,第167页。

② [美]柯兹纳:《资本理论》,转引自[美]埃德温·多兰主编《现代奥地利学派经济学的基础》,王文玉译,浙江大学出版社2008年版,第127页。

靠生产者提供的产品来消费。但是事实上,在市场经济的大海中,"生产者仅仅是航船的舵手,真正的船长是消费者",舵手们必须无条件地服从船长的命令。虽然只有处理最终消费品的销售商才直接面对消费者,但是通过销售商,消费者的投票和选择,能够传递给高级财货的所有者和生产者。"资本家、企业家和土地所有者,只有充分地满足了消费者的要求,才能使他们的财产保值增值"。无论是企业家、农民还是资本家,如果他们不能按照消费者的需求进行生产,他们必然受到市场的惩罚,承受损失甚至破产,被迫退出掌舵者的位置。而那些更好地服从了消费者的命令、满足了消费者需求的人,将很快地取代他们。因此,米塞斯说,"物质资料的所有者以及企业家在本质上是消费者的代理人"。[1]

生产者的决策受到消费者的严格限制,是奥地利学派着重强调的一点。门格尔在分析市场交易的过程中指出,消费者的偏好决定生产的意义,同时也决定了交易。对此,柯兹纳曾指出,"正是门格尔,而不是其他的先行者,率先指出消费者对产出的价值评估决定了市场上相关投入的市场价格——门格尔定义为高级财货——从而使其开创了边际生产理论的新路径"。[2]

需要格外注意的一点是,从时间上来说,消费者提供的认可,不是现在,更不是过去,而是在未来。也就是说,消费者的需求经常是一时兴起和冲动,他们充满了变数,甚至有时候反复无常。所以,生产者不能看到市场上的消费者今天或者昨天喜好某种消费品,就盲目从事这种消费品的生产,他必须考虑的是消费者明天是否依然会喜好这种消费品。当然,如果市场上根本没有某种消费品,那么生产者在确立生产计划、制定生产流程和销售渠道之前,必须对市场上潜在的消费者人群有一个明确而肯定的预期,必须保证在产品投放市场之后,通过全方位的广告宣传,通过零利润销售等各种方式,来引起消费者的关注,获得消费者的认可和支持,从而在满足消费者需求的同时,保证生产能够顺利进行。

必须考虑未来的消费者对产品的认可,体现了奥地利学派一直以来,

---

[1] Ludwig Von Mises, *Human Action: a treatise on economics*, Yale University, 4th rev. ed, pp. 269 – 272.

[2] Isreal M. Kirsner, "Mises and His Understanding of the Capitalist System", *Cato Journal*, vol. 19. No. 2, 1999, p. 220.

对时间因素的强调,用米塞斯的话来说,就是人类行为的时间性。"行为总是指向未来;为一个更好的未来筹划和行动是基本的,也是必然的。人类行为的目的总是要使未来的情形,相对于无所作为而言,更加令人满意。……当人们筹划着把当前不太满意的现状转化为未来比较满意的状态时,人们才意识到时间"。① 如果把米塞斯对人类行为的时间性因素,转化成生产者行为的时间性,我们就更容易理解为什么生产者要受到未来的消费者所施加的限制。生产需要耗费一定的时间,从高级财货转化为低级财货,在时间上有一定的滞后性,并不是说,今天决定生产,明天就可以将产品投放市场。一旦将时间因素引入生产者的考虑当中,那么,生产者面对的不确定就大大增加了。生产者本来就无法完全了解市场当前的现状,更谈不上完全了解变幻莫测的未来。在此意义上,米塞斯说,"在任何不断变化的经济体系中,一切经济活动都面临着未知的前景,从而它总是面临着风险。经济活动的本质就是投机"。② 也就是说,企业家的投资结果具有严重的不确定性,他利用一切可以利用的资本进行投机,依靠对未来超常的预测能力获得利润,同时,他也要承担由于预测失误而带来的很可能是重大的损失。③ 对于时间因素在经济分析中所发挥的作用,奥地利学派与新古典主义等其他学派有着重大的区别,甚至很多重大的分歧,也都根源于此。

生产者在决策过程中,除了受到消费者的限制之外,还要受到其他生产者的限制,换句话说,就是生产者与生产者之间存在着激烈的竞争。一方面,提供同一种消费品的生产者之间存在着竞争,为了更好地服务消费者,满足消费者的需求,获得消费者的青睐,他们必须想方设法,要么降低价格,利用价格优势与其他生产者竞争,要么提高质量,以更优质的产品服务消费者。因为物美价廉始终是消费者的追求。为了保证赢得消费者的惠顾,生产者必须采取相关的措施,如不断地改进技术,加强人力资源的投资,提高劳动生产率,等等。另一方面,提供不同消费品的生产者之间也存在着竞争。这就涉及财货的性质问题。同一种高级财货,往往有不

---

① Ludwig Von Mises, *Human Action: a treatise on economics*, Yale University, 4th rev. ed, p. 100.

② [奥] 米塞斯:《社会主义》,王建民、冯克利等译,中国社会科学出版社 2008 年版,第 169 页。

③ Kirzner, Method, *Process and Austrain Economics*, Lexington Books, 1982.

同的用途。例如，煤炭既可以用来直接取暖，也可以应用于炼钢炼铁等工业生产。由于经济财货的数量始终是有限的，很多资源的稀缺性是无法改变的事实，所以，不同的生产者为了获得同一种财货，就必须展开竞争。

虽然生产者之间的竞争，从本质上说是对利益的竞争。但是，它属于"社会性的竞争"，而不是"生物性的竞争"，前者指的是，在社会分工合作的体系当中，个体之间为了获得更有利的地位而展开的竞争，而后者则指的是生物之间你死我活、物竞天择的过程。① 在社会性竞争的环境当中，失败者并没有被逐出整个社会系统，更谈不上从肉体上消灭。如果一个生产者在竞争中失败了，只能表明他没有充分合理地发挥那些资源的效用，或者说，表明了其他生产者在利用稀缺性方面，比他更为出色，得到了更多消费者以及整个社会的认可。这就证明他不适合在这个岗位上工作。社会需要他在另外一个更加合适、更能发挥其能力的岗位上，为他人提供服务和产品。这从一个侧面也证明了，在市场经济的环境下，一个人在社会分工体系中占据了什么地位，是由消费者的投票所决定的。

要使竞争顺利进行，当然需要政府提供一个稳定的社会环境，使人们能够对未来形成合理的预期；也需要政府尽力破除贸易保护，杜绝不正当竞争，尤其是利用权力的庇护，表面上是竞争，实际上是垄断。除此之外，还有最根本的一条，就是维护私人的产权。只有当财产权利受到保护，利用财产资本所获得的收益属于个人拥有和支配时，利润动机才能发挥其经济推动力的作用。"公司兴旺的一个必备前提是：掌握实权者应当获得企业相当大的一块利润，而首先受到企业衰败影响的也是他们"。难怪米塞斯一再提醒我们，"在以分工为基础的社会中，财产权的状况造成一种智力上的分工，没有这种分工，经济活动和系统化的生产都是不可能的"。② 从这一点上，我们也可以看出，米塞斯等奥地利学派的经济学家，受到了苏格兰启蒙运动的巨大影响。因为激发个人的自利动机能够为他人提供服务、为社会创造财富，这样一种思想第一次被人类充分地认识和阐述，始于弗格森、曼德维尔和斯密等人。

---

① Ludwig Von Mises, *Human Action: a treatise on economics*, Yale University, 4th rev. ed, p. 273.

② ［奥］米塞斯：《社会主义》，王建民、冯克利等译，中国社会科学出版社2008年版，第84、173页。

生产者决策制定过程中所受到的两种限制，通过一种具体的方式，就可以彻底地表现出来，这种方式即价格。在资本主义社会中，价格是千百万市场参与者相互竞争而形成的。消费者之间对于消费品的竞争，生产者之间关于生产要素的竞争，形成了各种消费品和生产要素的价格，并最终形成生产者的成本预算。将成本预算与生产者预期的销售价格相比较，就大体可以判断，生产是否有利可图，是否应该扩大生产线，是否应该引进新的生产技术等，从而为决策提供依据。无论是人们的需求发生变化，还是某种稀缺资源忽然有了重大发现，或者技术得到了普遍提高，甚至某位领导者的言论可能导致的市场变化，都会立刻通过价格显现出来。因此，无论是资本家、企业家，还是土地所有者，或者养家糊口的普通老百姓，都需要以价格为基础，进行经济核算。

我们已经知道，经济核算的主要任务就是应对现代经济生活的复杂性和不确定性，所以，在利用价格机制的时候，也一定要着眼于价格的变化。也就是说，过去的和当前的价格，仅仅是生产者关于未来价格预期的起点。对于生产者来说，过去的价格仅仅能够帮助他预测未来的价格。真正对决策发挥作用的，乃是生产者所预期的未来价格。既然如此，就涉及预期价格的不确定性。这种风险，导致了生产者之间的优胜劣汰，使人们发出商场如战场的感慨。但是我们需要理解的是，"在实际生活中，没有任何计算是精确的。经济核算过程中的准则是确定无疑的……只要将价格引入到人们的思考当中，精确性也就被放弃了"。[1]

抛开这些不利因素不论，米塞斯相信，"尽管有这些不确定性，经济核算依然能够顺利完成任务"。[2] 在资本主义社会中，价格不仅承担了信号器的功能，为生产者提供关于消费者的信息，提供关于其他生产者对于生产要素的信息，更重要的是，价格还承担了一种启示器的功能，它能激励生产者去发现机会，并去寻找利润空间，从而满足消费者的需求。"在生产资料私有制为基础的经济制度中，投机者极为关心投机的结果。投机成功，首先是他获益；投机失败，首先是他损失。……他的损益对社会资源总量是沧海一粟，对他自己却有天地之别。他的投机越成功，他支配的

---

[1] Ludwig Von Mises, *Human Action: a treatise on economics*, Yale University, 4th rev. ed, p. 224.

[2] Ibid.

生产资料就越多,他对社会经济的影响也就越大"。米塞斯的这段话表明,为了在市场经济的竞争中脱颖而出,企业家必定想方设法利用价格机制提供的激励,不放过身边的每一个获得利润机会,为自己的成功而努力。

以米塞斯的这一观点为基础,柯兹纳后来发展了自己的企业家理论,明确地指出,市场竞争是一个企业家不断发现的过程。柯兹纳明确地指出,"米塞斯的人类行为理论,把个人想象为对'藏在角落里'的机会耳聪目明的人。他警惕着,等待着,善于接纳突然发生的事情。……这种警觉是人类行为中的企业家要素"。当然,"这种警觉是受到利润诱惑而产生的。对机会的警觉有赖于机会的诱惑力,以及一旦觉察就能及时抓住它的能力"。① 在动态的市场过程中,在利润动机的驱使下,企业家总是能够利用自己有限的知识,利用价格机制提供的启发,及时参与到市场过程中,并利用自己的能力影响价格,在创造和满足消费者需求的同时,也获得了利润,实现了自身的价值。

为了保证千百万市场参与者能够通过自发的竞争行为,促使价格体系的建立,在发表《社会主义》的第二年,米塞斯专门撰写文章,反对价格控制,分析了政府的行为如何会引起市场的回应,以及带来什么样的后果。米塞斯认为,在古典经济学家看来,交换体系和市场关系能够自发地建立起来,价格能够充分反映市场的供需。所以说,市场上的一些杰出人物能够精确地决定价格,这样的想法相对来说还是比较新颖的。但是,这种新颖的观念必定是多余的、无效的、有害的。"因为市场内部的力量能够约束交换双方的恣意妄为,所以它是多余的。因为政府不可能通过控制,实现其降低价格的目的,所以它是无效的。因为它导致了生产和消费完全不顾及消费者的考虑,忽视了消费者认为最重要的部分,所以它是有害的"。② 当然,米塞斯并没有止步于此。从对价格控制的批评出发,米塞斯还进一步扩展到对干预主义的批评。

从经济核算的角度来看,除了要防止价格控制以外,我们还需要避免的就是货币价格的重大或者突然变化。在奥地利学派看来,现代经济生活

---

① [英] 柯兹纳:《均衡与市场过程》,转引自 [英] 埃德温·多兰主编《现代奥地利学派经济学的基础》,浙江大学出版社 2008 年版,第 105—113 页。

② Mises, *A Critique of Interventionism*, Crown Pub, 1977, p. 139.

中，最容易导致这类变化的就是货币数量的突然迅猛增长。因为一个社会正常交易需要的货币量基本上是趋于稳定的，因此货币价格也基本能够保持不变。但是，如果政府以各种名义大量发行债券，或者通过人为地降低利率，使银行利率远远低于自然利率，从而导致社会上的流动资金大幅增长，不仅会带来通货膨胀，人为抬高资本价格和其他生产资料的价格，影响人们正常的经济核算，而且会促使人们的投资从较低级的生产领域向较高级的生产领域转移，带来虚假的繁荣，甚至最终会引起经济危机。① 因此，在米塞斯等奥地利学派的经济学家看来，政府对市场的干预，在很大程度上导致了货币价格的变化，从而在一定程度上影响了经济核算。为了保证经济核算的顺利进行，必须在一定程度上保证货币价格的稳定性。

在米塞斯的理论体系中，市场上的价格并不一定就是正确的，由于企业家的错误判断而导致的供需之间的不平衡，很可能会带来错误的价格。但是，只要价格是通过市场竞争自发形成的，就一定会有另外的企业家及时发现价格的错误，在利用这种错误获得利润的同时，也对其进行了纠正。米塞斯这里强调的，是市场的自我调节能力。我们还可以换个角度来看待这个问题，如果市场上的价格始终是正确的，那么我们必然可以得出一个结论，即市场处于均衡之中。但是经济学常识告诉我们，一旦市场始终处在均衡之中，那就没有什么是变化的，剩下的只是机械式的循环往复而已。由此也能够看出，在资本主义社会中，经济核算所利用的就是市场上所形成的不完美的价格。

总而言之，利用市场上自发形成的价格，能够引导着生产者，根据消费者的需求变化和市场环境的变化，及时地进行经济核算，在此基础之上，不断地对生产决策作出调整，以更加合理的生产方式来追逐利润，满足消费者的需求。对于现代资本主义而言，以货币价格为基础的经济核算，尽管"不是一个完美的方式，但它是唯一可行的方式"。②

四 社会主义制度中的经济核算问题

在讨论完资本主义制度下的经济核算之后，我们将目光转向另一种制

---

① 参见［美］罗斯巴德《美国大萧条》，谢华育译，上海人民出版社 2003 年版，第 51—56 页。

② David Ramsay Steele,"Posing the Problem: The Impossibility of Economic Calculation Under Socialism", *The Journal of Libertarian Studies*, Vol. V, No. 1, 1981, p. 9.

度——社会主义。这里，我们同样有必要先交代一下，"社会主义"这一概念的含义是什么。米塞斯清楚地说道，"我本人对社会主义的定义，即它是一种以建立生产资料社会化的社会为宗旨的政策，与科学家们关于此类问题的所有论述一致"。① 社会主义关注的主要对象是生产资料的所有制问题，社会主义的目标就是消灭生产资料私有制，把生产资料变成共同体的财产。在生产资料所有制相对于资本主义发生了彻底改变之后，社会主义制度中，生产的数量和质量不再由消费者是否购买的行为所决定，中央权威将单独决定所有的生产行为。因为米塞斯对社会主义的定义着眼于生产资料所有制问题，所以在他看来，一切对私有制的破坏都具有社会主义倾向。进一步来讲，在资本主义和社会主义之间并不存在所谓的中间道路，要么维护私有制，承认资本主义制度；要么破坏私有制，发展社会主义制度。从这一角度出发，我们可以说，"马克思主义、布尔什维克主义、德国和奥地利在第一次世界大战期间的战时计划经济体制、罗斯福新政、阿根廷庇隆总统的国家工业化政策，等等。总之，一切具有国家干预倾向的思想和政策，都被归于社会主义名下"。②

在生产资料实行社会所有制的社会主义社会中，讨论经济核算问题有意义吗？或者说，还有必要讨论经济核算问题吗？必须先澄清这个问题，才能使我们的讨论进行下去。因为在很多社会主义者看来，只要取消了生产资料私有制，社会主义社会中可能连经济问题都不存在了，更别提所谓的经济核算问题。例如恩格斯曾经告诉我们，"社会一旦占有生产资料并且以直接社会化的形式把它们应用于生产，每一个人的劳动，无论其特殊的用途是如何的不同，从一开始就成为了直接的社会劳动。那时，一个产品中所包含的社会劳动量，可以不必首先采用迂回的途径加以确定；日常的经验就直接显示出这个产品平均需要多少数量的社会劳动。社会可以简单地计算出：在一台蒸汽机中，在一百公升的最近收获的小麦中，在一百平方米的一定质量的棉布中，包含着多少工作小时。……诚然，就在这种情况下，社会也必须知道，每一种消费品的生产需要多少劳动。它必须按照生产资料，其中特别是劳动力，来安排生产计划。各种消费品的效用

---

① [奥]米塞斯：《社会主义》，王建民、冯克利等译，中国社会科学出版社2008年版，第18页。

② 王建民、路德维希·冯：《米塞斯社会主义观述评》，《山东大学学报》2007年第6期。

（它们被相互衡量并和制造它们所必需的劳动量相比较）最后决定这一计划。人们可以非常简单地处理这一切，而不需要著名的'价值'插手其间"。[①] 可见，在经典的马克思作家看来，社会主义的计算问题十分简单，根本没有复杂的经济核算发挥作用的舞台。

对此，我们可以回溯一下前文关于经济核算理论的说明。人类生活的外部环境始终是稀缺的，现代经济体系内部的典型特点在于复杂性和不确定性。而这种外部的稀缺性和内部的复杂性与不确定性，使我们在满足目的的过程中，必须借助经济核算，对各种手段进行选择。那么，社会主义社会所面临的外部环境和内部经济特点，是否因为生产资料私有制的取消，而发生根本性的变化呢？让我们一一展开分析。

首先我们看一下社会主义的外部环境。无须诉诸多么复杂难懂的理论，经验事实即可告诉我们，社会主义制度中的人们，生活中依然面临着各种资源稀缺。不必说20世纪初，世界上第一个社会主义国家在建立时所面临的各种恶劣的经济条件，也不必说今天朝鲜的人们如何过着水深火热的生活，看一看改革开放30年已经取得巨大成就的中国，就足以让我们对社会主义所处的外部环境有一个清醒的认识。尽管国民生产总值每年保持了高速增长，人均国民收入已经有了质的飞跃，人民生活水平已经有了翻天覆地的变化，但是，我们依旧无法摆脱稀缺的如影随形。其实，正常的稀缺，不是社会主义惹的祸，而是人类始终无法摆脱的一个事实。

再来看一下社会主义内部经济生活的特点。这里我们可以援引考茨基的观点，他是社会主义内部第一位对未来社会主义的具体形态作出阐述的理论家。通过《社会革命后的日子》这篇演讲，我们不得不承认，对于社会主义经济的复杂性，考茨基已经有了充分的认识。尽管他认为，在社会主义社会中，应该极力的简化生产过程，重点发展大规模的企业，但与此同时，他提醒人们注意，"在德国，国家必须成为200万生产场所的生产领导者以及产品周转的调节者……这项任务显然会把人压得喘不过气来，否则就得按照一个简单公式自上而下的调节人们的需要；像过兵营生活那样，让每个人只分得其最低的份额，从而把现代化的文明生活降低到

---

① 《马克思恩格斯全集》（第20卷），人民出版社1974年版，第334页。

何等低下的水平！"① 可见，考茨基不仅意识到，无产阶级政权必须面对现代经济生活的复杂性，而且他还明白，如果不能解决复杂的经济体系当中所蕴含的众多问题，社会主义难辞其咎。

关于现代经济生活中的不确定性，很多社会主义者认为，它起源于资本主义生产的无政府状态，只要取消生产资料的私有制，就可以避免这种不确定性。例如恩格斯曾说过，"一旦社会占有了生产资料，商品生产就将被消除，而产品对生产者的统治也将随之消除。社会生产内部的无政府状态将为有计划的自觉的组织所替代"。② 但是，米塞斯十分肯定地说，"同任何其他制度一样，社会主义制度也不存在完全静止的状态。生产的自然条件的不断变化就能使这种静止成为不可能，更何况还有其他不断变动的因素，如人口规模、产品需求、资本品的数量等的变化在发挥着作用。不能设想这些因素会从经济体系中消失"。随着这些经济条件发生的各种变化，经济生活乃至整个经济体系必然发生变化。因此，"即使在社会主义社会里，经济活动也只能以不确定的未来作为基础，即使它在技术上是成功的，它的经济后果依然是不确定的"。③

例如，尽管在社会主义社会当中，消费者的需求不可能像在资本主义社会中一样，不断地受到企业家的刺激，呈现出多种多样的特点，但是，社会主义生产还是要尽可能地适应消费者的需求，它不可能对消费者需求的变化置之不理。再比如，关于资本的积累和增值问题。在生产方向和各种不同的生产过程不断发生变化时，资本品的及时更新和增值就成为一个重要问题，必须采用更优良或者至少更适合新的需求状况的资本品。在社会主义社会中，这些问题根本不是由分散的企业家来处理的，必须交给那些大权在握的政府管理者，依靠的完全是领导者的个人好恶。我们知道，这些经济领导者本身和普通老百姓一样，根本没有自己的私人财产，对于企业的盈亏也就没有切身的利害关系，然而，他的行为却牵系着千百万黎民百姓的祸福。领导者之手就是上帝之手，"他必须像上帝一样去完成自己的使命。举凡影响社会之事物，他必须悉数洞察。他的判断不许失误。

---

① ［德］考茨基：《社会革命》，何江等译，人民出版社1980年版，第101页。
② 《马克思恩格斯选集》（第4卷），人民出版社1995年版，第633页。
③ ［奥］米塞斯：《社会主义》，王建民、冯克利等译，中国社会科学出版社2008年版，第168、177页。

他对形势的正确把握必须及于万里之外和百代之后"。①

由此可见,在社会主义社会中,稀缺的外部环境不会发生改变,经济生活仍然充满了复杂性和不确定性,适用于其他任何经济体系的法则,应该也同样适用于社会主义社会。也就是说,所有引发经济核算的问题并没有随着生产资料私有制的废除而消失,且不说这些问题是否会比资本主义社会更加严重,至少其重要性并没有减轻。所以,社会主义国家同样必须面对经济核算问题,在社会主义的语境下讨论经济核算问题是有意义的,更是必需的。社会主义无法回避这些根本性的经济问题。

既然社会主义制度无法摆脱经济核算问题,那么社会主义将采用何种手段来解决呢?很明显,社会主义无法利用货币价格来进行经济核算。我们知道,在生产资料私有制的资本主义社会中,价格是市场参与者相互作用形成的结果。每个市场参与者都承担着双重角色:首先是一个消费者,其次还是一个生产者。作为消费者,他为了消费而评估产品和服务的价值。作为生产者,他为了获得尽可能多的产出、尽可能多的利润,而对资源进行分配。消费和生产过程的双重作用,确保了货币价格在反映消费者需求的同时,为经济核算提供了有效的工具。社会主义取消了私有制,就意味着取消了真正的市场交换体系,同时也意味着取消了真实的市场价格,经济核算的两个条件都无法满足。所以,"没有市场就没有价格体系,没有价格体系就不可能有经济核算"。②

在以分工为基础的社会里,只有存在着客观公认的价值单位,才能够进行经济核算。站在劳动价值论的立场上,似乎只有劳动才是用于这一目的的唯一手段,因此,为了解决这一难题,社会主义者很可能会提出,将劳动作为经济核算的基础。米塞斯承认,马克思主义的社会必要劳动时间概念考虑了生产的不同自然条件导致的收益递减规律。在此前提下,米塞斯对利用劳动进行经济核算的观点进行了批评。我们需要注意的是,在对此作出批评之前,米塞斯明确地声明自己的立场:对利用劳动进行经济核算的批评,不等于对劳动价值论的批评。对于这一点,拉瓦伊教授特别指出,"劳动价值论作为分析资本主义的工具的有效性,与劳动时间作为社

---

① [奥]米塞斯:《社会主义》,王建民、冯克利等译,中国社会科学出版社2008年版,第171页。

② 同上书,第98页。

会主义社会中经济核算的工具的有效性,二者要严格的区分开来。前者是经济理论的方法论问题;后者是社会主义经济管理中的现实问题"。①

以劳动时间作为经济核算的单位,在米塞斯看来,存在着明显的两个缺陷。第一,"边际劳动成本变化的计算只考虑到影响劳动成本的自然条件。超出这一范围,'劳动'核算便失效了"。② 也就是说,以劳动时间作为核算单位,只考虑到了生产过程中的时间损耗以及生产各种生产要素的时间损耗,而没有重视其他的损耗,例如生产过程中物质要素的损耗就没有充分得到考虑。假设两位木匠同时制作一张桌子,花费了同样的社会必要劳动时间,但是二人耗费的木材的数量却并不一致。在此情况下,如果按照劳动时间进行核算的话,很明显,这两张桌子是等价的;但是这并非真正的经济核算。在以价值为基础的经济核算中,其结果很可能与此相差甚远。

换个角度来看这一问题,或许会更加清楚。倘若生产过程中耗费的物质资源能够再生产,或许我们也可以大致地按照再生产过程中耗费的劳动时间进行核算,尽管这种核算很粗略。但是对于那些人类无法再生产的资源,如何来衡量其劳动时间呢?比如煤,它是自然界提供的一种数量有限的稀缺资源,很明显也是一种经济要素,在经济核算的时候必须考虑在内。但是人类无法利用自己的能力生产出来,只能开采。那么这种类似的无法进行再生产的稀缺资源,在以劳动时间为单位的核算中,其作用和地位往往无法得到充分的体现。

劳动核算的第二个缺陷在于,"它忽视了劳动质量的差别",指的是不同质的劳动,在劳动时间的核算当中,无法得到体现。尽管在马克思的设想中,我们诉诸经验,就可以在复杂劳动与简单劳动之间进行转化,但是很明显,这种经验的来源是以商品生产的经济核算为基础的。它们之间的转化是"市场作用的结果,而不是市场作用的前提"。③ 以劳动消耗为单位进行的经济核算,在这一点上必定是盲目的、任意的,因此,根本不可能顺利进行。

---

① Don Lavoie, *Rivalry and Central Planning*, *The Socialist Calculation Debate Reconsidered*, Cambrige University Press, 1985, p. 67.

② [奥] 米塞斯:《社会主义》,王建民、冯克利等译,中国社会科学出版社 2008 年版,第 100 页。

③ 同上书,第 101 页。

将米塞斯对劳动核算的批评与经济核算的基本理论结合起来看，我们会发现，劳动核算之所以在现实中不具有可操作性，关键在于两点：第一，它忽视了消费者对产品的评估，劳动核算只考虑到生产过程中的损耗，而忽视了消费者的需求，一件产品只有在得到消费者的认可后，才能真正成为商品；第二，它无法把所有的经济要素，以一个统一的尺度纳入其中，无论是生产中的物质性损耗，还是复杂劳动与简单劳动的转化问题，所指向的都是这一点，也就是说，所有不同质的要素，不可能用劳动时间来进行统一的衡量。因此，社会主义社会中，根本无法利用劳动进行经济核算。

既然社会主义社会中无法利用有效的工具进行经济核算，那么社会主义的中央计划委员应该如何制订计划呢？"经济管理部门也许真的确切知道什么产品是最急需的，但这只是问题的一半，另一半是对生产手段进行评估，对此它无能为力"。缺乏价格体系的指引，计划委员会不可能知道各种资源的稀缺程度；缺乏生产之前的经济核算，计划委员会不可能知道这种生产是否是一种冒险，或者是对社会稀缺资源的浪费，因为这些资源本可以服务于消费者更紧迫的需求；缺乏生产之后利用经济核算的评估，计划委员会不可能知道从事的生产到底是否值得，最终得到的结果是否抵得过付出的代价，是否需要对既有的生产过程作出改进，如何改进。在生产资料公有制的制度环境下，计划委员会制定的计划必定是盲目的、无效率的。总之，没有生产资料的私有制，就不可能建立真正的市场；没有市场就没有价格体系；没有价格体系就不可能有经济核算。"如果不能评估，不能核算，他们如何可能合理的行动呢？这一难题大概就足以让社会主义失败了"。[①]

一些社会主义者可能会举出俄国的例子，作为对这一观点的反驳，米塞斯对此早有预见。他指出，苏维埃共和国联盟根本还没有面对过社会主义制度下的经济核算问题，因为它生存于一个全部生产资料已经形成了货币价格的世界中。所有国有企业和市有企业进行的一切经济核算，利用的都是世界市场上的价格。社会主义运动还局限在一国或者少数几个国家的时候，或许可以继续利用这种价格。但是当整个世界都飘荡着社会主义的

---

① [奥]米塞斯：《社会主义》，王建民、冯克利等译，中国社会科学出版社2008年版，第169页。

彩旗时，整个环境发生了彻底的改变之后，我们再利用什么进行经济核算呢？很明显，"没有这些价格的帮助，他们的行动将会既无目标也无计划"。①

综上所述，经济核算问题是社会主义经济生活中的基本问题，而且是一个无法回避、必须面对和解决的基本问题。然而，在废除了生产资料私有制的情况下，也就取消了市场货币存在的可能性，社会主义只能诉诸劳动时间来进行核算。但是这种劳动核算充满了缺陷，根本无法解决社会主义生活中的经济问题。因此，我们可以说，社会主义社会里无法进行经济核算。"证明了社会主义社会里经济核算的不可能性，也就是证明了社会主义的不可行"。② 这就是米塞斯的逻辑。

第二节 哈耶克对中央计划经济的批评

一 哈耶克第一次思想转变

在参加到社会主义经济核算的论战之前，哈耶克并不反对社会主义。相反，正如艾伯斯坦在哈耶克的传记中所说，"从17岁到23岁，哈耶克是一位具有温和社会主义理想的年轻人"。③ 他曾仔细地阅读了当时的社会主义文献，甚至在神学课堂上阅读社会主义的小册子。在众多作品中，对他产生较大影响的当属瓦尔特·拉特瑙④。哈耶克晚年曾回忆说：他当时是"迷恋计划的人士。我觉得他关于如何组织管理经济的设想，可能是我对经济学产生兴趣的开端。那些观念明显的属于温和的社会主义性质"。⑤

哈耶克的这种思想取向，在当时有着深刻的时代背景。因为20世纪

---

① [奥]米塞斯：《社会主义》，王建民、冯克利等译，中国社会科学出版社2008年版，第87、102页。

② 同上书，第102页。

③ [英]阿兰·艾伯斯坦：《哈耶克传》，秋风译，中国社会科学出版社2003年版，第29页。

④ 拉特瑙（W. Rathenau），20世纪上半期德国著名的经济学家，提倡在德国建立"社会化委员会"，研究如何在保持竞争活力的同时，对个体产业进行社会化等问题。

⑤ [英]阿兰·艾伯斯坦：《哈耶克传》，秋风译，中国社会科学出版社2003年版，第26页。

前30年，欧洲社会的一个重要特征就是政治环境的变化给经济领域造成了深远的影响。第一次世界大战彻底摧毁了之前的各种社会秩序，这种冲击使人们开始思考如何重建新秩序。在各种设想当中，最重要的就是生产资料国有化的问题。当时的学术界几乎普遍认为，社会主义不仅在技术上是可行的，而且还可能改良资本主义。对于这种学术氛围，从弗里德曼对20世纪30年代芝加哥大学的描述这个缩影当中，我们可以一览全貌，要知道，在美国，芝加哥大学一向被视为自由主义的阵营。"几乎一多半社会科学家和学习社会科学的学生，不是共产党员，就是同它的立场十分接近。那是一种强烈亲社会主义的环境。人们强烈地赞成政府直接接管经济"。[①] 这种浓烈的亲社会主义思潮迅速转化成了政治实践：德国和奥地利的政府相继通过了国有化方案。在这种社会环境中，早期的哈耶克偏向温和的社会主义也就顺理成章了。

然而，在遇到米塞斯之后，哈耶克开始对社会主义产生了怀疑，其立场也逐渐从费边社的社会主义转向了自由市场。在这种思想的转变过程中，哈耶克曾亲口说过，米塞斯1922年发表的《社会主义》一书对他影响最大。[②] 1978年，哈耶克在新版的《社会主义》序言中告诉我们："《社会主义》在1922年初版时，它的冲击是深刻的。它逐步地、但也是根本性地改变了第一次世界大战后重返大学校园的许多青年理想主义者的信念。我知道这一点，因为我是他们中的一员。……社会主义许诺给我们一个更加理性、更加公正的世界。此时，《社会主义》问世了。我们的信念坍塌了。《社会主义》对我们说，我们的方向错了。"[③]

米塞斯的《社会主义》一书，使哈耶克开始思考，如此让人向往的社会主义，究竟是否能够实现呢？全权计划的经济体制到底是否可行呢？这些问题的提出，意味着哈耶克已经明确地区分了社会主义的目标和手段。社会主义概念本身是复杂的，它既代表着社会主义的终极理想，即社会正义、更大程度上的平等和生活保障等理想，同时还可以代表着社会主

---

① 转引自［美］考德维尔《哈耶克评传》，冯克利译，商务印书馆2007年版，第277页。

② 哈耶克曾经回答说，在他的一生中，给其影响最大的是两本书，一本是门格尔的《国民经济学原理》，另一本则是米塞斯的《社会主义》。前者让他坚定地走上了经济学研究的道理，后者则让他逐渐走向自由市场经济。

③ ［奥］米塞斯：《社会主义》，王建民、冯克利等译，中国社会科学出版社2008年版，第4页。

第三章 论战过程（一）：奥地利学派对中央计划经济的批评

义者实现这些理想所采用的手段，即取消生产资料私有制，实行计划经济，等等。哈耶克清醒地意识到，对于社会主义的理想，也就是"终极目的的有效性问题，科学根本没有任何发言权。我们既可以接受这些终极目的，也可以拒绝接受它们，但是我们却根本无法证明或者证伪它们"。[1] 对于当时的大部分人来说，他们之所以信奉或者支持社会主义，却恰恰是因为社会主义的目标吸引了他们，对于实现这些目标的手段，他们很少关心或者思考，他们根本没有意识到，社会主义者打算采用的手段，很可能无法实现他们许诺的美好未来。因此，哈耶克像他的老师米塞斯一样，将对社会主义的批评，集中在实现社会主义的手段上。

哈耶克和米塞斯的这种研究方向，将社会主义问题的讨论引向了一个全新的领域。在此之前，人们对社会主义问题的研究，关注的几乎仅仅是伦理学问题或者心理学问题，研究者通常提出的问题是，"人们是否真的可以被相信，具有社会主义者所认为的对于社会主义制度有效运行来说极为重要的道德素质和心理素质"。尽管这一问题在社会主义社会当中的确占据了一席之地，但是很明显，它并未触及社会主义问题的核心。因为从伦理学和心理学角度发出的质疑，很难得到科学和理性的讨论。即使偶尔有人考虑到计划问题，"所质疑的也只是执行这些计划的实际可能性，而没有考虑到，即使在不存在上述执行困难的理想状态中，计划是否有可能实现人们所欲求的目的"。[2]

在具体讨论哈耶克对中央计划经济的批评之前，我们需要澄清两个问题。首先，在哈耶克的理论体系中，社会主义一词的含义是什么。从较为宽泛的意义上来说，"社会主义"几乎涵盖了集体控制生产资料的所有情况。尽管在每一种情况下，社会主义对资源的控制程度各不相同，但是"谁应当为社会支配或掌控特定数量的资源，或者说不同的企业家应当被委托掌控或支配多少资源，这样的问题都必须由中央权力机构来决定"。这是与集体所有制的理念相符合的最低限度的要求。从这一点出发，我们可以说，中央权力机构全面指导经济活动，这一点乃是所有社会主义的典型特征。

---

[1] F. A. Hayek, *Collectivist Economic Planning: Critical Studies on the Possibilities of Socialism*, London: George Routledge & Sons, 1935, p. 16.

[2] Ibid., pp. 2–3.

另外一点需要我们注意的是，尽管哈耶克批评的是计划这种手段，但是哈耶克本身并不反对计划。在哈耶克的定义中，所谓的计划就是"一整套有关配置我们可以利用的资源的相互关联的决策"。① 不过，根据制订计划的主体不同，哈耶克对计划一词作了两种区分：一种是个人的计划，另一种则是中央集中统一的计划。"每个人当然都希望我们应当尽可能合理地处理问题，并在这样做时，应该尽量运用我们所能获得的预见。在此意义上，每一个人只要不是彻底的宿命论者，就是一个计划者"。这就是个人意义上的计划，它是个体在现有条件下，为了更好地满足自己的需求，对自己的各项事务进行的安排和规划。而为社会主义者所认可和支持的计划，则是与此截然相反的另一种计划，即中央计划。在中央计划者看来，为了实现他们的目标和理想，仅仅设计一个永久的合理框架，让共同体成员在此框架内，根据他们个人的计划指导他们的各种行动，这是远远不够的。他们甚至认为这种个人计划根本就不是计划，简直就是自由放任。他们所要求的，乃是"根据一个单一的计划对一切经济活动加以集中管理，规定社会资源应该有意识地加以管理，以便按照一种明确的方式为个别的目标服务"。② 由此可见，哈耶克对计划的批评，针对的并不是个人计划，而是中央计划，因为只有后一种意义上的计划，才是社会主义者通常使用和接受的。

哈耶克指出，如果我们所要达到的目的是单一的，那么计划作为手段，就是可取的，或者说是可能的。当我们认定这种单一的目的是我们唯一值得追求的理想时，我们必定可以为了实现这一理想而付出任何代价。在此情况下，社会主义制度中根本不存在经济问题，我们也根本不会考虑成本问题，唯一需要考虑的仅仅是一些类似于工程性质的技术问题，例如如何从一定的矿石中冶炼出更多的金属，或者如何提高汽车的速度等等。战时经济之所以被认为是计划经济可行的证明，就是因为在战争期间，获得最终的胜利是唯一的目的。为了达到这一目的，任何其他的目的，包括爱情、亲情、友情，甚至是生命，都是可以付出的。通过计划和国家管

---

① F. A. Hayek, "The Use of Knowledge in Society", *The American Economic Review*, Vol. 35, No. 4 (Sep, 1945), p. 520.

② [英] 哈耶克：《通往奴役之路》，王明毅等译，中国社会科学出版社 1997 年版，第 39—40 页。

制，不仅可以应对战争带来的物资严重短缺，而且还集中一切可以利用的资源，最大限度地满足战争的需要。同样，苏联建设期间所取得的一系列工业上和军事上的成就，也都是因为倾尽全国之力，只为达到这一目标才实现的。在此过程中，人们生活水平的提高、公共福利的扩展等，统统等而下之。

那么，社会主义的目的是不是单一的呢？哈耶克认为，社会主义者利用中央权力机构的计划，统一指导全部经济生活，他们希望同时达到下述两个目的："第一，实现一种独立于生产资料私有权的收入分配理想；第二，达到一个至少接近甚或超过自由竞争条件下的产品产量。"虽然马克思的主要理想是取消资本家对工人的剥削，实现人与人之间的平等，但是如果社会主义的物质生产水平较资本主义有很大的差距，资本主义社会中的工人只能靠面包充饥，资本家却可以享受美味佳肴，而社会主义中虽然没有人能够每天山珍海味，但是所有人都吃窝窝头，恐怕这种社会主义理想很难得到人们的认可。因此，社会主义在追求平等的同时，必定会追求繁荣，甚至包括自由等，当这些价值同时成为社会主义的目的时，计划手段恐怕就无法担此大任。要理解这一点，哈耶克的知识论恐怕就有必要进入我们讨论的视野。

二 知识问题的提出

在发生思想的转向之后，哈耶克对社会主义的关注，集中在这样一个问题上，即计划作为一种手段，能否实现社会主义者所希望达到的目标。也可以说，为了实现我们伟大的理想和追求，究竟什么样的手段是最合适的？对于这个问题，哈耶克说，"假设我们拥有所有相关的信息，假设我们能够从一个给定的偏好系统出发，又假设我们掌握了有关可资使用的手段或资源的全部知识，那么剩下的问题也就只是一个纯粹的逻辑问题了"。也就是说，如果这些假设全部成立的话，如果人们可以得到全部相关的数据和信息，那么所谓的最优手段也就隐含在这些假设当中了。根据数学计算的形式，就能够轻而易举地得到想要的答案。

但是，需要强调指出的是，这根本就不是我们面临的实际问题。这里面所牵涉的大量数据和信息，从整个社会的范围来看，对于任何单一的心智而言，完全无法给定，而且也永远不可能是给定的。要想深刻地体会这一点，就不得不涉及哈耶克关于两种知识的分类，以及对知识的起源和性质的分析。哈耶克认为，应该对经济学中的知识，作出明确的区分，其一是所谓的客观知识，即对于作为观察者的经济学家而言客观存在的各种事实。经济学家们一般都假定，这种客观知识是任何人都可以知晓的，对任何人而言都是相同的，"即使该共同体中的所有成员没有被假设为绝对的无所不知，也至少应当被认为是自然而然地知道所有与他们的决策相关的事情"。① 下面我们将会看到，计划经济的鼓吹者所犯的错误，很大程度上来自于对这种"客观知识"的误解。

另一种则是主观知识，其主体是在社会经济生活中纷繁复杂的个体，他们同时也是各种经济行为的主体，这类知识形态各异，任何人都无法事先确定。这个主观知识的概念，显然是针对社会主义经济核算的论战而提出的。知识的利用是经济生活中的一个重要主题，而社会主义计划委员会根本无法将各种主观知识加以汇总，然后作出周密的计划，因此其计划必然是任意的、盲目的。多年以后，谈起30年代写作的灵感，哈耶克仍然激动不已："这确实是我用新的眼光观察事物的起点。假如你问我，我会说，直到那一刻之前，我说的话都是老生常谈……我怀着一种豁然开朗、一种顿悟的感觉，兴奋地写出了那篇讲稿。② 我意识到，我正在以一种新的形式去处理人们已经相当熟悉的事情。当我看到它引出来时，那大概是我一生中最激动的时刻。"③

在后来《感觉的秩序》（1952年）一书中，哈耶克又从神经科学和心理学的角度，具体分析了人类知识的发生学过程。他认为："一个有机体所拥有的所有关于外部世界的知识，就是刺激不断地唤起的行动模式，或者具体到人的心智而言，我们称之为知识的东西主要就是由标明刺激之相同、差异或者种种结合的规则予以协助和修正的行动规则的某种体系。"④ 在哈耶克看来，人类的知识来源分为两部分，一部分是先天的遗传基因，另一部分则是后天的人生体悟，但无论是遗传基因，还是人生体悟，由于"刺激之相同、差异或者种种结合的规则"的缘故，不同的个体之间往往

---

① ［英］哈耶克：《个人主义与经济秩序》，邓正来译，三联书店2003年版，第68页。

② 这篇讲稿指的是哈耶克于1936年11月10日，在伦敦经济学俱乐部所作的主席就职演讲，题目为《经济学与知识》，并于次年发表在《经济学》杂志上。

③ *Nobel Prize Winning Economist*, edited by Armen Alchian, 1983, pp. 425-426.

④ ［美］拉齐恩·萨丽等：《哈耶克与古典自由主义》，秋风译，贵州人民出版社2003年版，第239页。

存在着很大的差异。而且，更重要的是，对于纷繁复杂的外部世界，我们所认识到的仅仅是事物的某些属性，而且这种属性是人类运用自己的心智赋予的，而不是认识对象本身内在的属性。在这一认识过程中，我们所形成的知识，是对客观现实进行抽象之后的一种解释。

哈耶克的这一认识表明，"哈耶克的知识论观点，可以'康德主义'称之"。[①] 在西方知识论的发展过程中，一直存在着经验论和唯理论的两大体系之间的较量。两派争论的焦点在于，主观因素和客观因素，究竟哪种对于知识的产生过程更加重要，或者说，知识到底来源于洛克等人所主张的人的感觉，还是来源于莱布尼茨等人所主张的人的内心结构。康德的《纯粹理性批评》打破了传统的二分法，他通过论证表明，知识本身的结构是不以人的心理和意志为转移的，因此作为主观产物的知识，必定因其内在的结构而具有客观性，因为知识本身是按照其必然性而建立起来的。哈耶克上文关于知识的论证，乃是对康德这一观点的继承和发挥。也是在此基础之上，哈耶克对知识的性质作了细致的分析。

三 知识的性质

哈耶克的知识论，不仅包括对主观知识和客观知识的分类，以及从发生学的角度对知识的来源进行梳理，而且包括对知识性质的分析。具体来说，在哈耶克的理论框架中，知识具有主观性、时空性和分散性。

1. 知识的主观性

从哈耶克对知识的定义中我们可以发现，不同的个体具有不同的记忆库，由此又引申出以下两点：首先，能够对个人的感官产生刺激的现象是主观的，也就是说，同一种现象，在有些个体的大脑中会产生刺激信号，而其他人则往往会视而不见。同样是苹果落地，也许在牛顿之前，没有人会去想一想为什么，甚至如果有人对此产生疑问，都有可能被同时代人视为迂腐。其次，即使同一种现象已经对不同的个体产生了刺激信号，但是不同的个体具有不同的教育背景、成长环境，甚至不同的文化氛围，他们对同一现象的反映也是主观的、各不相同的。将这两点结合起来，就足以证明，知识具有鲜明的主观性。

熟悉奥地利学派传统的人都会知道，主观主义是奥地利学派最为典型

[①] 何信全：《哈耶克自由理论研究》，北京大学出版社2004年版，第20页。

的方法论之一。在奥地利学派的创始人门格尔那里,就已经奠定了主观主义的基调。门格尔在其扛鼎之作《国民经济学原理》中指出,无论是一件物品的财货性质,还是财货的经济性质,抑或是财货的价值,都是主观的,都是人与物之间的一种关系。无论是获得财货,还是将自己支配的财货与他人进行交换,抑或在交换过程中的讨价还价,都是为了更好地满足自身的欲望和需求。当代奥地利学派代表人物奥克勒(A. Oakley)曾经说过,"虽然主观价值论在门格尔的经济理论中具有突出的地位,但就主观主义对经济学的宽广意义来说,它只是其中的一个要素,就所有经济现象作为个人决策、选择和行动的产物来说,它所具有的主观性质和起源则是门格尔主要著作的焦点"。① 可以说,哈耶克的主观知识论在很大程度上,就是承袭了门格尔开创的主观主义方法论。哈耶克对门格尔本人也极为尊崇,不仅亲自为其英文版撰写导言,而且毫不掩饰地指出:"如果说奥地利学派成员的文章、著作较之于其他人和一个现代经济学流派作品在强调主观因素方面更完整和更令人信服的话,这在很大程度上要归功于门格尔在这本书中所作出的杰出的辩护。"②

2. 知识的时空性

哈耶克说,知识不仅包括科学知识,也就是前文所说的客观知识,"现实生活中无疑还存在着一种极其重要但却未经系统组织的知识,亦即有关特定时空环境的知识(the knowledge of the particular circumstance of time and place)——他们不可能被称为科学知识"。③ 这种关于特定的时空环境的知识,形成于每个人所处的环境、所受的教育、所承袭的文化传统和氛围,是一种无法脱离其形成背景的知识,也是无法通过数据统计、无法明确表达的知识,更是只可意会不可言传的知识。哈耶克明确指出:"作为我们研究出发点的所谓基据(datum),实是相关的人所知道的所有事实(除了他的趣味以外),亦即他知道其存在(或者相信其存在)的情况,因此严格地讲,这些所谓的基据并不是客观事实。"④

到底何谓"有关特定时空环境的知识"?举例来说,斯诺克比赛中,

---

① A. Oakley, *The Revival of Modern Austrian Economics*, Edward Elgar, 1999, p. 22.
② [奥]门格尔:《国民经济学原理》,刘絜敖译,上海世纪出版集团 2005 年版,第 13 页。
③ 同上书,第 121 页。
④ [英]哈耶克:《个人主义与经济秩序》,邓正来译,三联书店 2003 年版,第 57 页。

丁俊晖打出的每一杆球，虽然没有运用复杂的数学公式去计算最优球路，却能够通过眼睛的观察使球沿着"公式"指定的路线前进。其实在人们的社会生活中，这种在特定时空环境中获得的知识也随处可见，如技术工人对机器操作的熟练程度、摄影家对感人画面的捕捉能力，以及伯乐识千里马的鉴别能力。或许较为国人所熟悉的，乃是据说已经超过一亿的股民对资本市场的判断。

在哈耶克看来，由于人们只重视科学知识，而忽视了特定时空环境的知识，导致我们无法正确看待和处理社会问题。在特定领域之内，科学知识的确发挥着无与伦比的重要作用，但是一涉及复杂的社会生活，每个人所掌握的都可能是独一无二的知识，也都可能因此而具有某种并非直观的优势，这种知识无论对于个人还是社会而言，都是一笔极其宝贵的财富。因此，在比较不同的社会制度时，一个极为重要的标准就在于确定，到底哪一种制度能够最大限度提供相互合作的空间，从而扩展和利用这些特定时空环境的知识。

更为重要的是，这种特定时空环境的知识并非是一种静态的知识，它会逐渐发生变化。随着时间的推移，个人所经历的世界会发生变化，个人对客观世界的感觉也会随之发生变化，从而导致了知识的变化。三国时期吕蒙所云"士别三日当刮目相看"，就包含了这样一层意思。从对变化的强调当中，我们可以窥见，时间的概念在哈耶克的知识论中具有重要的地位。几乎所有的这类知识都处在时间过程之中，而无法成为亘古不变的真理。

哈耶克的这种关于特定时空环境的知识，与后来由迈克尔·博兰尼在《个人知识》中所提出来的"默会知识"（tacit know ledge），其实质是一样的。虽然前者不如后者精炼，但是表达的却是完全相同的意思。而哈耶克关于"科学知识"与"特定时空环境的知识"之间的区分，也与吉尔伯特·里尔（Gilbert Ryle）关于"知道如何（know how）"和"知道什么（know what）"的区分相一致。他们三人的这些说法都在于表明：知识不仅与技术有关，而且与事实密切相关；内在于行动中的知识，或者说实践性知识（practical knowledge），其本质是一种理解力、判断力和鉴赏力。

3. 知识的分散性

从知识的主观性和时空性这种特点，可以顺理成章地推导出知识的另一个特点，即它的分散性，也就是说，"我们必须运用的有关各种环境的知识，从来就不是以一种集中的且整合的形式存在的，而仅仅是作为所有彼此独立的个人所掌握的不完全的而且还常常是相互矛盾的分散知识而存在的"。事实上，分散性对于哈耶克知识论的意义最为重大。一旦确认知识具有分散性，而且知识在很多情况下表现出的优势就在于这种分散性，那么整个社会制度的关键就不再是集中利用知识，而在于如何协调这些分散的知识、为其在自愿合作中发挥作用提供必要条件。

哈耶克认为，任何知识，都是个人所拥有和掌握的，根本不存在所谓的"社会知识"或"知识总体"。也就是说，我们所掌握的知识，不可能通过汇总或其他手段，集中到某个人或者少数人手中。真正的知识存在于个人之间，它们是分散的、不完全的、不明确的，有时甚至是相互冲突的。既然如此，在面对纷繁复杂的知识时，又该如何判断其正确与谬误？哈耶克的回答是："在我们能够解释人们为什么会犯错误之前，我们必须首先对人们为什么应当永远正确这一点作出解释。"① 既然知识只不过是个体对客观世界的一种主观反应，那么个人对世界的认识和理解，完全有可能建立在一些有关外部事实的错误假设的基础上。或许人之为人，而不是神，就在于人拥有的知识是局部的、分散的，而且经常是错误的。因此，在研究不同的社会形态时，最核心的问题就是搞清楚这些分散的知识是如何得到利用的。资源分配是否有效率，社会行为规范是否合理，依赖于分散在个人、家庭和企业内部的大量零碎、杂乱的知识被利用的程度。

知识之所以会形成这种分散的格局，最主要的原因在于知识本身的形成过程。前文已经提到过，人们是在与客观世界的接触和体验过程中，通过个体与其所处环境的互动，从而获得对外部世界的感知，这些感知又通过个人大脑的记忆库进行汇总和分类，从而形成了个人知识。在这一过程中，每个人所处的环境、每个人大脑本身的记忆库，以及每个人的天赋和偏好等各不相同，因此，每个个体都支配着一些与其自身密切相关的、不可替代的知识。

通过上文的分析可知，在哈耶克的知识论中，知识是主观的，分散在各个不同的个体之间，而且具有强烈的时空性。知识的这三种性质，使人类形成了"知识分工"的状况。众所周知，在西方经济学中，亚当·斯密为探究经济进步的原因，系统讨论过劳动分工问题。《国富论》开篇就

---

① ［英］哈耶克：《个人主义与经济秩序》，邓正来译，三联书店 2003 年版，第 54 页。

点明的观点是:"劳动生产力最大的增进,以及运用劳动时所表现的更大的熟练、技巧和判断力,似乎都是劳动分工的结果。"① 但是,作为奥地利学派的创始人,门格尔显然无法完全认同这一点。他虽然同意,人类愈向利用"更多的高级财货"进步,财货的种类就愈多,"分工的进步也就愈为必要和愈为经济",但"人类所能支配的享乐资料的不断增加,并不只是分工的结果。分工绝不能被认为是人类经济进步的最重要原因"。② 如果劳动分工并不具有斯密所赋予的那种决定性意义,那么,进步的动力或者说原因到底何在呢?对此他有自己的更深入的观察,"人类对于物与人类福利的因果关系的认识的进步,和对于这些有关福利的较为间接的条件之掌握的进步,已经把人类从野蛮与极度贫困的状态,提高到今日这样文明与富裕的阶段"。③ 很显然,这种"认识"和"掌握",都是我们所拥有的知识。门格尔由此得出的判断就是,在未来的时代,人类经济进步的程度与人类知识进步的程度是一致的。

门格尔这种重视知识分工的奥地利学派传统,对哈耶克的知识论产生了重要影响。哈耶克指出,知识分工问题不仅与劳动分工问题极为相似,而且还至少与劳动分工问题同等重要。"知识分工这个问题是经济学(亦即作为一门社会科学的经济学)中真正的核心问题"。④ 劳动分工,使个体在分工过程中,不仅熟知其所在领域的知识,而且往往也只能熟知其所在领域的知识;知识分工使个体掌握了特定领域的知识,而最大效用地利用这些知识,又只能通过劳动分工。可以说,知识分工和劳动分工的相互强化,进一步形成了知识的分散格局。

四 对中央计划的批评

既然人类的知识本身具有主观性、时空性和分散性,知识分工又是人类不可改变的状态,那么,在制订计划的时候,无论是个人计划还是中央统一计划,都必须考虑的问题就是如何才能利用好这些知识?在哈耶克看来,这并不是一个普通的问题,而是一个关系到人类文明的大问题。因为

---

① [英]亚当·斯密:《国民财富的性质和原因的研究》(上卷),王亚南译,商务印书馆2002年版,第1页。
② [奥]门格尔:《国民经济学原理》,刘絜敖译,上海世纪出版集团2005年版,第19页。
③ 同上书,第20页。
④ [英]哈耶克:《个人主义与经济秩序》,邓正来译,三联书店2003年版,第74页。

不仅经济学,而且整个社会科学的核心问题都是如何综合那些存在于不同人心智中的分散知识,使之得到最大限度的利用。

事实上,正如哈耶克传记的作者艾伯斯坦所说,如果哈耶克的知识分工概念正确的话,本身就证明了传统社会主义是不可能维持下去的。[①] 因为知识分工的格局,本身就证明了知识不可能集中到中央计划委员会等机构。从哈耶克的知识论出发,可以看出,中央计划委员会在收集各种数据方面,存在着难以克服的困难。这些困难主要体现在以下两个方面。

让我们先看一下计划所要实现的具体目标。社会主义者不仅希望用中央计划实现公平分配这样抽象的价值,更希望中央计划能够满足共同体的一些具体目标,换句话说,中央统一制定计划本身并不是目的,最大限度地利用各种资源,创造尽可能多的物质财富,满足共同体成员的欲望和需求,才是最终的出发点。在中央计划委员会能够对所有的经济活动进行指导的情况下,如果社会主义者希望用计划者的需求代替人民群众的需求,那么这自然另当别论。如果他们希望中央计划委员会制定的计划有意义,并非漫无目的的话,那么,就必须想方设法,将共同体中所有成员的各种需要,以一种明确的方式加以排序。这些需求不仅包括衣、食、住、行,更包括教育、娱乐以及各种发展性需求。然而,哈耶克对知识的性质已经表明,个人需求完全是主观的,在不同的客观环境下,还会发生变化。也许人的基本需求方面的确存在着某种稳定性,但是,各种发展性需求,是无论如何也不可能在计划制定之前,就能够汇总的。充分了解共同体成员的需求,不仅是中央计划委员会制订计划的前提条件,更是保证计划有的放矢的前提条件,可是,哈耶克对知识性质的描述告诉我们:此路不通。

中央计划委员会要想制定周密而合理的计划,保证各种资源物尽其用,并使各项计划之间彼此协调一致,除了了解民众的需求之外,还必须掌握生产过程中的各项数据,包括各种生产技术的应用和改进、各种生产要素的数量和质量,等等。在生产过程中,最重要的技术当然是工程师的开发和设计,但除此之外,还存在着大量默会的知识,比如,了解并操作一架未曾得到充分利用的机器,掌握并更加熟练地运用某项技能等,这些

[①] 参见 [英] 阿兰·艾伯斯坦《哈耶克传》,秋风译,中国社会科学出版社2003年版,第113页。

第三章 论战过程（一）：奥地利学派对中央计划经济的批评

操作者往往只知道是什么，而并不知道为何如此。然而，他们所运用的这些技术，却往往能够使生产效率大幅提高，甚至在潜移默化之中实现某种重大的技术革新，他们在生产过程中发挥着无法替代的作用。这类知识是分散的，是只可意会不可言传的，无法全部集中到中央计划委员会手中，并有计划地利用。

类似的情况还出现在生产过程中的方方面面。同样一种生产要素，在不同的时空条件下，发挥的作用却不同，因此在制订计划的过程中，就必须把它们当作不同的要素来看待。更何况现代经济的生产结构极其复杂，且科学技术进步一日千里，各种生产要素彼此之间的替代关系也日趋复杂。这更增加了中央计划委员会需要统计的数据量。此外，各种掌握了特定时空环境下知识的人们，在经济生活中也发挥着日益重要的作用。比如一个靠不定期货船的空程或半空程运货谋生的人，或者一个几乎只知道转瞬即逝的机会的炒房者，或者一个利用商品价格在不同地方存在差异的牟利者。这些人所掌握和利用的知识，是中央计划委员会几乎不可能知道的，或者即使知道了，也无法充分利用。因为在他们知道或者能够知道的许多具体情况中，哪些情况对于中央计划当局是重要的，他们对此根本无法未卜先知。

对于中央计划将会遇到的各种困难，在世界上第一个社会主义国家建立之前，第二国际一流的理论家考茨基就已经预见到了："国家必须成为200万生产场所的生产领导者及其产品周转的调节者，这些产品有一部分是作为生产资料彼此供应的，有一部分是作为消费资料销售给消费者的，而在消费者中，每人都有其时时改变的特殊需求。这项任务显然会把人压得喘不过气来，否则就得按照一个简单公式自上而下地调节人们的需要；像过兵营生活那样，让每个人只分得其最低的份额，从而把现代化的文明生活降到何等低下的水平！"[①] 只不过由于他过分相信大规模生产，而将这个问题从理论上忽略了。而实际掌管过计划经济体制的捷克前副总理、经济学家奥塔·希克则从亲身经验中体会到，"在生产不断革新、需求不断变化的情况下，根本不能按计划把几百万种产品的生产结构与需求结构协调起来，并同时保证实现最高的社会生产率和最有效地利用生产要

---

① [德] 考茨基：《社会革命》，何江等译，人民出版社1980年版，第101页。

素"。① 考茨基和希克的言论,是对社会主义可能和实际运行状况的描述,它们证明了,在知识分工的体系下,中央计划委员会无法充分地获得进行合理计划的各项数据。

话虽如此,但现实中中央计划经济的支持者,大有人在。其中的原因,哈耶克认为,大部分计划支持者,都迷恋于数理经济学中的均衡分析。当时,几乎所有的主流经济学家都认为,只有根据统计进行的数量研究才是科学研究,但是"就科学一词的真正含义而言,这种态度没有任何科学性可言,因为它将一个领域中形成的思维习惯,不加批评地、死板地运用于其他不同的领域"。② 哈耶克在获得诺贝尔奖的演说中指出,经济学家们倾向严格地效仿成就辉煌的物理学,这种嗜好导致他们走入了误区,甚至有可能导致全盘失误。而这种嗜好的鲜明体现,就在于他们对统计学的迷恋。他们没有意识到,"统计学的方法实际上是一种使分立的实体——它们由必须予以表明的规律联系在一起——数量(即统计学中的集)相对减少的方式,而不是一种处理大量重要的独立变量——如社会秩序中的个人——相互作用的方法"。③ 在现实经济生活中,有关价格、工资、生产、销售等各个环节的信息,我们根本不可能进行量化。

哈耶克对计划支持者的分析,并没有停留在对一般均衡的迷恋这一技术层面。当我们从更深远的哲学层面来思考这一现象的时候,我们会发现,中央计划的背后,体现的是人类理性的自负。"理性乃是人类所拥有的最为珍贵的禀赋"④,这一点毋庸置疑,可是理性并非万能的,它甚至不能主宰其本身并控制自身的发展,甚至人类的思维能力也不是个人的天赋,而是一项文化遗产,是人类社会漫长进化过程的产物。在面对分散性、主观性的知识时,在面对未来的不确定性时,在面对各种各样的复杂结构时,理性所能给予我们的帮助实在有限。因为理性本身乃是人类文明的一部分,个人理性是个人相互关系的产物。人类无法随心所欲地创造个人喜欢的新规则,根本没有能力建立一种整体的秩序,否则我们就很容易

---

① [捷] 奥塔·希克:《第三条道路》,张斌译,人民出版社1982年版,第141页。
② Hayek, "Scientism and the Study of Society", *Economica*, vol. IX, August 1942. p. 35.
③ [英] 哈耶克:《哈耶克文选》,冯克利译,江苏人民出版社2007年版,第416页。
④ [英] 哈耶克:《自由秩序原理》,邓正来译,三联书店1997年版,第80页。

陷入"知识的僭妄"。事实上，理性的作用也仅限于"帮助我们认清我们面对哪些选择，哪些价值之间存在着冲突，或它们之间的哪一个才是真正的终极价值，以及像经常出现的情况那样，哪些价值仅仅是中介性价值，其重要性取决于它们是否服务于其他价值。不过，理性一旦完成了这项任务，便再也帮不上我们的忙了"。[1]

五 价格作为一种传递知识的工具

既然在知识分工的格局下，我们根本就无法指望，将所有的知识传递给中央计划委员会，在中央计划委员会整合了全部知识之后，再发布各种有关生产计划的命令，也就是说，中央计划这一方式根本无法充分地利用分散在个人手中的主观性知识和具体时空条件下的知识，那么，在面对变幻莫测的未来时，为了提高人类的适应能力，只能诉诸个人的计划。这时，我们需要的问题就变成了："在当事者试图使他的决策与更大经济系统的整个变化模式相应合的时候，人们如何才能够把他所需要的更多的其他信息传递给他呢？"或者说，"当事者究竟需要多少知识才能够成功地做到这一点呢？在他的直接知识视野之外的诸多事件中，究竟哪些事件与他的即时性决策具有相关性呢？此外，他究竟需要了解其中的多少事件呢？"[2]

庆幸的是，在历史的发展过程中，已经为我们回答这些问题提供了现成的答案：价格是一种交流信息或者说沟通信息的机制，它可以使无数的市场参与者之间，相互协调彼此之间的行动。在市场体制中，自发形成的交换体系，建立了无数个进行思考和行动的决策中心，这些决策中心拥有广阔的自由空间，能够在价格的引导下，根据各自所拥有的主观的、有关特定时空的分散知识，决定在什么时间、什么地点、生产什么商品，或者销售和转让某件物品，并确定各种资源流向何方。在市场价格发挥作用的时候，市场参与者没有必要始终为了搜集市场上的一切相关信息而苦恼，他所需要考虑的仅仅是这样一些问题：即买到他关心的商品究竟是容易还是困难，他在生产过程中利用的生产要素，以及他生产的产品，到底在多

---

[1] [英]哈耶克：《哈耶克文选》，冯克利译，江苏人民出版社2007年版，第524页。

[2] F. A. Hayek, "The Use of Knowledge in Society", *The American Economic Review*, Vol. 35, No. 4 (Sep., 1945), p. 525.

大程度上为人们所需要。也就是说，他始终关心的是有关特定事物的相对重要性。市场竞争中，通过各种特定事物的具体价格之升降，告诉我们的，恰恰就是这一点。

为了更好地说明问题，哈耶克以锡为例。假设某个锡产地的资源已经耗尽，或者说某地忽然可以将锡用于更广阔的领域。毫无疑问，这两种情形都会带来锡的紧缺，并导致锡价格的上涨。在此情况下，只有少数人知道，可以将锡转入最新开发的领域，而对于大多数锡的用户而言，他们根本无需知道原因，而只需要按照市场价格的引导，更加节约地利用锡，或者积极寻求其他资源对锡的替代，而他们的这些做法会迅速扩展到整个经济体系，不仅影响锡的价格，而且进一步影响到锡的替代品乃至替代品的替代品的价格。在锡的案例中，价格就充当了一个信息交流和沟通的工具。无论是生产者，还是消费者，都会通过价格的变动，努力从中寻求可以利用的信息，从而适时地作出决策。

价格机制不仅能够传播信息，更重要的是，它还可以提供激励机制，刺激人们去捕捉新的知识。在市场中，消费者享有至高无上的地位，他们的消费就是一种选择，而他们的选择给生产者带来了生存和获得利润的机会。为了更好地服务消费者，满足消费者的需求，获得消费者的青睐，所有的生产者都必须想方设法，要么降低价格，利用价格优势与其他生产者竞争，要么提高质量，以更优质的产品服务消费者。因为物美价廉始终是消费者的追求。为了保证赢得消费者的惠顾，生产者必须采取相关的措施，如不断地改进技术，加强人力资源的投资，提高劳动生产率，等等。在此过程中，生产者不仅充分利用了自己已经掌握的知识，而且极力地发掘新的信息，无论是技术改进，还是发现新的生产要素，都是一种知识上的创新。或许市场及其价格所提供的最独特的东西，就是有关不同商品和服务不断变化的相对匮乏状况不断更新的信息。"正是通过这种价格体系的作用，劳动分工和以分立知识为基础的协调运用资源的做法才有了可能"。[1]

但是我们一定要注意的是，市场中的价格，是无数参与者之间自发竞争而形成，并非人们刻意设计的结果。哈耶克指出，西方文明自古希腊伊

---

[1] F. A. Hayek, "The Use of Knowledge in Society", *The American Economic Review*, Vol. 35, No. 4 (Sep., 1945), p. 528.

始，自然秩序与人为秩序的二分法就一直占据主导地位。"自然秩序，即 kosmos，是既定的，它独立于人的意志和行为"，而人为秩序，即 taxis，则"是人类有意安排的结果"。但是，自苏格兰启蒙运动开始，人们越来越重视第三种秩序，它是人类行为的结果，却不是人类理性设计的结果，或者说它是人类无意图的后果。根据以弗格森等人为代表的苏格兰学派的这种观点，哈耶克提出了"自生自发的秩序"这一著名概念。关于它在人类社会发展过程中所发挥的作用，哈耶克总结说："我们的文明虽是个人知识积累的结果，然而获得这种结果，靠的并不是自觉地把所有这些知识集中在哪个人的头脑中，而是由于它包含着我们在并不理解的情况下使用的符号、包含着各种习惯和制度、工具和观念。"① 生活中的很多事物都是自发秩序的构成部分，只不过我们常常因为过于熟悉，而忽视了它们的起源。例如语言、货币、法律，以及我们这里所谈到的市场价格，都属于这一范畴。这些对于维持文明社会极为重要的制度，都是人类自由发展的结果，是利用分散的知识而形成的，且一旦形成之后，它们又进一步促进了知识的发展和利用。

第三节　罗宾斯对中央计划经济的批评

一　罗宾斯其人

莱昂内尔·罗宾斯，是 20 世纪英国著名的经济学家。从伦敦大学毕业后，罗宾斯参加了第一次世界大战。战争结束后，在伦敦经济与政治学院师从著名的左翼思想家拉斯基。年仅 31 岁，就出任伦敦经济与政治学院的经济学高级教授，后来担任经济学系系主任。哈耶克前往伦敦经济与政治学院，就是受到罗宾斯的热情邀请。罗宾斯对经济学的贡献颇丰，主要体现在经济理论、经济学与哲学方法论、经济政策理论和经济思想史四个方面。除了经济学的学术活动以外，罗宾斯还积极参与政府政策的制定，并在艺术管理方面取得显著成绩——他与国家美术馆和皇家歌剧院都有密切联系。

---

① ［英］哈耶克：《科学的反革命——理性滥用之研究》，冯克利译，译林出版社 2003 年版，第 87 页。

罗宾斯的思想受到米塞斯和哈耶克等奥地利学派成员的深刻影响，例如，其代表作之一《大萧条》，就是利用奥地利学派的商业周期理论，来解释20世纪30年代的经济危机。时至今日，这本书与罗斯巴德的《美国大萧条》，一直是自由主义者研究经济危机的必读书目。在社会主义经济核算论战中，罗宾斯与米塞斯和哈耶克同属一个阵营，对社会主义计划经济展开了批评。

二 对计划经济的批评

罗宾斯对社会主义计划经济的批评，集中体现在两部著作中，一部是1935年发表的《大萧条》，另一部则是1937年发表的《经济计划与国际秩序》。在讨论罗宾斯对计划经济的批评之前，我们有必要先来关注一下他对经济学理论的一些基本看法。

在1934年出版的《经济科学的性质和意义》这本小册子中，罗宾斯谈到了他对人类经济状况的理解，以及对经济法则性质的认识。在他看来，人类的生存条件有四个基本特征，"目的是多种多样的。达到这些目的的时间与手段是有限的，且能运用于不同的目的。与此同时，各种目的具有不同的重要性"。但是，对于经济学家而言，目的并不是他们需要关注的，因为目的更多地与价值有关，经济科学应该是价值无涉的，应该与伦理学等严格区分开来。在此前提下，"经济学要回答的问题是：人们达到其目标的过程如何受制于手段的稀缺——稀缺手段的配置如何依赖于最终的估价"。[①] 这意味着，经济学家并不关注人类行为的目的本身，无论这一目的是高尚还是卑劣，而是关注达到目的的行为，是如何受到限制的，或者说，关注的是究竟采用何种手段来实现目的。

从对经济学的理解出发，罗宾斯对社会主义计划经济展开了批评。罗宾斯首先问道，"计划产生的基础是什么。一个有计划的社会，其理性必定体现在它能够满足计划之外的目的。它必定是为了某种目的而计划"。[②] 在他看来，尽管在现实中，社会主义很可能会让广大民众来适应计划，而不是根据民众的需求来制订计划，但是社会主义的目的，必定是通过合理

[①] [英] 莱昂内尔·罗宾斯：《经济科学的性质和意义》，朱泱译，商务印书馆2005年版，第17、27页。

[②] Lionel Robbins, *The Great Depression*, London: Macmillan&Co. Ltd, 1935, p. 148.

化的生产，来满足消费者的需求，不可能是用计划者的目的，来代替广大民众的需求。为此，社会主义计划者需要在社会生活的各个领域分配他们所掌握的稀缺资源，衡量这种分配是否合理的原则是将某种资源从当前所用之处挪到他处，是否能够更好地满足消费者的需求。如果这种资源在其他地方能够发挥更大的效用，那么，当前对资源的利用就是不合理的。以此为标准，罗宾斯开始对社会主义计划经济进行考察。

既然计划的目的，是满足广大民众的需求，那么，社会主义计划委员会一个首要的任务，就是明确地知道广大民众到底需要什么。但是人们的需求有两个最为显著的特征，一个是复杂性，另一个是变化性。尽管人们经常用货币来比作选票，但是经济生活的选择，毕竟不同于政治选举。政治选举的候选人毕竟寥寥无几，但是经济生活中的可选项，实在数不胜数。更为关键的是，人们的需求还会随着时间和地点的变化，而不断发生改变，有时甚至让人摸不着头脑。面对复杂而善变的民众需求，罗宾斯问道，计划者如何知道到底该生产衣服还是蔬菜，如何分配各种生产要素，如何选择最简单有效的方法进行生产。事实上，这些问题计划者根本无法回答。

"假定计划者能够确定广大民众到底需要的是什么，他们到底该采用何种方式来组织生产，从而最大限度的满足这些需求呢？"[1] 就像米塞斯一样，罗宾斯在这里也对技术问题和计算问题进行严格的区分。所谓的技术问题，就是当我们确定需要某种产品时，通过工程师的计算，我们可以明确地知道，到底需要多少原材料、需要耗费多少劳动力和多少生产时间。但是，技术问题不同于计算问题。当不同的产品都牵涉同一种资源时，计划者在各种选择之间作出抉择，决定到底将资源投向哪一种生产领域，这是计算问题。可见，技术计算是经济计算的一个重要前提，但是，技术计算无论多么发达，都不能替代经济计算。因为"理性计划的标准，并不是最有效地生产出不同的商品，而是不同的生产工具，都能够生产出最大价值的产品"。[2]

要解决计算问题，确定到底如何才能最有效地利用各种稀缺资源，就

---

[1] Lionel Robbins, *Economic Planning and International Order*, London: Macmillan& Co Ltd, p. 194.

[2] Ibid., p. 197.

必须知道每种生产方式的成本是多少。如果我们能够知道每种要素的价格，就能够对潜在的收益和成本进行对比，从而确定是否该从事某种产品的生产。但是，社会主义制度下生产要素是公有的，所有的决策都归中央一级垄断，根本不存在生产要素市场。缺乏生产要素市场，就意味着缺乏生产要素的货币价格，同时也就意味着，对于不同的生产要素社会主义计划者缺乏一个统一的尺度进行衡量，根本无法判断，资源的利用是否最大限度地满足了广大民众的需求。

对于生产要素的价格，有的经济学家认为，可以通过数学计算的方法加以确定，对此，罗宾斯从哈耶克知识论的角度进行了批评。罗宾斯认为，"在现实的经济生活中，有成千上万种产品以及生产这些产品的生产方式，且不论不同的解决办法会导致经济体系进一步的变化，试图找出一种确定的解决方案，根本不可能"。[1] 对于那些信奉一般均衡理论，并以此为工具，为社会主义经济计算问题辩护的经济学家，罗宾斯的评价是他们根本不明白均衡等式意味着什么，他们根本不知道，相对牺牲的成本，也不知道如何才能使生产与消费者的偏好相适应。

除此之外，罗宾斯还指出另外一个至关重要的问题，也是社会主义国家计划经济实践中必然会遇到的问题，那就是计划的制订是一回事，即使制定出来了，如何保证其实施，依然存在着难以克服的障碍。社会主义国家中，决定生产要素价格的，是中央计划委员会，价格反映的并不是市场的需求状况，而是权力和利益。企业管理者属于国家的公职人员，企业的资产并不属于企业管理者，而是国有资产的一部分，国家是企业的风险承担者。与此相连的，必定是整个社会生活的官僚化，企业管理者必须服从上级领导以及中央计划委员会的命令，这与资本主义私有制企业下的运行方式，存在着本质的差异。而且，在严格的政治控制之下，个人的首创精神必定受到阻碍，竞争也受到一定的限制。这些问题的存在，使社会主义计划的执行过程中，无法实现预期的效果。

三 对社会主义和资本主义的理解

尽管社会主义计划经济在理论上存在着如此严重的缺陷，但是罗宾斯

---

[1] Lionel Robbins, *Economic Planning and International Order*, London: Macmillan& Co Ltd, p. 201.

并不否认，计划经济在现实中会得到实施。罗宾斯对计划经济的批评，并不意味着计划无法制定，或者计划无法得到执行。在社会主义国家中，计划经济体制仍然会存在，生产仍然会继续，技术上的效率也仍然有可能不断地得到提高，甚至也可能会偶尔改善广大民众的生活水平。但是，真正的问题在于，中央计划委员会，究竟能否将资源，用于最急需的地方。任何一种制度下，都应该更好地利用各种稀缺资源，更好地满足消费者的需求，但是，社会主义计划经济对此毫无办法，因为它根本就不存在一个合理的标准，确定其决策是否合理。因此，"对于很多人而言，社会主义代表了一种希望，就像远古时代的人们图腾崇拜一样的，他们都依靠信仰而生活，而不是逻辑论证"。[1]

与社会主义计划经济相比，资本主义市场体制的确具有很多优点，这主要体现在以下三个方面，第一，个人拥有更多的选择自由；第二，市场价格能够明确地反映市场变化；第三，允许少数人表达自己的权利。但是，在对资本主义市场进行肯定的同时，罗宾斯又清醒地看到了，资本主义内在的不完美性，那就是收入的不平等。对于注重对消费者的需求进行分析的罗宾斯而言，收入不平等固然重要，但是更重要的是，即使收入平等，个人的享受也无法平等。这实在是一种无法抗拒的困境。

本章小结

哈耶克在为米塞斯的《社会主义》一书作序时说道："较之当年，这一著作的大部分内容在今天已不那么新颖或具有革命性；它在许多方面已经成为'经典'之一，往往被人当成老生常谈，从中可以学到的新东西已经很少。"[2] 或许事实的确如此，但是我们可以肯定的是，在米塞斯率先向社会主义发起挑战的时代，米塞斯的这一观点是具有开创性的。尽管米塞斯之前，戈森、庞巴维克、皮尔逊等人，也从经济方面对社会主义进行了批评，但是他们仅仅是感觉到了某些问题的重要性，没有对经济核算问题给予充分的重视，也缺乏系统的论证。从这一角度说，米塞斯开辟了一条新路径，从经济核算的角度，分析生产资料公有制的社会主义社会

---

[1] Lionel Robbins, *Economic Planning and International Order*, London: Macmillan& Co Ltd, p. 191.

[2] Ibid., p. 8.

中，是否存在着理论上的困境。

对于米塞斯本人而言，经济核算问题的提出，奠定了其一生努力的方向。从《社会主义共同体的经济计算》这篇文章开始，米塞斯始终坚持对社会主义进行批评。看看米塞斯一生的著作就足以理解这一点，《社会主义》、《自由主义》、《对干预主义的批评》、《全能政府》、《官僚体制》、《反资本主义的心态》等，甚至在1969年，88岁高龄的老人在纽约大学所作的告别演讲，题目依旧是"社会主义对抗自由市场"。这些作品的中心议题只有一个：批评所有反对资本主义私有制的理论，向一切破坏私人产权的实践开炮，苏联的社会主义、西欧的民主社会主义、凯恩斯主义、法西斯主义等，全部属于米塞斯的攻击对象。或许因为米塞斯这种过于坚定的立场，导致他对于正统的学术而言，始终是个边缘人，甚至是个局外人。而米塞斯之所以矢志不渝地为了反对社会主义而努力，即使一生都坐在时代的冷板凳上，仍然无怨无悔，其中一个重要原因，就是通过经济核算问题的论述，使他坚信，社会主义实行的生产资料公有制，从根本上杜绝了经济核算的可能性，由此必然导致经济生活的无效率，甚至是混乱和极度的贫困。

米塞斯对社会主义经济核算问题的批评，不仅为其个人确立了一生努力的方向，对于奥地利学派的发展而言，也发挥了承前启后的作用。米塞斯的经济核算理论，吸收了门格尔在《国民经济学原理》当中的大量知识精华，如货币理论、资本理论、消费者的时间偏好等。通过米塞斯的经济核算理论，门格尔的这些观点也得到了重新认识和阐发，奥地利学派的自我认同也越来越强烈。在继承和发扬了门格尔观点的基础之上，米塞斯才建立起完整的经济核算理论，从这个意义上说，沃恩认为经济核算问题导致了"门格尔主题的再发现"[①]，是很有道理的。

然而，即使在自由主义内部，米塞斯的观点和论证也被很多人所不解，著名的公共选择理论创始人布坎南就是其中的一例。布坎南的公共选择理论，其论证自然十分严密，他发展了休谟的思想，坚持用"最坏假定"来分析问题，即在设计政府制度的时候，每个人都应该被假定为恶棍，他所有的行为没有其他的目的，只有私利。"最坏假定"的核心观念

---

① ［美］卡伦·沃恩：《奥地利学派在美国——一个传统的迁入》，朱全红等译，浙江大学出版社2008年版，第42页。

就是分析上的平等主义，即人们对政府行为进行判断的时候，不能根据理性类型，而应该根据现实中它实实在在的所作所为，换句话说，就是个体与政府是同质的，我们在考虑政府的时候，也应该将其假定为一个只为了获得更多税收的个体。从这一角度出发，布坎南及公共选择学派的其他成员，对米塞斯的经济核算理论提出了质疑：何以保证计划者能够毫无偏见的制订计划？为什么他们不会为了自己的私利，而刻意制订一些能够给自己带来利益的计划呢？[①]

对此我们首先需要承认，这是一个很强烈的论证，甚至社会主义的实践也证明了布坎南的理论。在社会主义的现实生活中，很多计划者为了中饱私囊，极尽所能地利用手中的权力，对于社会主义而言，这的确是个严重的现实问题。然而，遗憾的是布坎南并没有真正理解米塞斯的论证。如果布坎南的论证同样出现在 20 世纪 20 年代，社会主义者恐怕很难认真对待公共选择理论。因为在社会主义者的理论体系中，随着社会生产关系的改变，未来的新新人类就是利他的。如果从人性的角度对社会主义进行批评，势必导致双方各说各的，毫无实质性进展。或许是出于这样的考虑，米塞斯才沿着社会主义者的逻辑，将新新人类的利他动机作为论证的起点：即使计划者都是利他的，制订计划的出发点是大众的福利，而不是个人的私利，那么，在缺乏经济核算帮助的情况下，他们也无法实现目标。对此，哈耶克有过精辟的概括，从道德素质和心理素质角度看待社会主义，确实引发了某些实际困难，但是，奥地利学派的批评，关注的不是计划的制订和执行，而是计划是否有可能实现人们所欲求的目的。[②]

笔者认为，米塞斯提出的经济核算问题，不仅仅是为了达到特定目的而对手段和方法的选择，从更高的层次来看，它是人类在社会分工体系下的一种合作方式，是人类面对未来不确定性的一种行为方式，同时也是人类认识这个世界的一种思考方式。在大自然和未来的变化面前，人类毕竟渺小如蚁，人类的理性无法让我们充分地认识这个世界，完全预知到未来。通过分散的经济核算，即使有一些人对未来的预测出现了失误，不会影响到所有人。而如果一旦将所有的生产资料集中到一个人的手中，或者

[①] 参见 Eric Crampton & Robust Analytical Egalitarianism, *Worst-case Political Economy and the Socialist Calculation Debate*, Dickson College, 2005, p. 4.

[②] ［英］哈耶克：《个人主义与经济秩序》，邓正来译，三联书店 2003 年版，第 177 页。

一个机构的手中,任何一个微小的失误,都可能造成天下苍生的悲剧。哈耶克面对《社会主义》一书,感慨道,更令我敬畏的不是他的悲观主义,而是他的远见,表达的也许就是这个意思。笔者认为,任何一个对社会主义惨痛历史有着深刻理解的人,都会明白米塞斯的远见究竟意味着什么。

而奥地利学派的另一个代表人物哈耶克,从知识论的角度,对中央计划经济进行的批评,对社会主义经济核算的论战而言,同样意义重大。米塞斯发起挑战之后,不断有支持社会主义的经济学家,对米塞斯的观点进行反驳。他们纷纷指责米塞斯方法论上极端的先验主义,因为在米塞斯看来,整个市场本身就是一个先验的体系。而哈耶克的知识论,可以说是对米塞斯先验主义的一种修正。在个人计划的层面上,哈耶克仍然坚持认为,这是一种先验的逻辑体系,是纯粹个人的主观选择,而一旦进入市场,进入人与人之间信息的交流和沟通,就会出现经验因素。由此可见,哈耶克对社会主义中央计划的批评,是建立在坚实的经验主义基础上的,从而摆脱了社会主义者对米塞斯过分极端的指责。难怪斯蒂格利茨在专门谈论社会主义的著作中,只批评了市场社会主义,对于中央计划经济,他只说了一句:"哈耶克已经成功地批评了马克思的计划。"[1]

哈耶克的知识论是在与社会主义进行论战的过程中形成的,但是,其价值却远远超出了社会主义经济核算论战的范围。纵观哈耶克的学术生涯,我们可以发现,在论战过程中发生了第一次思想转向之后,随着在社会主义经济核算论战中被边缘化,以及在与凯恩斯的交锋中折戟沉沙,哈耶克的思想经历又发生了第二次重大的转折。他开始思考另外一个更为宏大的问题:"人类在思考如何改进自身的社会处境时,何以会普遍的受到一些错误观念的支配?"[2] 由此他走出了单一的经济学,转而研究心理学、哲学、政治学和法学等其他社会学科,成为20世纪最伟大的社会思想家之一。在经济学领域中批评计划经济的知识论问题,即何为知识、知识的性质是什么以及如何获取和利用知识等,也随之成为他观察世界的利器,成为他整个社会思想体系的基石。无论是之后的政治哲学构建,还是从认知心理学角度对知识本身的进一步研究,抑或是对人类理性能力范围的思

---

[1] 转引自 W. Paul Cockshott and Allin F. Cottrell, *Information and Economics:A Critique of Hayek*, November 1996。

[2] 冯克利:《尤利西斯的自缚》,江苏人民出版社2004年版,第215页。

考,知识论始终是哈耶克一个基本的出发点。通过了解哈耶克的知识论,更确切地说是"无知论",我们不仅能够理解他对自发秩序的深刻洞察力,明白他对建构理性的厌恶,体会他对自由的珍视,而且能够看到,在人类思考和评价社会主义的百年史中,他提供了一个全新的角度、一份弥足珍贵的思想资源。也正因为如此,瑞典皇家科学院在宣布哈耶克获奖时发表的正式声明中,包含着这样一段文字:他在研究不同的经济制度时的指导原则是研究分散在个人和企业中的所有知识和信息是如何被有效地利用的。他的结论是,只有通过具有竞争和自由定价机制的市场体系中的广泛的分散化,才有可能充分地利用知识和信息。

至于罗宾斯对社会主义中央计划经济的批评,通过前文我们可以发现,他的大部分观点,都与米塞斯、哈耶克相似。例如,技术问题与计算问题存在着本质的差异,中央计划委员会无法收集各方面的数据,等等。这些相似之处,一方面是因为罗宾斯受到奥地利学派的影响,另一方面则表明,对社会主义计划经济的分析,罗宾斯并没有受到英国国有化氛围的影响,依然保持着清醒的认识。不过与米塞斯、哈耶克只看重市场体制的效率相比,罗宾斯注意到了资本主义市场体制并不完美,尽管并未提出有效的解决方案,但是这毕竟表明,罗宾斯等自由主义者已经开始认识到,资本主义市场体制也需要不断地完善。

第四章

论战过程（二）：社会主义者对奥地利学派的回应

本章主要涉及巴罗尼、泰勒、兰格等社会主义者。在米塞斯和哈耶克等奥地利学派学者批评社会主义的同时，泰勒、迪金森、多布和兰格等很多支持或信奉社会主义的经济学家，从不同的角度，设计出不同的经济核算方案，对奥地利学派作出回应。针对米塞斯的观点，很多经济学家认为，巴罗尼早在1908年发表的《集体主义国家的生产管理》一文，就已经论证了社会主义制度下，可以通过数学计算的方式，成功地解决资源配置问题。1928年，美国经济学家泰勒，在当选美国经济学会会长的演说中，发表了《社会主义国家中的生产管理》，提出了社会主义可以采用试错的方法，逐步实现经济体系的均衡。著名的市场社会主义者兰格，从1936年开始，相继发表了一系列文章，对解决社会主义的经济计算问题进行理论建构。兰格认为，社会主义的确需要利用市场，在生产要素公有制的范围内，通过模拟竞争和试错法，中央计划机构同样能够发现均衡价格，社会主义经济体系同样能够实现均衡。在应对奥地利学派挑战的同时，社会主义阵营内部也发生了激烈的争论，例如迪金森和多布之间的争论、多布和勒纳之间的分歧，等等。

第一节 巴罗尼的"数学计算法"

巴罗尼的《集体主义国家的生产管理》一文，自1908年发表以来，不断地受到西方经济学家的关注。一方面，熊彼特对这篇文章评价颇高，认为它对社会主义经济学说做出了巨大的贡献；另一方面，在社会主义经济核算的论战中，这篇文章的地位也十分特殊，论战中双方，无论是奥地利学派，还是社会主义者，都将巴罗尼的这篇文章视为有利于自己的论据。本节试图通过梳理巴罗尼文章的内容，探寻以下两个问题的答案：第一，究竟为什么熊彼特会如此赞扬巴罗尼；第二，为什么巴罗尼的文章在论战中会同时被双方所利用。

一 巴罗尼其人

恩里科·巴罗尼是19世纪末20世纪初意大利著名的经济学家，在古典修养和数学方面受过良好的教育。巴罗尼师承著名的经济学家、社会学家帕累托，从后者那里，他继承了一般均衡思想以及帕累托最优理论，并且以这些思想为基础，作了进一步的发挥。经济学上显赫的地位，并没有掩没巴罗尼卓越的军事才能。他出版了大量优秀的军事史著作和传记，甚至把数学上的方法运用于军事史的研究，改变了该领域中历史研究的传统观念。[1]

在经济学领域，巴罗尼属于天才型的人物。在瓦尔拉写给巴罗尼的信中，充满了一位经济学界老前辈对后人的赞赏和期望："上帝挑你出来，对过去几个世纪数理经济学方面的各种努力作一历史性的回顾。这将会提供一个为后一世纪普遍接受的学说。"[2] 虽然后来巴罗尼与瓦尔拉的关系有些微妙，但是显然巴罗尼并没有让他失望。从1884年开始，巴罗尼就与国际顶尖杂志《经济学家》建立了合作关系，一直持续到1924年逝世。1908年，巴罗尼在该杂志上发表了最具代表性的作品——《集体主义国家的生产管理》。这篇文章，奠定了巴罗尼在社会主义思想史上的地位。熊彼特在《经济分析史》中指出，巴罗尼虽然不赞同社会主义，但是，"创立了实质上有关社会主义经济的纯理论，从而对社会主义学说作出了社会主义者自己也从未作出的贡献"。[3] 究竟巴罗尼的文章中，对社会主义的具体运行机制作了怎样的论证，会让熊彼特得出如此高的评价呢？这是本书所要思考并试图回答的第一个问题。

除此之外，在20世纪20年代到40年代的社会主义经济核算论战中，巴罗尼的这篇文章，占据着一个奇特的地位。无论是社会主义者，还是奥

---

[1] 关于巴罗尼的生平及介绍，参见［英］约翰·伊特韦尔等《新帕尔格雷夫经济学大辞典》（第3卷），经济科学出版社1996年版，第210页。

[2] 同上书，第210页。

[3] ［美］熊彼特：《经济分析史》（第3卷），朱泱等译，商务印书馆2005年版，第344页。

地利学派，都把巴罗尼的文章当作自己的论据。在米塞斯于20年代初率先对社会主义发起挑战之后，西方社会主义者和经济学家，就不断地利用巴罗尼的思想，对米塞斯进行反驳。泰勒在巴罗尼文章的基础上，于1928年对社会主义的试错方法进行了创造性的发挥，兰格在30年代的文章中，更是对巴罗尼大加称赞，甚至认为自从这篇文章发表之后，对社会主义经济问题的讨论，几乎没有人超出巴罗尼论文的内容。[①] 他们都坚持认为，米塞斯和哈耶克忽视了巴罗尼的论证，即市场和中央计划委员会之间形式上的相似性，这意味着市场能做的事情，中央通过计划同样能做，甚至能够做得更好。而作为奥地利学派的领军人物之一哈耶克，同样利用了巴罗尼的观点，对兰格等人进行反驳。哈耶克认为，巴罗尼的确论证了市场和中央计划委员会存在着形式上的相似性，但是巴罗尼否认中央计划能够履行这一功能。本节思考的第二个问题由此而产生，即社会主义者和奥地利学派对巴罗尼的理解，孰对孰错？巴罗尼的文章中究竟作了怎样的论述，才会引起如此混乱的论战局面？

要想回答上述两个问题，我们就必须回到巴罗尼1908年的文章本身，看一看巴罗尼究竟对社会主义经济体系作了怎样的描述和论证。本节就围绕着巴罗尼文章的主要内容，结合着社会主义经济思想的发展脉络，以及社会主义经济核算的论战过程，对巴罗尼的思想进行评述，以期能够对这两个问题有一个初步的回答。

二 自由竞争的均衡体系

巴罗尼从小接受了良好的数学训练，使他对数学方法情有独钟。在文章的开头，巴罗尼就谈到，"在这篇文章中，我之所以采用数学方法，一个简单的理由就是我并不知道还有什么其他方法，能够如此精确和简洁地帮助我，以准确的术语提出特定问题，并且准确地阐述特定观点"。这种对数学的偏爱，也决定了巴罗尼在学术上的兴趣，即偏重数理经济学，很容易就接受了瓦尔拉和帕累托的一般均衡思想。巴罗尼很谦虚地告诉读者，自己论文的大部分贡献都归结给两位前辈，尤其是帕累托。不过，在一般均衡思想的基础之上，巴罗尼认为，当建构能够体现经济数量之间最

[①] 参见［波］兰格《社会主义经济理论》，王宏昌译，中国社会科学出版社1981年版，第2页。

重要的相互关系的一般均衡体系时,"我们根本不需要诉诸效用、效用的最终程度等概念;而且我们也无需诉诸帕累托所提出的无差别曲线,尽管在促使数理经济学派从形而上学当中摆脱出来,这是重要的一步"。① 只要我们借用供给、需求和生产成本等古老而简单的概念,就足以建立起均衡体系。

要分析社会主义制度下的经济均衡体系,我们可以先分析当前资本主义制度下,均衡是如何实现的。在自由竞争的条件下,为了实现一般均衡,我们需要掌握的基本数据包括:每个人拥有的资本数量;在特定技术条件下,最终产品的数量以及生产要素的数量;不同消费者的品位和偏好等。如果整个经济体系实现了均衡,这些数量之间就必须存在着某种关系。而巴罗尼的任务,就是证明在自由竞争条件下这种数量关系是可以确立的。

巴罗尼认为,对于消费者的需求和品味,无需进行预先的考察,也不用作任何假定,只要注意到一个普遍的经验事实就可以了,"即在各种产品价格和生产服务价格既定的情况下,个人会把通过生产性服务获得的收入分为消费和储蓄两部分。通过这样一种方式,在给定一系列价格的情况下,个人能够确定某种需求和供给。这些需求和供给的数量会随着价格体系的变化而变化"。② 个人的消费需求,的确会随着价格的变动而变动,这是一个可以观察到的经验事实。但是,如果要确定具体的数量,恐怕单纯的经验就无能为力了。虽然表面上,如巴罗尼所说,对这一确定的经验事实的观察,可以摆脱关于效用和无差别函数这些形而上学或者微妙的概念,但萨缪尔森在《经济分析基础》中曾指出,巴罗尼利用了帕累托提出的均衡等式,"对于各个人来说,两种商品的边际效用比率等于它的价格比率"。③ 巴罗尼没有明确指出这一点,然而很明显,如果要证明个人消费和积累再投资的数量是价格的函数,那么只有在借用这一等式的基础上,才是成立的。

---

① Enrico Barone, "The Ministry of Production in the Collectivist State", *Collectivist Economic Planning: Critical Studies on the Possibilities of Socialism*, ed. by F. A. von Hayek, London: George Routledge & Sons, 1935, p. 246.

② Ibid., p. 247.

③ [美] 萨缪尔森:《经济分析基础》,甘华鸣等译,北京经济学院出版社1990年版,第217页。

当价格体系是一定的,个人消费和储蓄就是确定的;相应的,个人消费品的总量和新产生的资本数量,作为价格函数也是确定的。除此之外,因为自由竞争的特征在于,成本最小化和生产成本等于价格,所以,在技术条件一定的情况下,我们还可以确定以下几个方面:生产需要耗费的自然资源总量,满足消费者需求的资本数量,最终消费品的成本以及积累新资本耗费的成本。在这些经济数量之间,建立起怎样的联系,才能证明整个自由竞争体系达到均衡状态了呢?

要回答这个问题,需要事先澄清一个观点,即在巴罗尼看来,自由竞争体系的优点,并不在于产品数量的最大化。因为,不同种类的产品,是无法在数量上进行比较的,或者说,这种比较是没有意义的。即使真的要讨论产品数量的最大化,也要考虑闲暇时间的最大化,因为大多数人可能相比较而言,更喜欢休闲娱乐。所以,自由竞争真正的优点在于社会福利总量的最大化。在自由竞争条件下,"消费者可以自由选择消费品,选择获得何种消费、服务和进行什么样的资本积累,正是这一点,才使其获得最大满足"。[①]

至于衡量福利的标准,巴罗尼认为,在既定的收入分配体系下,将个人提供服务获得的收入总量,与个人的消费总量和新资本的积累总量进行对比,会有一个计算结果。有的人会有所盈余,而有的人可能不仅没有积累,而且入不敷出。将所有这些个人的计算结果相加,如果最终的总和为零,就可以证明整个经济体处于一般均衡状态之中。换句话说,如果能够证明,在消费者的服务、资本和物质资源,与最终消费品的价格总量和新资本的数量之间,存在着相同的方程式,尽管其中可能包含着一些未知的数量,但是,这样就足以证明,整个体系处于一般均衡状态。

但我们需要注意的是,尽管我们说,自由竞争条件下能够实现均衡,能够使社会福利总量最大化,但是这并不意味着,每个人都实现了最大化的满足。也就是说,巴罗尼在这里利用了帕累托提出的最优状态理论。如果整个经济体系实现了帕累托最优,那么对当前体系的任何一点改进,都会导致整体福利的下降,要么会使每个人的福利都下降,要么使一部分人

[①] Enrico Barone, "The Ministry of Production in the Collectivist State", *Collectivist Economic Planning*: *Critical Studies on the Possibilities of Socialism*, ed. by F. A. von Hayek, London: George Routledge & Sons, 1935, p. 256.

的福利增加，而另一部分人的福利下降，但是增加的总量不足以补偿下降的总量。相反，如果当前体系并没有处于帕累托最优状态，那么，可以通过帕累托改进，逐渐逼近帕累托最优。

针对自由竞争体制下实现的一般均衡，萨缪尔森说，"具有批评眼光的读者会发现，在计算要极大化的表达式时假定了任意的价格"。也就是说，巴罗尼并没有过分关注价格的起点应该在哪里。"如果只希望说明并非所有的个人都能够因与竞争的任何偏离而得到改善，那么这就足够了"。[①] 但是很明显，除此之外，我们还能体会到另外一层意思，也就是说，既然自由竞争体制下，建立一般均衡的初始价格并不是很重要，那么在社会主义国家，从何种价格出发来实现经济均衡，也就同样是无所谓的事情。只要通过调整，不断地实现帕累托改进，终究会达到均衡的。这就为建立两种均衡之间的相似性，提供了最大的可能。

三　社会主义的均衡体系

巴罗尼认为，经济均衡的所有这些理论，根据各种环境的不同，无论是自由竞争，还是集体主义，都可以化解成各种均衡等式来解决。所谓的集体主义，就是除了个人自己的劳动力以外，个人所掌握的生产性资源，全部上交给国家。在此情况下，"生产管理部门必须解决的问题是，如何组织这些个人和集体的资源，从而使人们的整体福利最大化"。[②] 巴罗尼相信，社会主义的生产管理部门，能够解决这一极为复杂的问题。

集体主义国家除了生产资料所有制问题上与自由竞争体制有本质的区别以外，在以下几个方面，也独具自己的特色，这些特点构成了社会主义生产管理部门对生产进行管理的环境和条件。首先，在流通领域，并不存在货币。对于各种商品以及服务，生产管理部门为了计算的需要，采用某种方法确立相互之间进行交换的比率，比如利用某种一般等价物。

其次，在个人领域，个人将自己生产的产品交给社会，在管理部门确定的等价物的基础上，从社会那里获得消费品，或者从社会管理委员会那

[①] [美] 萨缪尔森：《经济分析基础》，甘华鸣等译，北京经济学院出版社1990年版，第218页。

[②] Enrico Barone, "The Ministry of Production in the Collectivist State", *Collectivist Economic Planning: Critical Studies on the Possibilities of Socialism*, ed. by F. A. von Hayek, London: George Routledge & Sons, 1935, p. 265.

里获得某些资源的使用权。个人通过劳动获得的收入，以及他获得的各种补偿性收入（关于补偿性收入问题，将在下文论述），可以在各种消费和个人储蓄之间，根据个人意志，自由进行选择和支配。

再次，在分配领域存在着两种分配方式，一种是对共同体成员采用直接分配的方式，根据个人提供的劳动性服务，对社会产品进行实物型分配。另一种则是间接分配，按照个人提供的劳动，向个人支付一般等价物。巴罗尼认为，任何间接分配的方式，例如像马克思想象的那样，将国家财产提供的服务价值忽略不计，而将产品生产过程中直接耗费的劳动服务，看作是产品的全部价值，并由此制定产品的价格，都不可能成为普遍的原则。因为"人们注意到，即使是集体占有的资源，国家也要为它们的服务确定一个价格，否则就会出现巨大的浪费，从而导致财富的流失"。[①] 所以对于生产管理部门而言，从获得集体福利最大化的角度来看，更好的方式不是间接分配，而是对产品直接进行分配。

除了一般性分配以外，生产管理部门还应该在与人们意见一致的基础上，对个人以及群体进行补偿性的分配。例如必须对管理人员给予必要的补贴，因为他们不仅致力于生产，而且在管理部门中从事着复杂而辛苦的集中安排性工作。这种补偿性收入，在巴罗尼的思想体系中，占有重要的地位，因为在生产管理部门需要对收入进行调整的时候，补偿性收入是一种重要手段，在此基础上，才能保证集体主义像自由竞争一样实现一般均衡。

最后，在资本积累领域，巴罗尼强调，在新政体中，现存资本不能被破坏，新资本也不应该以低于过去的速度进行积累，共同体必须像之前一样，重视积累新资本。这里同样存在着两种方法，一种积累是在分配之前，由国家统一在总收入当中预留出一部分资本，作为未来从事生产的新资本，而另一种方法则是在分配之后，通过鼓励延迟消费，并为积累资本设置奖金的方式，引导个人自愿进行积累。巴罗尼更喜欢后一种积累方式，它可以保证广大民众更充分地享有消费自由，以及在消费和积累之间进行自由选择。虽然对个人延迟消费的奖励，"类似于个人主义政体中的利率，根据某些肤浅的集体主义理论，这一点应该被取消"。但真正的事

---

① Enrico Barone, "The Ministry of Production in the Collectivist State", *Collectivist Economic Planning: Critical Studies on the Possibilities of Socialism*, ed. by F. A. von Hayek, London: George Routledge & Sons, 1935, p. 275.

实正好相反。"如果管理部门希望获得集体福利最大化,这一点是必需的,不管采用什么样的分配原则,之前政体中的一切经济种类必定会重新出现,尽管具体称谓可能不同:价格、工资、利息、租金、利润、储蓄等等"。① 英国经济学家惠特克曾指出,巴罗尼作出这种判断的依据,是卡塞尔在《社会经济学说》一书中所提出的理由,即假若资本是这个社会中的稀有资源,对它的使用收取利息,将会保证把它用在更适合生产的地方。②

以上就是社会主义生产管理部门必须面对的环境和条件。尽管在众多方面与自由竞争体制存在着差异,但是当我们从一般均衡理论的角度来观察的时候,两者之间存在着巨大的相似性。生产管理部门任意指定一个等价物交换的比率,接着就可以确定消费者的需求函数以及资本积累函数,并由此可以进一步扩展到自然资源的数量、所需资本的数量。生产部门可以模仿自由竞争条件下的特性,即坚持生产成本最小化以及生产成本等于价格,在既定的技术条件和生产分配原则下,就可以确定出关于一般均衡的方程组。生产管理部门通过调控一般等价物的比率,就可以逐渐寻找到实现社会福利最大化的均衡价格。生产管理部门按照这种均衡价格进行指导,就可以在保证消费者享有消费、储蓄、就业等自由的前提下,实现资源的最优配置,并使社会福利达到最大化。因此,"自由竞争均衡的等式与集体主义均衡的等式是完全一致的,都是建立在集体福利最大化的基础上,唯一的不同仅仅在于,同样数量的资本掌握在不同人手中,占有方式不同而已,在两种情况下,各种经济数量之间的均衡是相同的,同样,均衡等式都表达了成本最小化和价格等于成本"。③ 均衡之间的相似性意味

---

① Enrico Barone, "The Ministry of Production in the Collectivist State", *Collectivist Economic Planning: Critical Studies on the Possibilities of Socialism*, ed. by F. A. von Hayek, London: George Routledge & Sons, 1935, p. 289.

② [英]埃德蒙·惠特克:《经济思想流派》,徐宗士译,上海人民出版社1974年版,第462页。关于卡塞尔的这种观点,哈耶克在《社会主义的计算:问题的性质与历史》中同样谈到过。参见 F. A. Hayek, *Collectivist Economic Planning: Critical Studies on the Possibilities of Socialism*, London: George Routledge & Sons, 1935, p. 29。

③ Enrico Barone, "The Ministry of Production in the Collectivist State", *Collectivist Economic Planning: Critical Studies on the Possibilities of Socialism*, ed. by F. A. von Hayek, London: George Routledge & Sons, 1935, p. 286.

着，如果利用同等的资源，尽管具体的占有和运作方式不同，但是社会主义国家的整体经济数量将与自由竞争下的相同，广大民众的集体福利也是一样的。

四 作为支持社会主义的巴罗尼

到此为止，巴罗尼已经详细地讨论了，社会主义国家的生产管理部门到底应该如何进行资源分配，如何实现社会总福利的最大化，如何达到一般均衡状态，换句话说，他已经在形式上成功地建立起了社会主义与资本主义之间的相似性。在社会主义急需从理论上证明，社会主义经济能够像资本主义一样，实现资源优化配置，急需通过理论上的论证为现实中的经济实践提供指导的情况下，巴罗尼的文章，可以说是为社会主义经济理论雪中送炭。他的上述论证表明，"就其纯逻辑来说，社会主义计划是有意义的，不能认为它必然招致混乱、浪费或无理性而予以摒弃"。① 也正因为如此，巴罗尼这篇论文的影响一直延续到现在，两位当代英国经济学家在著作中指出，这是"一种开创性的贡献，因为它说明，对合理的资源配置中必不可少的资源的相对价格，可以通过估算（即解方程）而不一定通过市场的惯例程式来求出"。②

事实上，证明了社会主义可以通过求解联立方程而获得正确的市场价格，也就反驳了米塞斯对于社会主义无法进行合理的经济核算的批评，同时也证明了，社会主义不仅能够像资本主义一样进行经济核算，而且能够把一些外部性的内容纳入到核算体系中。正因为这一点，在社会主义经济核算的论战中，巴罗尼的论文成为泰勒、兰格等人坚实的理论武器。在兰格的文章中，不仅彻底地贯彻了巴罗尼一般均衡的思想，而且连论证过程都极为相似。

还有一点需要我们注意的是，巴罗尼在文章伊始就提醒我们，"我写作的目的不是为了支持或者反对集体主义"③，也就是说，巴罗尼的文章是超

---

① ［美］熊彼特：《经济分析史》（第3卷），杨敬年译，商务印书馆2001年版，第348页。
② ［美］格雷戈里·斯特尔特著：《比较经济制度学》，葛奇等译，知识出版社1988年版，第102页。
③ Enrico Barone, "The Ministry of Production in the Collectivist State", Collectivist Economic Planning: Critical Studies on the Possibilities of Socialism, ed. by F. A. von Hayek, London: George Routledge & Sons, 1935, p. 245.

越意识形态的,甚至这篇文章"在长时期中被看成纯粹是好奇心的结果"。[1]这与社会主义经济核算中浓烈的意识形态色彩,似乎有些格格不入。熊彼特认为,巴罗尼的文章充分证明了经济分析具有独立性,可以不受政治倾向和政治偏见影响。或许也是因为这一点,这篇文章不仅被支持社会主义的学者所关注,也获得了奥地利学派的认可,哈耶克不仅在《集体主义计划经济》这本书中收录了该文的英文版,使英语世界的学者开始了解巴罗尼及其思想,而且在论战过程中明确指出,"这篇论文具有相当重要的意义,因为它为人们按照这样的方式思考问题提供了一个范例,即按照数学方法分析经济问题的工具,也可以被用来解决中央计划当局所承担的各项任务"。[2]

五 作为反对社会主义的巴罗尼

如果我们只注意哈耶克对巴罗尼的这一评价,或许会让我们产生一种错觉,似乎哈耶克已经承认了,社会主义能够像资本主义一样,进行合理的资源分配。但是,哈耶克对巴罗尼的关注远不止于此。在谈到兰格模式与帕累托和巴罗尼二人的关系时,哈耶克指出,兰格完全歪曲了帕累托和巴罗尼的原意,而且离题太远。为什么哈耶克会得出这样的结论呢?巴罗尼的原意到底是什么呢?要回答这些问题,我们还是需要回到巴罗尼本人的文章中去寻找答案。

原来,在论证了社会主义一般均衡,与自由竞争一般均衡存在着形式上的相似性之后,巴罗尼的文章并没有结束。在文章最后的结论中,巴罗尼重点讨论乃是社会主义均衡在现实中的应用性。在他看来,社会主义的生产管理机构仅仅建立起最适合实现集体福利最大化的一般均衡等式体系,是远远不够的,它必须在下达生产计划之前,事先解决这些等式。问题由此而生,因为"真正的困难——或者更坦率地说,解决这一问题的不可能性——乃在于不可能事先解决这些等式"。[3] 在之前的讨论中,巴罗

---

[1] [英] 约翰·伊特韦尔等:《新帕尔格雷夫经济学大辞典》(第3卷),经济科学出版社1996年版,第210页。

[2] F. A. Hayek, *Collectivist Economic Planning*: *Critical Studies on the Possibilities of Socialism*, London: George Routledge & Sons, 1935, p. 29.

[3] Enrico Barone, "The Ministry of Production in the Collectivist State", *Collectivist Economic Planning*: *Critical Studies on the Possibilities of Socialism*, ed. by F. A. von Hayek, London: George Routledge & Sons, 1935, p. 287.

尼一直把技术系数当作既定的,即生产成本最小化和成本等于价格,但事实上,这些技术系数本身是无数个人试验的结果,在事前我们根本不知道如何使成本最小化,也就更无从知道如何使价格等于成本了,在此情况下,集体福利的最大化就根本无法实现。

社会主义如果要建立均衡等式,就必须像自由竞争下的做法一样,对各种技术系数进行试验。巴罗尼强调说,这种试验不是小范围的,像实验室里的物理实验那样是不可能的,必须通过大规模的实验,才能发现最佳的技术系数。在自由竞争体制下,试验成功的结果是成本最小化带来的利润最大化,如果不成功的话,失败的企业就很可能会被其他企业所代替。有人指责自由竞争体制下,会不断地有企业濒临倒闭,会带来资源的浪费和整个国家的物质损失,他们认为这是无政府主义生产的特性,希望用有组织的生产来代替这种竞争。巴罗尼在文章中明确地指出,"这些作者仅仅表明,他们并没有明确的理解生产到底意味着什么,他们甚至都不想深入的探究一下,集体主义国家为了实现特定目的而设立的管理部门,到底会面临什么问题"。[1] 在社会主义社会中,要建立起一般均衡等式实现社会福利的最大化,同样必须进行自由竞争式的试验。

在文章中,巴罗尼并没有明确的比较这两种体制下不同的试验方法,但是,通过我们对资本主义和社会主义两种体制的了解,大体还是可以作出判断的。在自由竞争体制下,每个企业都会一方面受到利润机制的激励,另一方面又受到关门倒闭的危险,所以企业家都会竭尽全力地在一切可能的方面进行创新,从而促进整个社会的技术进步。然而,在社会主义国家中,生产管理部门通过什么样的手段,才能够使企业管理者像在资本主义制度下一样,致力于技术创新呢?除此之外,社会主义制度下,试验的效率又该如何保证呢?从这一角度进行的思考,使霍华德等当代经济学家得出这样的结论:"巴罗尼认为,一个社会化的、集中计划的和取消货币的经济,在原则上是有效率的;但是,最优化条件的复杂性使他相信,不利用市场体系,这些条件在实际上是不可能实现的。社会主义的看得见

---

[1] Enrico Barone, "The Ministry of Production in the Collectivist State", *Collectivist Economic Planning: Critical Studies on the Possibilities of Socialism*, ed. by F. A. von Hayek, London: George Routledge & Sons, 1935, p. 288.

的手，注定要明显劣于生产的无政府状态。"①

退一步来讲，即使我们假定，技术系数是已知的，在建立社会主义均衡等式的过程中，它仍将是一项巨大的工程，我们必须收集在各种既定的技术系数下，人们对各种消费品和服务的需求，包括延迟消费的倾向性，以及由此而来的各种自然资源的数量、资本的数量，等等。这里面涉及的人数太多，商品种类太多，个人不同的倾向性太多，因此，虽然这些问题在理论上并非不可能得到解决，但是在现实中，的确存在着几乎难以克服的困难。罗默在谈到巴罗尼的这种想法时指出，"这番话预示了包括米塞斯和哈耶克在内的后来的作者不得不发表的见解"。② 事实可能也的确如此。巴罗尼对这一问题的考虑，如果用哈耶克在30年后提出的知识论来重新阐述的话，问题可能会更加清楚：即社会科学中的知识具有时空性、主观性和分散性，任何个人和集体，都不可能将所有的知识都集中起来。知识的这种性质，从本质上决定了，社会主义的生产管理部门是无法胜任的。

在对巴罗尼的论文进行简单的梳理和评价之后，我们可以分别回答导论中涉及的两个问题。关于熊彼特对巴罗尼的评价，即巴罗尼的确为社会主义学说作出了社会主义者自己也从来没有作出的贡献，从某种程度上来说，他是正确的。在社会主义经济建设理论几乎一片空白，急需进行创新和发展的时候，巴罗尼从新兴的新古典主义经济学角度，论证了社会主义经济的运行机制，能够像资本主义自由竞争体制一样，实现一般均衡。这在当时无疑是一种开创性的思想。且不论数理经济学究竟能够在多大程度解释现实经济的运行，至少巴罗尼为后来的社会主义者和经济学家指出了方向。可能是因为这一点，在后来的社会主义经济核算论战中，巴罗尼受到了泰勒、兰格等人的推崇。在这些信奉新古典主义的经济学家们看来，甚至在米塞斯没有对社会主义提出批评之前，巴罗尼的论证就已经成功地反驳了奥地利学派。

但是兰格等社会主义者，显然是为了自己的论证，而刻意忽略了巴罗

---

① [澳] 霍华德·金：《马克思主义经济学史》，顾海良等译，中央编译出版社2003年版，第367页。

② [美] 巴德汉、罗默：《市场社会主义思想轨迹》，李春放编译，《当代世界与社会主义》1998年第4期。

尼的结论。因为在论文的最后几个章节中，巴罗尼明确地指出，社会主义不可能事先建立一般均衡体系，不可能通过生产之前的计划，确定最恰当的均衡价格。这可能也是为什么，在社会主义经济核算的论战中哈耶克等人也会将巴罗尼视为自己阵营中的一份子。在这一点上，熊彼特要比后来的论战中的经济学家们更加坦诚。在赞扬了巴罗尼为社会主义作出的贡献之后，熊彼特又说道，"我们不要忘记，正如竞争经济的纯理论一样，社会主义的纯理论也是高度抽象的，其可行性要比外行人（有时还有理论家）所想象的小得多……即不能指望它的效率能与资本主义社会总产量指数所显示的效率相比拟"。[1]

第二节 泰勒的"试错法"

一 泰勒其人

弗雷德·曼维尔·泰勒（Fred Manville Taylor，1855—1932），是19世纪末20世纪初美国著名经济学家。他1888年获密歇根大学哲学博士学位；1879年至1892年间任职于阿尔比恩学院，后来转到密歇根大学经济系任教；1928年，泰勒当选美国经济协会主席。在密歇根大学教学期间，泰勒教授对经济学基本理论以及教学方法等方面颇有研究，他撰写的教材《经济学原理》，从1911年到1925年先后出版了9版，这从一个侧面说明了泰勒在当时美国经济学界的影响力。除了讲授经济学原理、货币、银行和工业史等课程之外，泰勒还从事社会主义理论与历史等方面的教学工作。泰勒还积极地参与政府经济政策的制定过程，例如他曾热心支持政府进行货币改革，并针对这一问题发表了大量文章，这些文章以《论货币》为题于1906年结集出版。

奠定泰勒在社会主义经济计算论战中的地位的，是他1928年当选美国经济学会主席时的就职演讲。1920年，米瑟斯发表了《社会主义共同体的经济计算》，认为社会主义在缺乏价格体系的情况下，因无法确定各种稀缺要素的价值而难以进行经济核算，因此，社会主义在理论上是不可能的。在就职演讲中泰勒证明，社会主义能够利用试错法对资源进行合理

---

[1] [美] 熊彼特：《经济分析史》（第3卷），朱泱等译，商务印书馆2005年版，第348页。

配置，以实现经济体系的均衡。因此，在很多支持社会主义的经济学家看来，泰勒成功地回应了米瑟斯对社会主义的挑战，将社会主义经济计算的论战推向了下一阶段，即自由主义者承认社会主义在理论上是可能的，转而从现实可行性的角度对社会主义进行批评。

泰勒的这篇演讲经过整理后，次年以《社会主义国家中的生产管理》为题发表在《美国经济评论》杂志上。文章发表以后，在社会主义理论界的影响不断扩大。[①] 在兰格等人为应对米瑟斯而提出的竞争解决方案当中，直接采用了泰勒详细讨论的试错法。1938 年，泰勒的这篇文章与兰格的两篇文章一起，加上编者利平科特的一篇导言，被重新出版。

二 泰勒的社会主义观

泰勒对于社会主义各项原则的基本看法，集中体现在《经济学原理》这本教材的开头和结尾这两部分。开头部分是对资本主义经济秩序的一般考察，而结尾部分则是对资本主义经济秩序的批评，这些批评包括分配制度、个人产权、生产管理、消费等各个方面。从泰勒对这些问题的讨论当中，我们可以分析一下，他对社会主义基本原则，如生产资料所有制、计划经济，以及分配原则等问题的基本看法。

在生产资料所有制方面，泰勒认为，利息、利润和租金等作为私人财产所得，在不考虑人性弱点的情况下，是具有普遍的合理性的。因此，对于资本和土地的私人所有制，以及私人开办工厂企业等形式，泰勒基本上是支持的。他说道，"个人所有制相对于集体所有制，具有极大的优越性，而且个人所有制所带来的最严重的危害，在不推翻整个体制的前提下，仍然能够渐渐消除，因此我们相信，应该维持个人所有制"。但是，与此同时，"对个人所有的管制，毫无疑问应该比现在要更严厉一些，对产权的限制也应该扩大，在某些方面，事实将证明，公共所有制和集体创造应该代替私人的"。[②] 例如，在投机和偶然性对最终结果产生很大影响的领域，泰勒认为，就应该实行公共所有。由此可见，泰勒既看到了私人所有制的所取之处，也没有忽视集体所有制的优越性，或者说，对于生产

[①] 例如兰格在《社会主义经济理论》中，对泰勒的这篇文章曾给予了极高的评价。

[②] F. M. Taylor, *Principles of Economics*, The Ronald Press Company, eighth edition, 1922, p. 542.

资料的所有制问题，并没有一刀切。

在计划与市场的关系问题上，泰勒承认资本主义制度中，在一定程度上存在着合理的经济秩序，因为有一些自发的规则在发挥着协调作用，但是，他的基本观点是反对市场，支持计划，认为政府应该对市场进行积极的干预和调控。泰勒1888年获得哲学博士学位，然而他的论文讨论的确是政治哲学问题。从题目《论国家的正当权利》，我们就可以看出，泰勒事实上讨论的是国家应该对哪些领域进行控制和管理。他的这一思想集中体现在他对国家发行货币的支持上。在货币史上，19世纪末20世纪初是一个非常重要的时间段，大概从这时候，国家开始大规模地干预货币市场，而泰勒就是这一改革的坚定支持者，他积极主张政府对货币政策进行改革，放松对货币供应的限制。罗斯巴德在《对美联储说不》曾谈到过，泰勒"呼吁修正金本位，敦促政府通过有意的控制货币流向，来维持信贷市场的稳定。泰勒走得如此之远，甚至辩称，政府为了保护黄金储备有权暂停金币的兑现"。[①] 在1898年举行的印第安纳波利斯货币改革会议上，泰勒不仅对政府干预货币市场进行积极的辩护，而且会后在《政治经济学杂志》发表文章，盛赞这次会议取得的成果。他说道，"委员会当然有权利自我庆祝，因为诞生了一项稳健的、广泛的、彻底的货币改革计划，而且大部分具有发言权的人，对这份计划都给予了充分而热诚的支持"。[②] 通过泰勒对货币改革的支持，我们可以看到，对于市场和计划的关系这一问题，泰勒的基本立场是倾向于国家干预，发挥政府有形之手的作用，而不是任由市场这只无形的手自发进行调节。

在分配领域，泰勒的基本立场与传统的马克思主义是一致的，他认为，在当前的经济秩序中，一个很重要的问题就在于财富分配方面的极端不平等。"尽管从整体上说，这一体制是高效率的，但是许多人仍然觉得，直到不平等得到改善，他们是不会满足的"。[③] 因此，为了使整个社会更加协调地发展，就必须加强政府在财富分配方面的控制。各种资源不能简单地按照利润最大化的原则，任由个人随意开发，必须从公共利益的

---

① Murray N. Rothbard, *The Case Against the Fed*, The Ludwig von Mises Institute, 1994, p. 100.

② F. M. Taylor, "The Final Report of the Indianapolis Monetary Commission", *The Journal of Political Economy*, Vol. 6, No. 3 (Jun., 1898), p. 322.

③ F. M. Taylor, *Principles of Economics*, The Ronald Press Company, eighth edition, 1922, p. 40.

角度，由政府统一指导。政府必须通过对分配的干预，消除现行分配体制中存在的强制、欺诈和垄断等问题。

对资本主义分配制度不满，这一点与社会主义者是一致的，但是，这并不代表着泰勒就毫无保留地全盘接受马克思主义。在泰勒发表的一篇书评中，他明确指出："马克思对当前秩序的指控，其核心是关于利润的剩余价值理论，这一利润理论是建立在劳动价值论的基础之上。但是非常明显的是，唯一能够被用来解释实际存在的利润的价值理论，它本身应该能够解释当前存在的价值，而不是关注在应然状态下的价值是什么。"[1] 也就是说，在泰勒看来，马克思的劳动价值理论，是还没有实现的社会主义状态下的价值理论。而不是资本主义状态下的价值理论。因此，对于马克思在劳动价值论基础之上的分配体系，泰勒认为，"从整体上来说，并不可行——我们甚至需要怀疑，至少对于当前的体制而言，它们到底是否能够建立起来。事实也的确如此。我们完全可以确定的是，对于现存的分配原则而言，只要进行可能的修改，就足以维持很长的一段时间"。[2]

这就是泰勒对社会主义一些基本原则的看法。从这些观点当中，我们可以发现，泰勒对现存体制的批评是比较温和的，基本上认可当前的经济秩序。对于社会主义，泰勒同样认可公有制的作用，并主张加强政府监管和控制。既然如此，泰勒为何会发表文章为社会主义制度下同样可以进行经济核算而辩护，就自然成为我们关注的一个问题。或者说，我们有必要思考一下，泰勒是在立场上倾向于社会主义，还是仅仅从学理上对社会主义经济理论进行探讨。要考虑这一问题，自然就要回到泰勒那篇著名的演讲，看看他到底为社会主义作了哪些支持性的论证。

三 社会主义经济核算问题

在当选美国经济学会会长的演讲中，泰勒首先对社会主义这一概念进行了界定。他认为，"在一个国家中，如果政府自身控制着全部的生产机

---

[1] F. M. Taylor, "Reviewed work (s): Outlines of Economics by Richard T. Ely", *The Journal of Political Economy*, Vol. 17, No. 5 (May, 1909), p. 303.

[2] F. M. Taylor, *Principles of Economics*, The Ronald Press Company, eighth edition, 1922, pp. 519 – 520.

构，并对所有的生产活动进行指导，那么这个国家就被认定为社会主义国家"。① 也就是说，政府是整个社会生产的管理者和调控者，在社会的所有生产过程中，国家有权利用共同体的所有资源和资本。从这一角度来看，泰勒对社会主义概念的定义，主要还是集中于生产资料所有制以及国家对经济生活的控制这两个方面。在生产需要统一管理这一点上，与传统的马克思主义是一致的。

泰勒对社会主义经济问题的研究，与他的"经济秩序"概念密切相关。在《经济学原理》中，泰勒曾指出，社会主义主要是作为一种经济秩序而存在的，在本质上，社会主义是为了实现经济目的而进行的社会组织方案。而所谓的经济秩序，"指的是通过经济现象体现出来的全部人造环境，无论这些环境起源于法律还是习俗"。② 在泰勒看来，经济秩序这一概念，对于经济学而言是十分重要的，因为这些人为造成的环境，影响了经济事务、经济问题的存在，与这些人为环境密切相关，这一点与自然科学有着本质上的差异。除了社会主义这一经济秩序之外，与之并列的经济秩序还包括：鲁宾逊式的自治，在本质上属于乌托邦的共产主义，以及个人主义的交换合作秩序。泰勒的演讲主题，就是要讨论在所有的经济秩序当中都会存在的一个基本问题，那就是："在一个既定的共同体中，应该采用什么样适当的方法来决定，从可以支配的经济资源中到底该生产何种商品。"③ 对上述问题的回答，可以给我们确立一个关于资源分配和生产管理的标准，根据这一标准，我们就可以判断，社会主义到底能否进行合理的生产。而这个标准的来源，自然是建立在对资本主义经济秩序进行分析的基础上。

泰勒认为，资本主义经济秩序，是典型的个人主义交换合作秩序。在此秩序当中，关于生产何种商品的决策，事实上可以简单地分为三个步骤：第一，在资本主义制度条件下，个人作为生产者，通过参加生产活动，从而获得自己的货币收入；第二，在市场中，个人作为消费者，利用

---

① F. M. Taylor, "The Guidance of Production in a Socialist State", *The American Economic Review*, Vol. 19, No. 1 (Mar., 1929), p. 2.

② F. M. Taylor, *Principles of Economics*, The Ronald Press Company, eighth edition, 1922, p. 11.

③ F. M. Taylor, "The Guidance of Production in a Socialist State", *The American Economic Review*, Vol. 19, No. 1 (Mar., 1929), p. 1.

第四章 论战过程（二）：社会主义者对奥地利学派的回应

自己获得的收入购买自己需要的商品；第三，生产者根据消费者的需求，迅速作出反应，消费者向生产者支付能够抵消生产成本的价格。社会主义经济秩序要合理地运行，可以充分地模仿个人主义经济秩序中决定生产的方法，具体来说就是：国家保证个人获得收入，个人可以选择性地购买国家提供的商品，国家根据个人的需要从事生产。由此来看，我们可以把泰勒的论证，看作是社会主义经济秩序对个人主义经济秩序的模仿。

社会主义要成功地实现这种模仿，在泰勒看来，至少需要做到以下几个方面：国家对个人收入的分配是公平的，只有这样才能既维护公共利益，又不损害个人利益；在决定购买何种商品之前，个人有权利知道该商品的确切价格；在确定商品价格的过程中，国家必须保证价格能够充分抵消该商品的生产成本，等等。在这些条件当中，泰勒最为看重的是最后一点，即价格应该等于生产成本。这里面又涉及两个极为重要的问题：第一，为什么价格应该等于生产成本；第二，如何确定各种生产要素的实际重要性，从而据此确定各种产品的价格。

社会主义管理部门根据商品的生产成本来确定价格的必要性，泰勒认为是毫无疑问的。他甚至认为，对于这个问题，我们"只需要考虑一点就足够了：与资源成本相等的价格，是唯一能够与之前已经论证过的收入体系保持一致的价格"。[①] 因为国家的管理部门在决定个人获得多少货币收入的同时，也从事实上决定了，个人有权利要求国家提供同等价值的商品。假设一台缝纫机的生产成本是 30 美元，如果社会主义管理部门的定价高于 30 美元，那么这将在事实上减少那些对缝纫机感兴趣者的货币收入；而如果最终的定价低于 30 美元，则将在事实上增加这部分人的货币收入。因此，使商品的价格等于生产成本，是保证个人收入公平的重要手段。

上述泰勒的观点，对于当时的经济学家以及社会主义理论家而言，基本上属于老生常谈，并无多少创新。因此在泰勒的演讲中，重点解决的是第二个问题，即为了获得产品的生产成本，如何确定各种生产要素的实际重要性。所谓的实际重要性，就是在特定情况下，某一要素的重要性程度，它是要素本身的重要性以及当前可以利用的数量二者共同作用的必然

[①] F. M. Taylor, "The Guidance of Production in a Socialist State", *The American Economic Review*, Vol. 19, No. 1 (Mar., 1929), p. 5.

结果。"换句话说，某类要素的实际重要性，是我们在决定如何行动的过程中应该考虑的重要性程度"。① 泰勒以水资源为例。近水之人几乎不会刻意地充分利用水资源，这时水资源就几乎不具有实际重要性，尽管它是人们生活中的必需品；但是，如果沙漠中的迷路者，则很可能需要尽最大可能合理利用水资源，对他而言，滴水的实际重要性可能价值千金。

泰勒在这里所指出的实际重要性，与奥地利学派所提倡的边际效用理论是一致的。不过泰勒本人对这一理论并不感兴趣，甚至有些反感。在一篇讨论经济理论的文章中，泰勒曾鲜明地表达了自己的这种观点："我并不认为，边际效用理论在新经济学中，将持续扩大影响。……我认为，它主要是以一种更精练更微妙的方式，将以往经济学家们价值理论中的东西，复述了一遍而已。如果不讨论它，我发现连基本课程都不好讲授，尽管我因为提及它而受到很多批评。对一个充分的论证而言，虽然这一理论必不可少，但在我看来，边际效用并不是一个具有建构性的概念。"②

从社会主义经济核算论战的背景来看，确定各种生产要素的实际重要性，从而合理地利用生产要素，进而有序地组织经济生活，就是米塞斯在批评社会主义时所提出的经济核算问题。泰勒承认，对于社会主义的经济体系而言，这一点具有特殊的意义。在他看来，"很明显，如果没有这些信息，那些掌权者不可能计算每一种特定商品的资源成本；因此，也不可能正确地决定商品的出售价格；相应的，就不可能利用特定的方法来决定到底应该生产何种商品"。因此，泰勒这篇文章的任务就是向大家证明，"事实上，社会主义管理部门将发现，他们完全可以胜任这项工作"。③

在社会主义国家的条件下，最适合解决这一问题的特定方法，"是所谓的试错法（method of trial-and-error），也就是说，对一系列有待证实的方案进行检验，直到发现一个成功通过验证的"。④ 在确定社会主义共同

---

① F. M. Taylor, "The Guidance of Production in a Socialist State", *The American Economic Review*, Vol. 19, No. 1 (Mar., 1929), p. 3.

② F. M. Taylor, "The Next Decade of Economic Theory: Discussion", *Publications of the American Economic Association*, 3rd Series, Vol. 2, No. 1 (Feb., 1901), p. 251.

③ F. M. Taylor, "The Guidance of Production in a Socialist State", *The American Economic Review*, Vol. 19, No. 1 (Mar., 1929), p. 6.

④ Ibid.

体所能掌握的各种要素的数量的前提下，试错法主要包括以下几个步骤：第一，通过观察研究，预先设定一个要素价值评估表；第二，社会主义管理部门将对所有的生产进行管理，使各个企业按照要素价值评估表中规定的价值进行生产；第三，及时发现那些价值评估错误的生产要素；第四，对这些错误进行修正，抬高那些被证明过低的要素价值，反之则降低其要素价值；第五，不断重复这一过程，直到证据表明，要素价值评估表中的价值就是正确的。

泰勒认为，"毫无疑问，上述步骤当中最关键的环节是第三个，即掌权者通过观察发现某些迹象，表明临时表格中的一些价值评估是错误的——太高或者太低"。而这种迹象最主要的体现，就是要素市场的库存量。如果管理部门规定的某一要素价值太高，必定会使人们过度地节约利用这种要素，那么在生产阶段结束之后，就会导致该要素的供给大于需求，生产要素并没有得到充分利用；反之亦然，如果管理部门规定的要素价值太低，就会使人们过度地利用这种要素，那么在生产阶段结束之后，就会导致该要素的供不应求，部分生产要素被浪费。因此，无论过剩还是不足，都是由错误的价值评估造成的，都需要对要素价值进行修正，直到市场上正好出现供给等于需求。

社会主义经济体系在运用了试错法之后，泰勒相信，社会主义计划者"就可以确定无疑的得出结论：任何特定生产要素的价值评估，都准确地反映了该要素的实际重要性"。而在此基础之上，就可以确定各种产品的生产成本。因此，泰勒在文章的结尾说道："我甚至愿意武断地宣布，如果一个社会主义国家中的掌权者，能够使产品的生产成本与购买者的需求价格相等，并且将这一等式视为是否应该生产正在讨论的商品的证据，而且是唯一充分的证据，那么在所有的正常情况下，他们都能够履行他们的职责，对生产的指导担负直接的责任，并对下面这一点充满信心：他们唯一能做的，就是合理地利用手头上所掌握的经济资源。"[1]

---

[1] F. M. Taylor, "The Guidance of Production in a Socialist State", *The American Economic Review*, Vol. 19, No. 1 (Mar., 1929), p. 8.

第三节 兰格的市场社会主义模式

一 兰格需要解决的问题

1920年，米塞斯率先发表了《社会主义共同体的经济核算》一文，最早提出了社会主义国家的经济核算问题。1922年，在此论文的基础上，又发表了《社会主义——经济与社会学的分析》这本鸿篇巨著，系统地讨论了社会主义必然面临的一些问题。米塞斯的主要观点是，社会主义和资本主义一样，在经济生活中也要面对如何最合理地分配资源、最有效地利用资源的问题。然而，在社会主义制度中，取消了资本主义解决这一问题的手段，即建立在生产资料私有制基础上的市场价格。市场价格的缺失，不仅使中央计划机构无法理性地评估消费品以及生产消费品所耗费的各种资源，而且对于各种不同的利用资本的方式，无法做出理性的选择，也就是说，社会主义根本找不到合适的替代方案来解决这一问题。因此，中央计划委员会制定的各种计划必然是混乱的、盲目的，社会主义的计划经济必然失败，合理有序的社会主义经济生活是不可能的。"证明了社会主义社会里经济核算的不可能性，也就是证明了社会主义的不可行"。[①]

在米塞斯之后，奥地利学派的另一位代表人物——哈耶克，于1935年对社会主义计划经济进行了新的批评。哈耶克所利用的理论工具是他自己发现的知识论。[②] 在哈耶克看来，社会科学中，除了以确定性表达的科学知识以外，还存在着另外一些只可意会不可言传的知识，这些知识具有主观性、时空性和分散性的特征。因此，"所有社会科学的核心问题就是，对存在于不同人心智中的分散知识，究竟通过什么方式才能够实现综合利用"。[③] 从哈耶克的知识分工理论来看待社会主义的计划经济，结论

[①] ［奥］米塞斯：《社会主义》，王建民、冯克利等译，中国社会科学出版社2008年版，第102页。

[②] 哈耶克在70年代的访谈中说道，"有时我私下里说，我在社会科学中有一个发现、两项发明；这个发现就是利用分散知识的方法，这是我对的简单表述；我取得的两项发明是货币的非国家化和我的民主理论……"参见［美］考德维尔《哈耶克评传》，冯克利译，商务印书馆2007年版，第245页。

[③] ［英］哈耶克：《个人主义与经济秩序》，邓正来译，三联书店2003年版，第78页。

第四章　论战过程（二）：社会主义者对奥地利学派的回应

自然就会一清二楚：社会主义计划机构无法掌握全部的信息，也就无法在此基础上，制订出周密而合理的计划，无法实现各项计划之间的协调。

在米塞斯和哈耶克对社会主义计划经济乃至社会主义自身的可能性提出了严峻的挑战之后，波兰籍旅美经济学家奥斯卡·兰格参与了这场社会主义经济核算问题的论战。虽然之前已经有很多社会主义者和经济学家，为了应对奥地利学派的挑战，设计出了若干理论模型，但是，兰格在参与论战的时候，依然需要回答和解决下面的问题：社会主义经济如何才能实现资源的优化配置？计划作为实现社会主义目标的手段，是否真的能够达到社会主义者预期的目标？如果不能的话，应该采用什么样的方式来代替呢？如何才能证明社会主义不仅是可行的，而且是必要的？

二　兰格利用的学术资源

在社会主义经济理论发展史上，兰格占据着特殊的地位，这主要是因为"他对马克思主义经济学和西方经院经济学（尤其是新古典主义经济学）来龙去脉之精通，以及后来对资本主义经济和中央集权的东欧社会主义计划经济之深刻了解"。[1] 正因为如此，他试图在这两种理论之间，也可以说是在两种现实的体制之间，实现某种融合。在此过程中，尽管毫无疑问，兰格的贡献是开创性的，但是，在兰格提出对上述问题的解决方案时，他主要利用了两个人的学术贡献：巴罗尼和泰勒。

巴罗尼继承了帕累托的一般均衡思想，并于1908年发表了《集体主义国家的生产部》一文。这篇文章的发表，使熊彼特对巴罗尼大加赞扬，认为他对社会主义学说作出了社会主义者自己也从未作出的贡献。[2] 巴罗尼这篇文章的主要目的，就是利用数学方法，论证社会主义的"生产管理部门应该采用什么方式引导生产，才能实现资源的最优配置"。[3] 在巴罗

---

[1]　[英] 约翰·伊特韦尔等：《新帕尔格雷夫经济学大辞典》（第3卷），经济科学出版社1996年版，第133页。

[2]　在熊彼特的赞扬对象中，还包括维塞尔。维塞尔在《自然价值》中指出，共产主义经济，就像资本主义经济一样，都需要经济衡量标准和计算。参见 [美] 熊彼特《经济分析史》（第3卷），朱泱等译，商务印书馆2005年版，第346页。

[3]　Enrico Barone, "The Ministry of Production in the Collectivist Stare", Collectivist Economic Planning: Critical Studies on the Possibilities of Socialism, ed. by F. A. von Hayek, London: George Routledge & Sons, 1935, p. 246.

尼看来，资本主义制度中的价格仅仅是一个交换函数，社会主义可以充分地利用这个交换函数，在保证消费品的边际效用比率对所有消费者都一样，稀缺资源的边际利用率对所有生产者都一样的情况下，能够使消费者的福利最大化，稀缺资源的利用最大化，从而实现一般均衡。为此，巴罗尼详细地探讨了如何利用均衡方程式的求解，使计算价格与最低成本相等，从而使社会主义经济达到最优状态。因此，在兰格看来，巴罗尼作出的最大贡献，就是利用了一般均衡理论，为社会主义计划经济进行辩护。而兰格在提出自己的解决方案时，也直接利用了巴罗尼的这一成果。

不过，在讨论兰格借助的学术思想时，"我们一定要注意，兰格建立的基础是泰勒1929年的文章"。① 其实，在兰格的文章中，他自己也曾指出，自巴罗尼发表了这篇文章之后，后人对社会主义问题的讨论，很少能够超过巴罗尼论文的内容，唯一的例外就是泰勒。在1929年美国经济学会第四十一届年会的主席演讲中，泰勒指出，只要社会主义国家"能够保证市民获得一定的货币收入"，并"授权市民花费这笔收入，使他可以选择性的购买国家生产的商品"，那么，通过社会主义掌权者对市场情况的不断观察，从而适时地调整各种要素的价格，就可以实现社会主义的经济均衡。对于兰格来说，泰勒提出的试错法，清楚地说明了社会主义实现均衡的具体方式，而在后来的兰格模式中，试错法也成为最为重要的一个环节。

三 兰格解决问题的方案

在巴罗尼和泰勒等人为主的学术背景下，从20世纪30年代初开始，兰格发表了一系列的论文，阐述社会主义通过何种方式，实现资源的最优配置，在这些论文当中，最著名的当属1936年和1937年分别发表的《论社会主义经济理论——第一部分》和《论社会主义经济理论——第二部分》。1938年，美国明尼苏达大学经济学教授利品考特将这两篇文章，连同之前泰勒发表的《社会主义国家中的生产管理》一起，编辑成题为《社会主义经济理论》的书籍出版。这本书的问世，使西方经济学界开始认真地思考和评价兰格提出的竞争解决法。

---

① DW MacKenzie, "Institutional Analysis in the Socialist Calculation Debate", *History of Political Economy*, 2007, p. 13.

第四章 论战过程（二）：社会主义者对奥地利学派的回应

兰格在提出自己的设想之前，对米塞斯的观点进行了简单的批评。在他看来，米塞斯之所以断言社会主义经济不能解决资源的合理配置问题，是因为他没有正确地认识物价的性质。兰格认为，威克斯第对于价格的定义是权威的，通过对价格概念的内涵进行区分，就可以反驳米塞斯的论断。威克斯第曾指出，价格一词有两种含义，可区分为"狭义价格"和"广义价格"，前者是指一般意义上的市场价格，即两种商品的交换比率，后者则是指提供其他选择的条件。"只有广义的价格才是解决资源配置问题所不可缺少的"。① 除了威克斯第以外，兰格还提到了熊彼特的观点，作为进一步的证明。熊彼特在《国民经济理论的性质和内容》中同样指出，"交换比例"一词可以用于广义，表示现有的其他选择。如果这种观点成立的话，那么米塞斯只注意到狭义的货币价格自然就是片面的。

证明了米塞斯的片面性，并不意味着社会主义经济体系就可以充分利用广义的价格进行经济核算。但在兰格看来，这一点根本不算问题。"经济问题是在不同的方案之间进行选择的问题"。社会主义社会中可以形成指导选择行动的一个优先顺序，也可以掌握现有资源的数量，通过一种商品变化为另一种商品的技术可能性，即生产函数，当然还可以了解"提供其他选择的条件"。在这三种资料的基础上，社会主义完全可以在公有制的范围内，实现理性的经济计算，并最终达到一般均衡。由此可见，对价格含义进行狭义和广义的区分，是兰格建立社会主义经济均衡的基础，也是在社会主义条件实现资源优化配置的基础。在兰格的思想体系当中，广义的价格，可以代替资本主义制度中狭义的货币价格，为生产者的行为提供参数指导。在计算价格具有参数性质的前提下，只要证明这种价格不是中央计划委员会任意规定的，与市场上的货币价格相比，同样具有客观的性质②，就能够证明社会主义经济计算的可行性。

社会主义制度中的价格，除了具有参数性质之外，是否同时具有客观性呢？在解答这一问题的时候，兰格充分利用了巴罗尼的一般均衡思想和泰勒提出的试错法。前文提到，兰格对西方的新古典主义经济学精通，而

---

① ［波］兰格：《社会主义经济理论》，王宏昌译，中国社会科学出版社1981年版，第2—3页。

② 关于广义价格的参数性质和客观性质，参见［波］布鲁斯《社会主义经济的运行问题》，周亮勋等译，中国社会科学出版社1984年版，第32页。

一般均衡理论则是新古典主义的一个基本假设。从一般均衡理论的角度来看，能够使供求之间实现平衡的价格，就是客观的。为了确定均衡状态下的客观价格，为了资源的最优化分配和利用，必须分别实现主观均衡和客观均衡。下面分别分析实现这两种均衡的条件。

所谓的主观均衡，是指"各个个人使他们的效用、利润，或者生产资源所有权的收入最大化"。[①] 在社会主义经济体系中，这主要涉及三类主体：消费者、生产者和贡献服务的劳动者。从消费领域来看，由于存在着消费品市场，消费者为了实现自我欲望满足的最大化，彼此之间会展开竞争，因此可以根据消费者的收入和消费品的价格，确定对消费品的需求。从生产领域来看，中央计划委员会制定生产要素的初始价格，各个企业必须将这种价格视为已知量，在进行决策的时候必须以中央规定的价格为基础，除此之外，生产经理的决策不是为了实现利润的最大化，而是必须遵守以下两条规则：第一，"必须规定选择使平均生产成本最小的要素组合"，第二，"产量必须这样确定，使产品的边际成本等于产品价格，以决定生产规模"。[②] 第一条原则在社会主义制度中的作用，就像利润最大化原则在资本主义制度中的作用一样，能够保证社会主义生产实现资源的最优配置和利用。第二条原则，则相对于市场经济中的自由准入原则，它决定了一个产业的整体产量。在遵守这两条原则的基础上，根据消费品和劳动服务的价格，以及中央计划机构规定的生产要素价格，就可以确定产品的供给和对各种要素的需求。在劳动就业领域，给予劳动者充分的就业自由，通过劳动者之间的竞争，来确定劳动者服务的价格，并由此确定劳动力在不同行业、不同企业之间的分配。当满足了上述三个条件之后，从中央计划委员会的角度来看，社会主义经济就实现了主观均衡。

社会主义经济不仅可以实现主观均衡，而且能够实现客观均衡。按照瓦尔拉的一般均衡等式，要达到客观均衡，最关键的一个环节就在于确定客观的均衡价格，也就是在现实生活中，商品的供给恰好等于需求时的一系列物价。只有确定了均衡价格，才能实现企业的平均成本最小化，才能实现生产要素分配的最优化，才能保证企业管理者之间所有决策相互之间

---

① [波] 兰格：《社会主义经济理论》，王宏昌译，中国社会科学出版社 1981 年版，第 6 页。

② 同上书，第 11 页。

不冲突。任何不同于均衡价格的其他价格，都会导致生产的产品过剩或者不足。可是，在生产资料集体所有的情况下，根本不可能存在资本市场和生产要素市场，也就无法利用资本主义制度中通过交换形成的货币价格，究竟如何才能找到客观的均衡价格呢？兰格的设计告诉我们，利用泰勒提出的试验错误的方法，就可以确定均衡价格。具体来说，中央计划局充当瓦尔拉斯"拍卖人"的角色，随机确定各种生产要素的价格，并保证所有的企业决策者必须以此价格为基础，作出生产和消费的决策。一段时间之后，商品的供需状况就能很清楚地显现出来。如果某种商品供不应求，就提高该商品的价格；如果某种商品供过于求，就降低该商品的价格。在此基础之上，中央计划局又重现确立了各种要素的新价格，然后再以此价格进行调整。因为"中央计划局规定物价时做出的任何错误会用一种很客观的方式自我暴露——这种商品或资源数量的物质短缺或剩余——并且为了保持生产顺利进行，必须加以修正。由于一般的只有一组满足客观均衡条件的物价，产品的价格和成本都被唯一地决定了"。① 这意味着，"该体系的行为由库存商品的变化来衡量"，特定商品的库存量多少，"可以被当作指示产品价格是应当上涨还是应当下降的信息"。② 按照这种程序不断地试验，不断地调整，每一个相继的物价体系都会比之前的更接近于均衡，一段时间的试错之后，最终就会实现客观均衡。

　　主观均衡和客观均衡的同时实现，意味着整个社会主义经济体系实现了均衡。价格不仅在生产中起到了参数的作用，而且在供求平衡的状态下同样是客观的。在社会主义经济中，价格的决定过程与竞争市场中的过程相似。"在这里，中央计划局起市场的作用。它规定生产要素组合和选择工厂生产规模的规则，确定一个产业的产量的规则、配置资源的规则以及在会计中将价格当参数使用的规则。最后，它规定物价，以便使每种商品的供求数量平衡"。③ 对于中央计划局所发挥的作用，兰格补充说，其实定价的试错过程根本没有理论上这么复杂，也无需解成千上万个微分方

---

① ［波］兰格：《社会主义经济理论》，王宏昌译，中国社会科学出版社1981年版，第15页。

② ［英］约翰·伊特韦尔等：《新帕尔格雷夫经济学大辞典》（第3卷），经济科学出版社1996年版，第139页。

③ ［波］兰格：《社会主义经济理论》，王宏昌译，中国社会科学出版社1981年版，第15页。

程，因为社会主义完全可以利用已经存在的价格体系，只需要在此基础上适当地作出调整即可。因此，社会主义的资源分配和利用，并不像奥地利学派所说的那样，是盲目的、任意的，恰恰相反，社会主义像资本主义一样，也能够在满足消费者偏好的情况下，成功地解决资源的分配和利用问题。

社会主义不仅可以合理地分配和利用资源，而且，能够克服资本主义无法解决的矛盾，比资本主义更好地促进经济发展。首先是收入分配。在资本主义制度下，收入分配决定于最终生产资料所有制的分配。所有权分配的不平等，带来了收入的巨大差异。在这种情况下，"需求价格并不能反映不同个人需要的相对迫切性，消费需求价格决定的资源分配也远远无法达到最大社会福利"。[1] 与资本主义制度中的收入分配方式不同，在社会主义制度中，国家向每个公民支付同样的工资，这样可以保证不同消费者提出的需求价格，代表了相等的需要迫切性。但是社会主义并不是平均主义，为了使劳动服务按照社会的需求进行分配，必须将闲暇、安全、工作的愉快等因素都考虑在内。这就要求社会主义国家在平等分配的基础上，"工资可以通过寻求导致社会财富总体最大化的劳动分布而形成差别"。[2] 具体来说就是，不同职业的边际反效用的差别必须用收入的差别来补偿。兰格的建议是，在平均分配的基础上对从事不同职业的人进行征税，由此就可以实现社会主义的公平分配，实现社会福利的最大化。

在兰格的静态分析中，除了收入分配之外，经济核算体系的完备性，是导致社会主义比资本主义更为可取的重要因素。在资本主义制度中，只有私人企业家必须支付货币的项目，才进入最终的核算体系。而在社会主义制度中，工人的生命、安全和健康等所有在生产中所作出的牺牲，都将进入经济核算体系。兰格指出，虽然在现行体制中，通过适当的立法、税收和补贴等形式，也可以免除许多这类浪费，但是只有社会主义经济，能够彻底地实现这一点。

---

[1] ［波］兰格：《社会主义经济理论》，王宏昌译，中国社会科学出版社1981年版，第25页。

[2] ［英］约翰·伊特韦尔等：《新帕尔格雷夫经济学大辞典》（第3卷），经济科学出版社1996年版，第140页。

第四章 论战过程（二）：社会主义者对奥地利学派的回应

虽然收入分配的合理化以及核算体系的完备性，是社会主义优越性的重要体现，然而，在兰格的思想体系中，决定性的论点在于，现代资本主义的垄断趋势从根本上阻碍了经济进步。兰格认为，"讨论社会主义经济优越性的真正重要之处，不在于比较一个社会主义经济和一个资本主义经济在社会福利方面的均衡位置。对于经济理论家而言，这种比较是有趣的，但它不是社会主义讨论的真正问题。真正问题是进一步保持资本家制度与经济进步是否相容"。①

在引用《共产党宣言》，对资本主义在过去200年史无前例的经济成就进行赞扬之后，兰格将资本主义促进经济发展的原因，归结为提高了生产要素组合的生产率，或者说是创造新商品和服务的革新。这种革新带来的影响是双重的：对于那些及时引进新技术、新设备的企业家而言，创新意味着利润的增加；对于那些未能及时应用最新的技术和设备，从而在竞争中失利的企业家而言，创新意味着他们资本的贬值。在现代金融资本主义趋势日渐明显的时候，企业的规模也越来越大，这时候，除非旧有的资本投入能够被抵消，否则企业家不会热衷于创新。这就意味着，"保持已投入资本价值与降低成本的创新，二者是不相容的"。"在现行资本主义制度中，保持具体投资的价格也的确成为资本家的关心之所在。因此，干涉主义和限制主义是主要的经济政策"。② 资本家越来越多地与政治权力联系在一起，国家行政和立法机关也相应地，越来越多地干涉市场的自由竞争。

为了阻止这种保持资本价值而妨碍创新的倾向，在旧有的资本主义制度下，只能采取两种方式：一种是恢复自由竞争，另一种则是增加政府管制。但是，由于在资本主义制度中，任何企业家从事经济活动，都是为了获得利润的最大化，这一天然的倾向导致了大规模工业的发展和财富控制的集中，因此，"只有分割大规模的企业单位，破坏它们的经济和政治力量，才能回到自由竞争"。然而，在放弃大规模生产的同时，也就意味着放弃了资本主义可能带来的经济进步。另外，由于"公司和银行存在着巨大的经济权力，这一点是客观存在"，所以政府不仅无法控制公司，反而

---

① ［波］兰格：《社会主义经济理论》，王宏昌译，中国社会科学出版社1981年版，第30页。

② 同上书，第32页。

是它们控制了政府，结果政府的计划就成为垄断和限制主义的工具。所以，在现行资本主义制度下，无论是恢复到自由竞争状态，还是诉诸政府管制，都是行不通的。"当这一点成为共识的时候，社会主义将是唯一可能的答案"。①

通过对兰格提出的竞争解决法的简单回顾，我们可以发现，兰格的主导思想是，"社会主义社会将既不取消货币，也不取消价格体系。价格体系是资本主义成就中的一个，社会主义接受现代生产技术的同时，也接受资本主义的价格体系"。②而兰格模式的主要特点，我们也可以归结为以下几点：分析工具是数理经济学的均衡理论，核心思想是人造市场，其主体是中央委员会，目标是实现整个经济生活的一般均衡，手段是模拟市场和试验错误。社会主义不仅能够像资本主义一样，实现经济均衡，而且能够在收入分配、核算的完备性以及促进创新方面，体现出资本主义无法比拟的优越性。

四 兰格模式的内在一致性

兰格提出的竞争解决法，在当时的学术界几乎获得了一致好评，大部分学者认为，兰格模式已经成功地驳斥了米塞斯和哈耶克等奥地利学派学者对社会主义的攻击，社会主义者已经赢得了这场持续了近30年的论战。著名的经济学家柏格森对论战过程的描述，在思想史上被公认为是经典的。他认为，从技术上讲，兰格的观点已经成功地回应了米塞斯关于社会主义经济不合理性的批评。③波兰著名的社会主义经济学家布鲁斯认为，以兰格为首的学者提出的竞争解决法的功绩在于："在承认运行问题的意义的条件下，指出了米塞斯、哈耶克、罗宾斯等人关于在社会主义下不可能有合理的经济核算这一论断是站不住脚的。"④那么，兰格提出的方案，是否真正

---

① [波]兰格：《社会主义经济理论》，王宏昌译，中国社会科学出版社1981年版，第34页。

② 转引自陈云卿等《外国学者论社会主义市场经济》，社会科学文献出版社1993年版，第134—135页。

③ Abram Bergson, "Marjket Socialism Revisted", *Journal of Political Economy*, 1967, Vol. 75, pp. 655-73.

④ [波]布鲁斯：《社会主义经济的运行问题》，周亮勋等译，中国社会科学出版社1984年版，第34页。

回答了他所要解决的问题呢？兰格模式是否真正成功地回应了来自奥地利学派的挑战呢？要回答这些问题，我们需要从兰格模式理论上的内在一致性和现实的可操作性两个方面，重新审视兰格提出的市场社会主义设想。

让我们先来看看兰格模式在理论上的内在一致性。这里我们主要考察的，兰格模式中的市场机制，是否能够真正地发挥作用；生产决策到底由谁作出，并且最终由谁来承担责任。通过前文的介绍，我们知道，兰格模式最显著的特点，就是否定了中央集中计划的可能性，将市场因素引入到中央计划中，按照市场与计划相结合的方式，进行经济核算并分配资源。兰格模式在理论上是否是一致的，能否实现逻辑上的自洽，取决于市场与计划能否在理论上成功的结合，或者说，取决于计划条件下的市场机制，能否像在资本主义制度中一样，充分发挥资源配置等作用。而这又要求我们重新考察一下资本主义市场的运行机制。

按照哈耶克的看法，资本主义市场经济的核心特征，在于它是一种"Catallaxy"，它指的是市场自发产生的秩序，是通过人们在所有权、债权和契约法则的制约下从事活动而形成的经济秩序，也就是说，市场秩序中的任何行为主体，都享有充分的行动自由。消费者可以根据自己的即时偏好，自由选择消费品；生产者可以根据市场的即时情况，自由地作出各项生产决定，自由地进入各个行业。生产者的任何决策，都无需考虑任何来自他人的命令或者指导，唯一需要斟酌的就是，是否能够获得消费者的认可，是否能够由此而带来利润的提高。著名的政治哲学家格雷曾将此特征概括为，"自由市场能使每个人按照自己的目标和价值、自己的目的和生活计划行事，不必依附于任何其他个人或屈从于任何集体决策程序"。[1] 市场主体的自由，尤其是生产者的决策自由，保证了生产者能够根据消费者的需求变化，迅速地调整生产方向，及时地引进各项新技术，从而带来了整个市场的活力。"利用市场自发形成秩序的力量达到这种最优状态……完全是因为市场诱使每个人利用自己特有的关于各种具体机会和可能性的知识去追求自己的目标，才形成了这样一种全面的秩序，它使谁也无从全部把握分散的知识从整理上得到了利用"。[2]

在繁荣的市场交易秩序背后，还存在着另外一个市场，即资本市场。资

---

[1] J Gray, *The Moral Foundation of Market Institutions*, London: Hyperion Books, 1992, p. 19.
[2] [英] 哈耶克：《哈耶克文选》，冯克利译，江苏人民出版社2007年版，第336页。

本家在金融市场上从事着各种行为，如买卖股票和股份，在放贷市场上进行各项操作，将货币投入银行或者从银行取出，抑或将资金从某行业、某地区流向别处，等等。资本家对金融资本的运作，引导着生产要素在各个产业、各个行业以及各个企业之间流动，促进了技术的不断革新和应用，从而保证了资源的最优化配置，并最大限度地满足消费者的欲望和需求。米塞斯明确指出，"资本家可以利用普通股、优先股以及公司债券的价格变化，最终控制资本的流动。资本和货币市场上的投机以及针对大额商品交换的投机所决定的价格结构，不仅决定了每种公司业务的经营能够得到多少资本，而且创造了某种关系，经理必须根据这种关系来仔细调整其经营行为"。[1] 这就意味着，虽然表面上，是企业的经理人在管理着企业的日常行为，但是真正在市场上发挥作用的，乃是经理人背后的资本家。

在市场秩序中，资本家之所以能够在金融市场上自由操作，完全是因为他们拥有自己的所有权。只有保证资本家对资本的所有权，才能充分地利用利润对他们的激励作用，使之在追求利润的过程中，自觉地承受资本收益或者损失的结果。在《人类行为》中，米塞斯认为，"企业家权威的经济潜能的实质、范围和使用成本完全取决于所有权制度。如果在处置权和责任之间不存在充分的个人关联，那么就会有持续的动机以下述方式分割权威，即对资源价值的决策后果并不是由负责决策的人来充分承担。相反，处置权越是为个人独有并与个人的联系密切，它们就越是能够按照处置和责任相统一的原则被自由地加以运用，获得和运用企业家权利的动因也就更为强烈"。[2] 由此可见，企业家对责任的承担，与他们对资本的所有权是密切相关的。在无法保证所有权以及随之而来的处置权的情况下，责任无法进行明确的界定。

市场经济的这些特征，用迈克尔·波兰尼的话来概括就是多中心主义：首先是在消费者之间存在着多中心的分配问题，然后是在生产要素或作为生产者的人们中间存在着多中心的分配问题；最后是在投资资金不同个人之间存在着多中心的分配问题。[3] 每个决策中心都享有充分的自治，

---

[1] Ludwig Von Mises, *Human Action: a treatise on economics*, Yale University, 4th rev. p. 307.

[2] Ibid., p. 317.

[3] 参见 [英] 迈克尔·波兰尼《社会、经济和哲学——波兰尼文选》，彭峰等译，商务印书馆 2006 年版，第 169—171 页。

第四章 论战过程（二）：社会主义者对奥地利学派的回应

在多中心之上并不存在一个发号施令者，这表明在资本主义的市场秩序下，权力在本质上是分散的，而不是集中的。下面我们就以文为标准，考察一下兰格的竞争解决法是否能够满足这些条件，是否能够在计划体制内，充分地发挥市场机制的作用。

我们可以看到，在兰格模式中，存在着多中心的消费者。虽然因为消费者市场上产品种类的限制，消费者的需求无法像在资本主义制度下一样，得到更好的满足，但是我们不能否认，在兰格的设想中，消费者享有基本的消费自由。消费者的需求，同样决定了整个市场的供需，因此，它能够为中央计划机构提供决策依据，使中央计划机构不断地作出调整。

然而，当我们将目光转向生产要素市场和资本市场的时候，情况可能就不像消费品市场那样乐观了。因为兰格明确指出，"我们有一个消费品和劳动服务的真正的市场（按这个词的制度意义），但在劳动以外，没有资本货物和生产资源的市场"。[①] 国家统一控制着一切资本和生产资源，由此控制了整个生产过程，企业的管理者不能根据资本主义市场的利润最大化原则进行决策，而必须按照国家规定的两条原则行事，即成本最小化和边际成本等于价格。《社会主义经济理论》一书的编者曾言，"竞争市场的优点在于，企业家倾向于通过生产要素的结合而最小化成本，并用售价来补偿成本。在社会主义经济中如何实现这两点呢？兰格的答案是，它们必须被确定为工作原则，作为企业管理者在生产过程中必须遵守的必要条件"。[②] 也就是说，国家规定的两条原则，代替了生产要素市场和资本市场上的竞争。这样一种代替，很容易带来以下三方面的后果。

首先，由于竞争市场的缺乏，各个产业和企业很容易形成一种垄断，通过控制产量来控制价格，从而影响中央计划机构对市场的判断。换句话说，在这样的体制中，生产某种商品的权利本身，成为一种稀缺的资源，各个企业者管理者会在此展开竞争。而一旦获得了该商品的生产权，就很容易突破两条原则的限制，对该商品实行垄断性生产。

[①] ［波］兰格：《社会主义经济理论》，王宏昌译，中国社会科学出版社1981年版，第15页。

[②] 转引自 Guinevere Nell, *Atomistic Decentralization and the Misunderstood Socialist Calculation Debate*, p.2, 出自 http://www.economicliberty.net/Atomistic_edited.pdf。

其次，在资本主义社会中，要想在生产要素市场和资本市场的竞争中获胜，除了及时掌握消费者的需求以外，还必须在某种程度上，对未来的需求进行成功的预期。而在兰格模式中，由于企业管理者要严格依据当前的价格进行计算，并且必须遵守上述两条原则，对未来的预期，就必然成为中央计划委员会的工作内容之一。众所周知，预期的成功与否，与掌握信息的及时性和完整性密切相关。哈耶克对知识论的证明表明，中央计划委员会连当下的信息都无法完全掌握，对未来的预期更是空中楼阁。

最后，资本主义市场上的竞争，是生产者用自己的资本，以自担责任的形式进行的，无论是获益还是受损，生产者都必须自己承担。但是在兰格模式中，国家占有一切生产资源，企业管理者并没有任何所有权，他们唯一能做的就是遵守国家规定的两条原则。那么，在此情况下，企业管理者的权限范围何在？既然整个经济体系都处在一个试错的过程中，那么一旦企业的决策出现了失误，这种责任应该归咎于谁呢？是企业管理者还是中央计划委员会？假设某一生产者从事了某种创新，而在一定时间内没有迹象表明，这能够带来企业生产能力的提高，那么，这时候应该鼓励他们继续创新，还是应该对他们进行惩罚呢？

事实上，当我们从这些角度来思考兰格模式的时候，其内在的不一致性就逐渐显露出来了。柏格森在文章中曾经指出，"我们既可以将兰格模式看作是集体所有的公司按照市场原则运作，产品的投入和产出都由管理者自行决定，也可以视之为计划经济"。① 虽然这种观点还有待商榷（具体理由见下文），但是它至少反映了一点，即中央计划委员会与管理者的同时存在，是兰格模式内在不一致性的重要体现。而这种内在的不一致性，在很大程度上导致了企业决策权的模糊性，从而进一步导致了无法进行责任认定。

从表面上看，"中央计划委员会唯一与价格相关的功能，就是公布在市场上发生了什么"。② 企业管理者只需要服从兰格认为需要服从的命令，各个管理者在进行生产决策的时候，以消费者对产品的需求为导向，中央

---

① Abram Bergson, "Market Socialism Revisited", *The Journal of Political Economy*, Vol. 75, No. 5 (Oct., 1967), p. 661.

② Paul Craig Roberts, "Oskar Lange's Theory of Socialist Planning", *The Journal of Political Economy*, Vol. 79, No. 3 (May-Jun., 1971), p. 568.

计划委员会就能够很容易地计算产出的水平和利率。他们利用的资源，采用的生产方式，最终产品的出售，以及要素和最终产品的相对价格，全部是市场过程的结果。但是，中央计划委员会通过对价格的调控，控制了整个市场过程。企业管理者关于生产以及生产资源的所有决策，消费者和劳动个人的所有决策，都是而且必须以中央计划委员会确定的价格为基础。

在后来的作品中，兰格不断地尝试对中央计划委员会和企业管理者之间的权力作出清晰的界定。他的基本观点是，为了确定国民经济发展的计划，中央计划委员会至少应该在两个问题上作出规定："第一，国民收入在积累和消费之间的分配；第二，投资在各经济部门之间的分配。第一项决定一般经济增长率，第二项决定经济发展的方向。……这是计划的最低要求。"除此之外，其他的技术性而不是根本性的问题，如某些商品的生产指标等，则可以交给企业管理者来决策。虽然看起来，中央计划委员会和企业管理者之间，权力分工是明确的，两者各司其职，但是，企业的投资权仍然归属于中央计划委员会。兰格表示，"它（指中央计划委员会）打算给多少信贷，它打算为什么目的给予信贷，它将按什么条件给予信贷，这些是中央当局影响附属投资的间接方式"。由此可见，柏格森的判断是错误的，兰格模式无法被看作是一种市场模式，它至多是一种模拟市场，在本质上，它不过是中央计划委员会掌控市场如何运行的计划经济，计划才是兰格最为看重的部分。

总而言之，兰格模式由于缺乏生产要素市场和资本市场，无法真正地发挥市场的优越性；由于中央计划委员会根本不可能掌握市场的全部信息，无法对未来进行成功的预期；由于中央计划委员会和企业管理者的双重决策权，无法进行责任认定。这些理论上的障碍，是兰格无法克服的。虽然他试图将市场与计划结合起来，但是内在的不一致，使其理论模型无法成功地应对奥地利学派的挑战。

五 兰格模式的可行性

虽然兰格模式在理论上内在的矛盾，已经可以证明，兰格并没有解决他希望回答的问题，但是，我们还是有必要再来考察一下，兰格模式在现实生活中，是否具有可操作性。通过将兰格模式应用到现实的经济生活中，我们可以更清楚地看到，兰格的竞争解决法到底包含着哪些无法克服的矛盾。

前文我们已经提到过,兰格借用的理论模型,是经由巴罗尼发展的瓦尔拉一般均衡理论,弗兰克·奈特甚至认为,兰格论文的核心内容就是讨论"抽象的静态经济体系中的问题,因此根本不是严肃的社会主义或者集体主义的问题"。[①] 一般均衡理论实际上是对现实生活的一种虚拟,因为经济生活中,几乎不存在均衡,即使存在,也仅仅是片刻,而且是在我们根本无法注意到的一个瞬间。这种虚拟的均衡状态的确有助于我们理解经济生活,但是,它仅仅是一种理论工具,在现实生活中,根本不具备任何可操作性。真正的现实生活中,恰恰非均衡才是一种常态。而这种非均衡状态,乃是市场经济的生命力所在,它引导着企业家不断地去发现,不断地去创新。

一般均衡理论不仅是对现实生活的虚拟,而且是一种静态的理论模型。在兰格模式中,这种静态的特征得到了充分的体现。他假定,一种静态的均衡状态就在那里存在着,等待着我们用试错法,不断地去接近它。而一旦实现了所谓的均衡,就一劳永逸了。然而,"为了某一特定目的而假定均衡状态的存在,可能满足那些对于建立新古典经济学模型的复杂数字感兴趣的经济学家们的嗜好。……我们的要求更高。必须认识均衡概念的动态方面"。[②] 事实上,即使这种均衡状态是存在的,也只不过是转瞬即逝的事情,或者说,是一个均衡与非均衡相互交织在一起的状态。正如希克斯所言,"我们不应该放弃的是庞巴维克的……真正洞见——它们是奥地利学派方法的力量所在。生产是一个过程,一个按照节拍的过程。虽然存在着退化的形式……但是生产的典型形式是一个序列,在该连续中,紧接着投入的是产出"。[③] 与这种生产过程紧密相连的,恰恰是短暂的均衡与持续的非均衡之间的交替。

用一种对现实生活的虚拟理论,来论证实际的经济体系运行状态,难免有些牵强。因为"米塞斯关于社会主义不可能进行合理的经济计算,以及生产资料私有制具有的优越性的论证,只能应用于一个充满了不确定

[①] Frank H. Knight, "Reviewed work, On the Economic Theory of Socialism", *The American Journal of Sociology*, Vol. 44, No. 4 (Jan., 1939), p. 600.

[②] [美]劳伦斯·A.博兰:《批评的经济学方法论》,王铁生等译,经济科学出版社2000年版,第254页。

[③] 同上书,第255页。

性、持续不断的变化以及知识分散的真实世界"。① 然而，兰格所利用的一般均衡理论，只是一种理想的抽象状态，它没有对市场过程作出任何说明，它所描述的，从某种程度上来说，仅仅是市场体系不再运转而发生的事情。

兰格模式诉诸一般均衡理论所导致的不可操作性，除了上述原因之外，还有非常重要的一点，就是难逃来自哈耶克知识论的指责。哈耶克对经验事实的一个基本的观察是，人类始终处于知识分工的状态，没有任何人能够掌握全部的知识，因为知识本来就具有主观性、时空性和分散性。因此，整个社会科学的核心问题都在于，如何使掌握在不同个人手中分散的知识，得到最大程度的运用。哈耶克之所以重视市场中的价格体系，恰恰是因为价格本身是一种传递信息的机制，它能够促使人们发现、传递和利用知识。很明显，如果假定任何人都知道了关于经济现实的完整的知识，包括中央计划委员会，那么根本就不存在计算问题，或者，不管是任何经济体系都根本不存在经济问题。② 而在兰格设想的模式中，只存在知识汇总到中央计划委员会这一结果，对于如何实现这一点，只字未提。当我们把兰格模式应用到现实生活中时，由于缺乏必要的发现信息、传递信息的工具，必然导致中央计划委员会处于对市场无知的状态。在此情况下，中央计划委员会利用试错法对市场价格进行调整，必然是盲目的、任意的。

在讨论了一般均衡理论本身无法应用于实际生活之后，我们再来考察一下，在兰格模式中，社会主义经济实现一般均衡的途径。我们可以将兰格模式的具体运作分解为两个场景，一个场景是企业管理者，按照中央计划的要求，在模拟的市场进行竞争；另一个场景则是中央计划机构不断地收集市场上的信息，并对反馈的信息进行加工处理，从而制订出新的计划，对原有市场进行调整，直到实现所谓的一般均衡。

在第一个场景中，存在的主要问题在于企业管理者必须遵守的两条原则，即成本最小化和边际成本等于价格。无论是成本、边际成本，还是价

---

① Murray N. Rothbard, "Ludwig Von Mises and Economic Calculation Under Socialism", *The Economics of Ludwig von Mises: Toward a Critical Reappraisal*, ed. with an Introduction by Laurence S, Moss Kansas City: Sheed and Ward, 1976, p. 72.

② F. A. Hayek, "The Use of Knowledge in Society", *The American Economic Review*, Vol. 35, No. 4 (Sep., 1945), pp. 519 – 530.

格，在资本主义市场上都是企业家追求利润最大化的结果。在利润最大化的激励下，企业家会竭尽所能的采用新技术，提高生产率，从而降低生产成本，获得利润。在面对风险、不确定性的时候，企业家需要作出的抉择，绝不仅仅是依靠简单的两条原则就能够解决的。他需要企业家根据他以往的经验，根据当时的具体情况，对未来作出的合理预期，对自己的投资进行慎重选择。从这个意义上来说，企业家的才能本身就是一种稀缺可贵的资源。但是兰格模式中，且不论中央计划委员会选择的企业管理者是否具备这种才能，即使具备，在这两条原则的约束下，也毫无发挥的空间。也就是说，在兰格的理论体系中，对企业家的模拟是失败的。最终的结果很可能是，中央计划委员会牢牢地控制着企业管理者的一举一动，甚至遵守或者不遵守这两条原则都是次要的，只要得到中央计划委员会的赏识即可。

当然，我们还可以从另外一个角度来思考，即"兰格模式所依靠的边际原则，即使在市场经济中，也不可能作为一个正式的管理规则来运用"。[①] 奥地利学派的一个重要特征，就是从门格尔伊始，不断地强调时间因素在经济分析中的作用。在 1985 年出版的《时间与无知的经济学》一书中，两位年轻的奥地利学派学者，将奥地利学派对于时间因素的认识总结为三点：第一，动态连续性，即随着人们所积累的经验、获得的知识而发生的持续性变化；第二，异质性，即在一个动态连续性的过程中，每一个时间点上，事物的性质并不完全相同；第三，因果效应，人们不断获取的知识，会改变人们的看法和行为，因而时间具有创造性。[②] 一旦在经济分析中引入时间因素，就带来了不确定性，以及随之而来的选择和决策。因此，在资本主义社会中，成本始终处于动态的过程中，充满了不确定性。只要企业家能够获得了利润，即使没有实现这两条原则，在市场经济中，他依然是一个成功者。

然而，在兰格所采用的新古典主义模型中，在时间的各个节点上，其基本特征是稳定的，例如，兰格坚持强调中央计划委员会规定的价格，必

[①] Paul Craig Roberts, "Oskar Lange's Theory of Socialist Planning", *The Journal of Political Economy*, Vol. 79, No. 3 (May-Jun., 1971), p. 570.

[②] 参见 O'Driscoll, Gerald P Jr and Rizzo, Mario J, *The Economics of Time and Ignorance*, Basil Blackwell, 1985, pp. 60 – 62.

须成为企业管理者决策的基础,在下一轮计划发布之前,这种计划必须是刚性的,而且随着时间的流逝,人们的欲望和需求等因素都是稳定的,因此,无论是不确定性还是决策,在兰格的完美竞争模型中都不存在。把一个刚性的模型,应用于一个随时充满了变化和不确定性的真实世界,其结果不难预料:要么将一切变化和不确定性都忽视了,强制使用这一模型;要么这种模型就是纸上谈兵。

在第二个场景中,兰格设想的是,中央计划机构指定各项产品的价格,在这些价格的有效期内,所有企业管理者的决策,必须以这些价格为基础。但是兰格没有告诉我们,中央指定价格的有效期到底有多长。这种有效期到底是事前就确定了呢,还是应该随着具体情况的变化而随时调整呢?兰格给我们的印象,似乎是前者,因为他曾经指出,"任何不同于均衡价格的价格,都将在结算期结束的时候,表现出有关商品是剩余还是短缺"。[1] 如果是这样的话,那么在结算期之前,如果市场上某种商品出现了紧缺,生产者该如何处理呢?他们是及时根据企业的状况,对产量进行调整,还是等待生产期结束后,中央统一制订调整计划呢?

与此紧密相连的一个问题是,这种调整的幅度该如何确定呢?我们可能比较容易知道,在一个结算期过后,某种商品到底是过剩了还是短缺了。但是,这种过剩或者短缺的具体数量,我们如何才能进行准确的衡量呢?如果在某种商品在结算期结束之前,已经持续短缺了很长时间,人们势必会寻求替代产品,而如果多种商品或生产要素出现了短缺,必定会出现相互替代的局面,这就增加了中央计划机构最终调整的复杂程度。在此情况下,中央计划机构获得的数据必定是片面的,无法真实反映市场上各种商品和生产要素的供求状况,依此制订出来的调整计划,也无法真正地对市场进行调控。这种滚雪球效应随着时间的流逝只会越来越糟糕,直到价格最终是随意的。

在资本主义市场经济条件下,企业家对市场的供需状况时刻保持敏感性。一旦某项产品供不应求,市场价格就会迅速上涨。这时候,生产这一产品的企业家会根据价格信号,及时调整产量。而身处其他行业的生产者,也会敏感地察觉到,生产该商品会有利可图,在经过一番市场调查和

---

[1] [波]兰格:《社会主义经济理论》,王宏昌译,中国社会科学出版社1981年版,第14页。

可行性分析之后，也很可能会进入该稀缺产品的行业。价格体系带来的信息，以及由利润而产生的激励机制，促使着市场上的生产者，以及那些潜在的生产者，时刻关注着市场和价格的动向，才带来了技术进步和经济发展。

由此可见，兰格模式在应用到真实的经济生活时，必定会遭遇到很多无法克服的困难。将一种本来就是对现实生活进行虚拟的理论，来解决现实问题，这本来就是一种错误的做法。更何况，这一理论模型本身并不具有现实操作性。在企业家进行决策依据的原则问题上，在中央计划委员会如何进行调整的问题上，等等，必然面临着严峻的挑战。

其实兰格已经考虑到了这一模式在具体应用时会遭遇的困难，只不过他过分夸大了其可行性，而对潜在的困难认识不足，过于乐观。兰格说道："对我们来说，社会主义真正面临的危险，看起来确实是经济生活的官僚化，而不是不可能解决资源合理分配问题。"这一点，论战中奥地利学派和社会主义者之间难得存在的一致。在1944年出版的《官僚体制》这部作品中，米塞斯不仅批评了社会主义计划模式中必然遭遇的官僚体制问题，而且将这种官僚体制管理模式，与资本主义制度下利润管理体制，进行了明确的对比。然而，除了官僚管理问题之外，兰格并不承认其他问题。在众多问题当中，最重要的当属激励问题。在米塞斯看来，激励问题是与官僚管理问题密切相关的。因为资本主义制度下的利润管理体制，最大限度地利用了资本家对利润的追求，从而激励他们进行技术革新，促进经济进步。而很明显，在兰格模式中，并不存在一个能够促使企业管理者认真完成使命的激励机制。在缺乏激励机制的情况下，整个生产管理体系最终必定演化成一个人人敷衍了事、推诿责任的官僚管理体系。

最后，我们简单地讨论一下，兰格对资本主义制度内在缺陷的认识。兰格的作品出版以后，有论者评价说，"这本书最大的贡献在于，对现存体制的内在矛盾偶尔给予痛击"。[1] 作为一个马克思主义者，他坚持认为，资本主义的市场分配制度是不合理的，收入分配之间巨大的差异，导致了整个社会福利无法得到充分的提高。但是，他对资本主义制度下竞争的理解，除了强调竞争本身的问题之外，还特别强调政府在竞争中发挥的作

---

[1] Edgar Z. Palmer, Reviewed work, On the Economic Theory of Socialism by Oskar Lange; Southern Economic Journal, Vol. 5, No. 2 (Oct., 1938), p. 233.

用。兰格认识到，资本主义制度下的竞争，有可能实行垄断，而且这种垄断很可能与政府权力交织在一起，形成以权力为依托的垄断，这种垄断更容易阻碍技术进步和经济发展。虽然竞争带来的技术进步，是资本主义发展的重要动力，但是在资本主义发展的过程中，这一动力会因为制度性的原因，自我终结。如果不是因为他长时期在美国生活，对资本主义社会有着切身的体会，如果不是因为他同时熟悉马克思主义经济学和西方经济学，恐怕他对资本主义的分析不会如此透彻。

然而，对于解决这一问题的办法，兰格与米塞斯和哈耶克等人截然不同。前者坚持认为，这一问题在资本主义内部，是无法得到彻底解决的，必须对生产资料实行彻底的国有化，才能根除这一问题，而后者则相信，在资本主义制度下，通过立法等形式，可以保证自由竞争，并使政府权力远离市场。对于后者的可行性，我们暂且不予讨论。这里只谈一点关于兰格的解决方案的看法。如果说，技术进步这一动力，在资本主义制度中的枯竭，是因为市场上的垄断依附于政府权力的话，那么在所有生产资料全部收归国有的社会主义制度中，只能形成一种局面：竞争完全被取消，国家彻底垄断，任何个人的力量，在国家所掌握的权力面前，都是微乎其微的，我们如何保证这样的垄断能够促进技术进步，从而带来经济的进一步发展呢？

第四节 论战中社会主义阵营内部的争论

在讨论社会主义经济核算论战过程的时候，大部分人的注意力都集中在奥地利学派和社会主义者之间的争论，似乎社会主义阵营内部是一致的，大家共同对抗来自奥地利学派的挑战。但是，对迪金森、多布和勒纳等人的观点进行考察之后，我们会发现，社会主义内部根本不是铁板一块，甚至可以说，充满了各种各样的争论。例如，多布对迪金森的批评，迪金森对多布的回应，勒纳对多布的批评，等等。在引介他们观点的同时，对他们之间的争论进行描述和分析，不仅有利于我们更清楚地把握他们每个人的思想，而且有助于我们更清晰地看到社会主义经济核算论战的全貌，对论战过程涉及的一些核心问题，也可以有更深刻的理解。

一 争论的背景

1920 年，米塞斯发表了《社会主义共同体的经济核算问题》的论文，从经济核算这一独特的角度,对社会主义的可能性提出了质疑。米塞斯的论文发表之后,德语体系中一些具有社会主义倾向的学者,迅速对米塞斯的挑战作出了回应,如德国学者库恩、卡尔·博兰尼和爱德华·海曼。针对他们的观点,米塞斯于1923年冬天给予了回应,将《社会主义经济核算问题的最新进展》一文发表在与1920年的文章相同的杂志上,后来又经过编辑整理,作为《社会主义》一书英文版的附录发表。可能是因为语言不通的原因,德语世界中如此热烈的讨论,在整个20年代,几乎未引起英语国家学者的注意。除了泰勒1928年发表的《社会主义国家中的生产指导》一文以外,并没有对此问题有所关注。

然而,到了30年代,经济危机带来了前所未有的破坏力,使西方学者越来越怀疑竞争体制的优越性,而与此同时,苏联的计划经济似乎表现出强大的生命力,至少从表面上看来,已经取得了巨大的经济成就。在这样的背景下,英、美世界的学者对于苏俄经济表现出来的计划特色越来越充满了兴趣。迪金森、多布和勒纳等人先后在英语文献中发表文章,从不同的角度讨论社会主义计划经济到底如何实施。下面我们就围绕着他们各自的代表性作品,对他们的基本观点进行介绍,并分析他们彼此之间的分歧。

二 迪金森的观点

1933年6月,迪金森在《经济学杂志》上发表了《社会主义共同体的价格形成机制》一文。在这篇文章中,迪金森试图证明,社会主义可以在坚持生产资料公有制的前提下,通过数学计算,成功地计算出使社会主义经济体系实现均衡的价格,从而使资源得到优化配置,最大限度地满足消费者的需求。迪金森的这种观点,被后来的研究者称为"数学解决法"。

在文章的开头,迪金森首先概括了社会主义受到的攻击,即米塞斯的主要观点。在他看来,米塞斯的核心观点是,只要国家是唯一的生产资料所有者,那么生产资料就不可能形成恰当的价格,因此社会主义就无法理性地计算成本,也就根本不存在合理的经济,社会主义最终的结果必定是胡乱猜想和任意决策。因此,迪金森告诉读者,这篇文章的主要内容就是反对米塞斯的这一观点,"并且说明,社会主义对生产资料的合理定价,至少从理论上来说是可能的"。①

在具体讨论社会主义如何通过数学计算，制定合理的价格之前，迪金森简单地概括了社会主义的几个特征。在生产资料所有制方面，"只有私人消费品才允许私人所有，但是为了交换的产品，或者为了日后以交换的方式而出售的生产资料，都不允许私人所有。自然资源和生产资料都归共同体所有"。在经济生产领域，生产的目的分为两部分，一部分是为了消费者通过市场而表达的需求，另一部分则是免费向社会的全体成员提供产品和服务。在流通领域，允许货币存在，消费者以货币为手段，从共同体那里购买商品，而共同体也以某种方式，将具有一定购买力的货币分配给个体。在就业方面，允许个人有就业自由，共同体与雇佣劳动力之间签署劳动契约。通过对社会主义经济特征的描述，我们可以发现，除了生产资料公有制以外，其他各个方面，在不同程度上都体现出资本主义的特点。因此，迪金森特别强调说，这种社会主义"尽管保持了资本主义的组织形式，但与之相比，存在着一个基本的区别，即产量、成本、销售、储备以及其他相关的统计数据，完全公开。所有的企业似乎都是在玻璃内工作，一切都是透明的。"②

既然迪金森试图将资本主义的特征引入到社会主义共同体中，那么，无论是确定消费品的价格，还是生产要素的价格，市场竞争都是不可或缺的一个组成部分。迪金森认为，社会主义共同体要确定各种价格，必须采用以下几个步骤。第一，确定消费品的需求清单。可以假定任意销售机构当前掌握的消费品数量，销售部门在市场能够承受的基础上确定消费品需求，也就是说，当消费品销售紧缺时，就抬高物价，当消费品堆积在销售部门时，就降低价格。通过对销售部门的统计，就能够拟定出一份详细的关于各种产品的需求清单。第二，在消费品需求清单的基础上，生产性组织拟定出各种生产要素的需求表。在生产技术相对稳定的行业，根据当前的生产技术和消费品需求，就可以确定对生产要素的需求。如果消费品的构成比例是可以变化的，比如多种要素之间存在着相互替代关系，"可以在充分观察的基础上，运用数学方法来解决"。总而言之，"建立消费品

---

① H. D. Dickinson, "Price Formation in a Socialist Community", *The Economic Journal*, Vol. 43, No. 170 (Jun., 1933), p. 238.

② Ibid., p. 239.

以及生产资料的需求清单，将是销售部门、生产性组织以及中央经济委员会自身承担的最为重要的统计职能"。①

为了确定生产要素的价格，仅仅知道生产要素的需求数量是不够的，还必须统计生产要素的供给情况。因此，第三个步骤就是，确定生产要素的供给情况。迪金森认为，自然要素的供给是确定的，或者至少不受市场变化的影响。例如，某地区土地的数量，矿石和其他资源的数量。而劳动力的供给，则可以根据共同体的分配政策来进行调节。因此，生产要素供给的数量，在社会主义共同体中很容易就得到了。

根据生产要素的供给和需求的数量，中央计划委员会就可以进行下一步的工作了，即"在刚好保证各种要素得到充分利用的前提下，确定每种要素的价格，并在这些价格的基础上，计算生产各种产品的成本"。② 如果需求价格高于成本价格，中央机构将扩大生产，反之则减产或者停产，从而使所有的要素在不同的生产部门，得到同等的收益，即边际生产力相同。最终，从消费者对边际产品的需求中获得的成本，又反过来应用于所有的产品。

这就是社会主义共同体如何根据消费者的需求，最终确定各种消费品价格的整个过程。迪金森认为，虽然这一过程相对复杂，但是中央计划委员会完全可以在充分掌握各种数据的基础上，运用数学方法来简化这一过程。中央计划委员会只需要计算以下四个函数即可：（1）将消费数量与价格相联系的每种消费品的需求函数；（2）将每种消费品的单位数量与生产该产品的要素的数量联系起来的函数；（3）对每种产品而言，能够表达销售价格必须等于各种要素的价格总和的函数；（4）将可以利用的数量与价格相联系的每种要素的供给函数。只要允许消费者在市场上自由购买，需求函数就可以确定。第二和第三个函数是纯粹的技术问题，而不是经济计算问题，而且已经被确定了。至于最后一个函数，要么"可以利用的数量是一个常数"，要么在一定工资水平上，允许自由选择职业即可获得。"因此整个事情可以被分解为一系列的微分方程，或者，既然我们只需要考虑少数偏离了既有均衡的变量，那么也可以分解为关于变量的微

---

① H. D. Dickinson, "Price Formation in a Socialist Community", *The Economic Journal*, Vol. 43, No. 170 (Jun., 1933), p. 240.

② Ibid., p. 241.

积分"。①

社会主义共同体中，不仅能够通过数学方法，成功地计算出各种生产要素和消费品的合理价格，而且能够像资本主义一样，在计算过程中，考虑到利息和风险因素的影响。迪金森认为，社会主义共同体必须依据利息的不同，进行不同的决策，确定不同利率情况下资本的需求状况，从中选择最适合达到均衡的决策。至于风险问题，很多人认为，社会主义通过计划，应该能够消除这一因素。迪金森解释说，对于企业家由于相互不了解而导致的风险，确实可以消除，但是只要允许消费者和各种服务的提供者自由选择，风险的因素就一定会存在。因此，社会主义必须时刻关注销售和价格信息的变化，以统计学的方式来化解风险。

迪金森认为，通过这一系列步骤进行的计算，以及充分考虑利息和风险因素，社会主义共同体已经可以成功地建立一个普遍的成本核算体系。更重要的是，中央计划委员会已经控制了全部的生产资源，而且已经掌握了全部必要的数据，所以，社会主义的经济核算体系，将比资本主义更加完备。这种完备性，主要体现在以下三个方面：首先，社会主义将更好地应用替代原则，对于相互竞争的生产方法，我们可以权衡到底孰优孰劣，对于那些可以同时应用于不同生产过程的资源，我们也可以比较其价值。其次，由于社会主义经济的全部过程，都是公开的。这种公开性，可以避免人们对经济机会的无知，减少资源流动的成本，甚至使很多资源无需流动。最后，社会主义可以建立一项平衡基金，其来源是使价格稍微高出成本，将盈余作为各项产业的平衡基金。当生产成本不断增长的时候，就追求总成本；如果生产成本下降，则减少总成本。平衡基金还可以在很大程度上，减少由于不可预见的需求波动，所导致的损失。

除了整个经济核算体系优于资本主义以外，社会主义共同体的分配体系，也能体现出社会主义的优越性。在社会主义共同体中，"劳动的价值与劳动者的货币收入并没有本质上的联系"②，仅仅出于计算的目的，我们才有必要知道在最终消费品中，到底耗费了多少劳动。不过，如果在社会主义共同体允许自由择业，很可能会使某些行业人才紧缺，而有些行业

---

① H. D. Dickinson, "Price Formation in a Socialist Community", *The Economic Journal*, Vol. 43, No. 170 (Jun., 1933), p. 242.

② Ibid., p. 247.

则劳动力过多，从而给经济计算造成麻烦。在这种情况下，可以根据劳动的价值，给每个劳动者支付报酬。当然，在支付报酬之前，社会主义共同体必须优先考虑两条原则，即资本的积累和社会性消费。

这就是迪金森的全部论证。迪金森相信，他"已经充分论证了，在土地和资本集体所有的基础上，经济体系在理论上是可能的，可以实现收入的平等，同时使消费者拥有选择自由和择业自由。在这样一种体制中，有可能在成本和效用之间建立经济均衡，与资本主义相比，即使不是更好，至少也持平，在分配资源满足消费者竞争性需求方面"。①

三 多布对迪金森的批评

在迪金森的论文发表半年之后，即1933年12月，被诺贝尔经济学奖获得者阿马蒂亚·森誉为20世纪卓越的政治经济学家莫里斯·多布②，就在《经济学杂志》上发表文章，对迪金森的观点进行批评。在社会主义经济核算的论战中，虽然很多学者都反对米塞斯的断言，支持社会主义，但是，他们当中大部分都是出于对新古典经济学的兴趣，纯粹从学术上对资本主义和社会主义进行比较，而莫里斯·多布则不然。他是一位纯正的马克思主义者，对马克思主义经济学在20世纪的发展作出了巨大的贡献。多布1918年投身英国劳工运动，并开始学习和研究马克思主义经济学。1919年进入剑桥大学学习经济学，这时候，他俨然已经自认为是马克思主义者，是俄国十月社会主义革命的支持者。1922年，进入伦敦经济学院继续从事经济学研究，年底便加入刚成立不久的英国共产党，后来多布一直是该党的主要理论家之一。他从1924年到1967年，在剑桥大学从事了40余年的教学研究，并在1959年当选为剑桥大学教授。他是三一学院的院士，而且曾被选为英国科学院的成员。多布在很多方面都对社会主义经济学作出了重要的贡献，例如，对劳动价值论的坚持，他认为劳动价值论"对经济问题的实质，从性质上作出了重要描述"；③ 对均衡体系中必

---

① H. D. Dickinson, "Price Formation in a Socialist Community", *The Economic Journal*, Vol. 43, No. 170 (Jun., 1933), p. 250.

② 参见［英］约翰·伊特韦尔等编《新帕尔格雷夫经济学大辞典》（第1卷），经济科学出版社1996年版，第987页。

③ Maurice Dobb, "Politicl Economy and Capitalism: Some Essays in Economic Traditon", London: Routledge, p. 21.

第四章　论战过程（二）：社会主义者对奥地利学派的回应

然包含的效率与平等之间的矛盾，进行了开创性的分析；在经济分析中，坚持使用历史研究方法，等等。

事实上，早在对迪金森批评之前，多布于1931年发表的《五年计划的特征》这篇论文中，已经流露出多布对于社会主义经济的一些基本看法。多布于1925年首次访问苏联，这次访问激起了他研究苏联社会主义经济问题的浓厚兴趣。1929年再次出访，苏联的五年计划给他留下了深刻的印象。在文章中，多布指出，"19世纪在本质上是属于自由主义的"，而"20世纪则注定是计划经济的时代"。[①] 俄国之所以在世界上成为令人瞩目的国家，最主要的原因，就是在一个生产资料公有制的国家里，成功地实现了计划经济，这份成就在人类历史上是独一无二的。在当前的经济讨论中，人们往往忽视了这一点，即很多人往往仅仅是从技术层面讨论计划，而忽视了生产资料所有制的改变，给整个社会主义国家从各个层面带来的影响。

俄国的经济在目标上，与西方国家的历史进程基本是一致的，即向工业化过渡。其特点在于，国家从整体上保证，国民收入的大部分都用于积累，减少当前消费，减少农业积累，集中家的一切力量，加速工业化进程。对于俄国的这种做法，很多西方学者认为这是人类历史上最大的乌托邦。"在苏联内部，大多数经济学家也是持强烈的怀疑态度，甚至影响到了党内的高层"。即使多布自己也说道，在"1929年短暂的考察之后，我个人也有同样的怀疑：尤其是在农村，这项任务似乎太过惊人，以至于无法获得成功。但是到目前为止，这项计划已经执行两年了，西方学者即使有些不情愿，但也已经接受了这个观点，即计划是很可能获得成功的"。[②]

看到了俄国五年计划的成功，使多布坚定地站在传统社会主义的立场上，对迪金森的观点进行批评。而这种批评的矛头，自然主要集中在迪金森所采用的新古典经济学的一般均衡理论。多布认为，现代的经济学，已经被"视为是关于均衡的价值中立理论。因此，它已经与亚当·斯密的政治经济学相去甚远。它所提供的……是一项正式的技术——一个实用的均衡体系，也是应用数学的一支，它假定在特定数量之间存在着正式的关

[①] Maurice Dobb, "The Significance of the Five Year Plan", *The Slavonic and East European Review*, Vol. 10, No. 28 (Jun., 1931), p. 80.

[②] Ibid., p. 85.

联"。在均衡理论的指引下，当前的经济学家们普遍认为，国家投资以及分配方式的改变，由此产生的经济秩序，与个人主义体制在不同时空条件下产生的经济秩序，基本上是一致的。在他们看来，"制度的应用与否弃是第二位的。财产权和阶级关系的改变，或许会明显地影响到社会心理学家或者伦理体系的缔造者，但是它们根本不会改变'经济问题'的形式"。① 均衡理论这种普遍性假设，具体到迪金森的论文当中，就是将资本主义社会中的市场均衡体系，应用到生产资料所有制已经发生了改变、因而整个社会经济关系也随之发生改变的社会主义经济体系中。这对于坚持马克思主义的多布而言，显然是不能接受的，尤其是迪金森所构建的社会主义经济均衡体系中，还包含着通过市场体系，最大化地满足消费者的需求，以及在所有的生产过程中，生产要素的边际生产力必须相等这两条原则。而多布对迪金森的批评，也主要就集中在这两方面。

对于迪金森的社会主义均衡体系中暗含的第一条原则，即最大化地满足消费者的需求，多布的批评主要是从三个层面展开的。第一，这种原则是否具有实际含义。均衡理论将最大化的满足消费者需求，作为经济生活所追求的目标，但是什么是消费者的需求，以及消费者的需求是否已经达到了最大化，类似的判断完全是主观的。"它无法帮助我们判断现实世界中的任何一种关于资源的特定安排，也无法告诉我们某种安排是否比另一种安排更加可取或者更'经济'，因为它已经明确地排除了关于正在讨论的各种目的的一切假设。它无法向我们描述何为最大化"。② 正如《经济学杂志》的某位评论员所说，在社会主义经济中，问题不在于是否能够实现均衡，而在于能够实现的均衡实在太多了，究竟该如何从中作出选择。因此，表面上具有普遍适用性的均衡理论，在讨论经济问题时，根本没有什么实际的含义。

第二，消费者的选择是否值得相信。在资本主义制度中，消费者的偏好往往受到传统的塑造，受到广告商的影响，有时还会让人难以琢磨。那么，在社会主义社会中，我们有什么理由相信消费者会作出理性和明智的消费选择呢？"如果过去它如此让人无法放心，现在又怎么会突然变得让

---

① Maurice Dobb, "Economic Theory and the Problems of a Socialist Economy", *The Economic Journal*, Vol. 43, No. 172 (Dec., 1933), p. 588.

② Ibid., p. 590.

人信任呢?"①，因此，在社会主义国家中，没有任何理由可以放任消费者自由形成自己的偏好，国家必须通过教育、培训等手段，引导消费者进行选择。

即使假定消费者能够理性地进行消费选择，而且消费者的选择就是社会主义国家从事生产的方向和目标，那么，在社会主义社会中，是否就一定会毫无障碍地实现这一点呢？对这一问题的思考，就涉及多布所提到的第三个方面。多布指出，很多人在强调消费者拥有选择自由的时候，往往用政治生活的民主来类比。民主的一个重要标准就是平等，因此，如果社会主义国家要保证所有消费者都能够自由地作出自己的选择，而且每个人的选择都具有同等的重要性，那么，它必然要尽可能平等地分配给每个消费者大致平等的收入，但是如此一来，如何能够使那些在生产过程中贡献较大的劳动者得到补偿呢？多布肯定地说，"恰恰是因为每个人既是消费者也是生产者，无论成本还是需求，在市场定价过程中都无法同时得到体现。市场定价在充分肯定了这一方的同时，一定会忽视了另一方。迪金森先生不可能同时解决它们"。② 这是将市场均衡体系引入到社会主义经济体系后，导致的最重要的麻烦。

多布认为，在社会主义社会中建立市场均衡体系，其他的一些困难大部分都是因为坚持边际生产率相等而导致的。因此，他着重从整体规划和时间偏好的角度，对边际生产率相等这一原则进行批评，从而论证社会主义经济的合理性和优越性。多布认为，边际生产率相等，并不是一个十分实用的原则。比如在特定情况下，由于无法满足技术问题而带来的问题，人们很容易就能看出来，根本无需诉诸这么复杂的原则。例如，当挖煤工人和运煤工人之间的比例不协调时，或者每个农场上，拖拉机的台数和驾驶员的人数不匹配时，我们完全可以用裸眼观察到这些问题，而不必戴上边际生产率相等这副眼镜。

另外，在社会主义国家生产资料公有制的基础上，为了从整体规划国家的长远发展，有时候反而要刻意打破这一原则。从长期来看，技术总是处于变革和创新的过程中，在此过程中，必然带来对旧有设备的淘汰和更

---

① Maurice Dobb, "Economic Theory and the Problems of a Socialist Economy", *The Economic Journal*, Vol. 43, No. 172 (Dec., 1933), p. 592.

② Ibid.

新。如果社会主义国家从整体上提前预想到将来的创新，那么很可能就无需进行一些在几年之后注定会抛弃的设备更新，这样就可以减少很多不必要的损失。换句话说，"打破了边际产出相等的原则，转而对不同的工业部门以及不同的经济体系应用不同的时间偏好，以10年或者20年后的正常利率，而不是当前的正常利率进行投资。所获得的好处就蕴含在较低的损耗和对机械设备更长期的有效使用上"。[1]

如果我们将多布对迪金森的批评，稍微转化一下，就可以归纳出多布对社会主义经济体系的基本观点：社会主义不应该采用市场原则进行定价，而应该由国家按照恰当的标准进行；不应该任由消费者自由选择，而应该由国家统一制定消费标准，引导消费者选择；在生产过程中，不应该坚持边际生产率相等的原则，而应该由国家通过整体的长期规划，在不同的领域应用不同的时间偏好，从而有选择性地进行生产和投资。可以说，与迪金森的体系相比，多布的观点更多的是在维护传统的社会主义，尽管在很多方面，他并没有作出直接的论述。

四 迪金森的回应

多布对迪金森的批评发表4个月后，即1934年3月，迪金森在《经济学杂志》上，对多布的批评进行了回应。迪金森认为，他和多布之间，在一些基本的问题上都无法达成共识，所以无法在一篇简短的论文中进行充分的讨论。因此，他只提到了其中的一点，即社会主义均衡体系中的收入平等，与充分体现劳动者的价值之间，是否能够兼容。迪金森反驳说，多布所指的这种不兼容，只有在资本主义才会存在。在社会主义共同体中，在劳动过程中相对价值较高的服务，不一定就获得相对较高的报酬。"在1933年6月的文章中，我已经清晰地表达了这一点，即在社会主义体系中，劳动的价值，与劳动者获得的报酬，两者之间没有必然的联系。仅仅是出于精确计算的目的，我们才有必要知道在最终消费品当中，包含了多少劳动……收入分配则完全可以随意依据某些原则——例如平均分配，或者按需分配等等"。迪金森认为，尽管在后文中，他指出了社会主义共同体可以通过收入，来调整劳动力在不同行业之间的分配，但是，他已经

---

[1] Maurice Dobb, "Economic Theory and the Problems of a Socialist Economy", *The Economic Journal*, Vol. 43, No. 172 (Dec., 1933), p. 597.

非常清楚地论证了,"在社会主义共同体中,劳动成本和收入是各自独立的,因此,成本和需求能够同时达到表达"。①

尽管在这篇文章中,迪金森并没有和多布正面交锋,仅仅是指出了多布没有仔细地阅读他的作品,但是在1939年发表的《社会主义经济学》中,迪金森再次对他坚持的均衡分析进行了全面的阐述。在这本书中,迪金森"从一个自由主义者、人道主义者,同时也是一个经济学家的角度,讨论了他所支持的社会主义国家的经济运行情况"。②虽然迪金森依然坚持在分析社会主义经济问题时,使用新古典经济学的一般均衡理论,但是与1933年的论文相比,这本书最大的特点是,迪金森已经放弃了数学计算法,转而支持兰格所提出的竞争解决法。也因为如此,哈耶克在1941年发表的文章中,将兰格和迪金森放在一起讨论,认为他们同时代表了当时西方经济学家对社会主义经济运行的典型看法。

五 勒纳对多布的批评

多布对迪金森的批评发表之后,虽然迪金森当时的反应不是很强烈,但是另一位地位十分特殊的经济学家,阿巴·勒纳,于1934年10月,对多布的观点从多个角度进行了批评。③之所以说他的地位特殊,是因为勒纳思想经历以及观点特殊。他曾受教于奥地利学派的罗宾斯和哈耶克,吸取了很多自由主义的观点;同时,他还是凯恩斯的学生。他的福利经济学在很多方面,吸收了帕累托的最优状态理论,而在研究社会主义计划经济与市场的关系时,他又受到托洛茨基的影响。在政治立场上,他是一个终生不渝的社会主义者。但是强调在社会主义社会中保有个人自由,极力将市场定价的效率,与社会主义的公平结合在一起,勒纳对这一问题的观点,与兰格的市场社会主义思想极为相似,因此后人将这种非集权式的社会主义市场经济定义为兰格—勒纳模式。

---

① H. D. Dickinson, "Problems of a Socialist Economy", *The Economic Journal*, Vol. 44, No. 173 (Mar., 1934), p. 152.

② C. J. Hitch, "Economics of Socialism. by H. D. Dickinson", *The Economic Journal*, Vol. 50, No. 200 (Dec., 1940), p. 484.

③ 关于勒纳的生平介绍,参见[英]约翰·伊特韦尔等《新帕尔格雷夫经济学大辞典》(第3卷),经济科学出版社1996年版,第181页;以及范恒山《国外25中经济模式》,改革出版社1983年版,第139页。

多布在文章中曾指出,在判断一个经济体系是否均衡时,迪金森提出的标准完全是主观的。针对这一点,勒纳指出,最大化的确是相对的,其内在的含义是,"如果消费者的品位不同,如果国家决定储蓄和投资的数量不同,那么,资源的分配就是不同的。但是一旦这些都是给定的,最大化毫无疑问就是客观的"。因此,经济学家是有可能在不涉及目的的情况下,谈论均衡中的最大化,而且所有生产要素的边际生产率在所有产业当中相等,也是有可能实现的。这样的最大化仅仅意味着,"当这样的位置实现之后,我们不可能在不损害其他产业的情况下,增加某一产业的产出"。①

至于均衡体系所追求的目的,即最大程度的满足消费者的需求,多布是持怀疑态度的。而勒纳则认为,"经济学家在追求最大化的过程中,可以有效地将这一原则应用到社会主义经济中,因为给予人们所需要的产品,没有什么理由能够对此提出反对"。勒纳进一步指出,"作为经济学家,我不可能判断这样一种目的的好坏。不过作为一个支持和同情社会主义目的的个体,对我而言,这样的最大化完全与所有社会主义的理想一致,而且特别与科学社会主义的口号一致:'按需分配'。对广大民众的需求和选择进行批评,而支持家长式的代替民众进行选择,对我而言,其基础似乎更不科学。它试图用更加令人怀疑的观点,即其他人比当事人更清楚地知道他们真正的福利所在,从而取代民主假定,即人们努力获得他们喜欢的"。②

勒纳进一步指出,即使我们暂时接受多布对于消费者需求的批评,他的结论依旧无法被接受。不管是消费者本人作出选择,还是其他人代替消费者进行选择,问题的性质都没有发生改变。在均衡理论的形式性分析当中,无论是消费者,还是其他人,都可以被看作是选择者。但是,"没有了价格体系,对于任何复杂的经济体系而言,都不可能有效地运作,这是迪金森所要努力阐述的"。③ 因此,"多布先生所有的观点和反对意见都是错误的,或者不相关的"。勒纳甚至认为,当多布否认社会主义能够引入

---

① A. P. Lerner, "Economic Theory and Socialist Economy", *The Review of Economic Studies*, Vol. 2, No. 1 (Oct., 1934), p. 53.

② Ibid., p. 54.

③ Ibid., p. 55.

市场价格时,他与米塞斯的观点是一致的。他们认为,社会主义共同体中进行价格核算,是不可能的。所不同的是,米塞斯认为,社会主义的实物计算也是不可能的,但多布则坚持认为,社会主义可以,而且也必须以物易物。

勒纳认为,在任何复杂的共同体中,价格机制都是必需的。尽管多布认为,对于违反技术要求的错误,社会主义国家很快就会进行调整,根本不需要应用边际生产率相等这一原则进行干涉,但是勒纳指出,在那些违反了技术要求的领域,这种比例失调才是显而易见的,而且在这些地方,那些寄希望于直接调整的人,可以发现俄国的经验是最令人失望的。俄国报纸上洋洋自得地宣称,零部件的数量超过了拖拉机的数量,这种报道一再出现,只能表明,在复杂经济中,缺乏价格机制的引导,直接的调整是不起作用的。

即使在一些不涉及违反技术要求的领域,在那些我们无法用肉眼直接看到的地方,如果没有价格机制的引导,依然会出现大量的非均衡,甚至我们根本无法作出决策。多布曾认为,社会主义国家可以从整体进行规划,在不同的地方应用不同的时间偏好原则,比如优先建立制鞋厂,而不是棉花厂,优先建筑办公楼,而不是居民住宅。但是,勒纳指出,如果没有价格体系的帮助,我们根本不知道,到底是否需要建立制鞋厂,是否需要同时建立棉花厂,或者两者都不需要。"没有价格体系的引导,整个经济就是盲目的"。[①]

事实上,社会主义国家之所以反对引入市场价格,主要归因于官僚制。就像他们试图从大众的民主控制中解放出来一样,他们也不希望受到价格机制的约束,因为从某种程度上来说,后者同样是民主的。在论证这一点时,勒纳大幅引用了托洛茨基的观点。由于后者具有对俄国的切身体会,这里我们不妨也看看,托洛茨基到底如何看待社会主义的官僚制、计划和市场等问题:

"如果人们普遍认为,能够制定科学的计划,能够思考自然和社会中所有的自发过程,能够衡量它们力量的强弱,能够预见它们相互作用的结果,这样的头脑当然能够预先发现错误,并制定出完美的经济计划,从小

[①] A. P. Lerner, "Economic Theory and Socialist Economy", *The Review of Economic Studies*, Vol. 2, No. 1 (Oct., 1934), p. 57.

麦到纽扣。事实上，官僚阶层的确是这样自以为是的，这就是为什么他们能够如此轻易地回避了市场和苏联民主的控制。

经济中无数的参与者，国家、个人、集体、个体，他们的任何需要，都要时刻注意，而且要通过计划委员会的统计资料，通过直接的供需所体现出来的压力，来注意这些需要的相对迫切性。计划可以被市场检验，而且在很大程度上，需要通过市场来实现。市场自身的规则必须通过它的媒介表现出来。官僚机构制定的蓝图，必须通过商业计算来证明，他们的选择是经济的、可取的。

没有市场关系，经济计算是无法想象的"。[1]

对于多布所代表的传统社会主义，勒纳指出，如果"权威主义拒绝任何价格，而自由主义拒绝对自由机制进行任何修正，那么我们为什么还要研究它们呢？"因此，正确的做法应该，研究价格机制的可能性，分析它在资本主义社会中发挥的作用，而不是简单地将其否认为具有资产阶级的属性。毕竟，"短缺是两种社会共同面对的情况，通过研究资本主义下短缺的表现，可以应用到社会主义中"。[2] 如果消费者的选择就是标准，它能够决定我们到底应该生产什么，那么市场就是必要的，只有市场才能在提供消费品的同时，恰当地反映生产成本；如果我们不信任消费者的选择能力，而是由一个独裁者或者少数统治者代替消费者作出选择，那么复杂的价格体系仍然是必需的，因为在生产过程中，只有价格才能比较两种生产方式之间，到底孰优孰劣，才能确定各种生产方式、各种中间产品的边际生产率。

六 多布对勒纳的回应

在受到勒纳的批评之后，多布于1935年2月在《经济学研究评论》上撰文回应。多布在文章开头就指出，像勒纳和迪金森这样，仅仅比较资本主义和社会主义的相似性，是危险的。他们认为，从资本主义过渡到社会主义，各种法律和制度，以及它们对我们的影响是微不足道的。在当代

---

[1] L. D. Trotsky, *Soviet Economy in Danger*, Pioneer Publishers, New York, pp. 29 – 33. 转引自 A. P. Lerner, *Economic Theory and Socialist Economy*, Review of Economic Studies, 1934, 2 (1). p. 59。

[2] A. P. Lerner, "Economic Theory and Socialist Economy", *The Review of Economic Studies*, Vol. 2, No. 1 (Oct., 1934), p. 60.

经济学中,"取消本质性的差异,甚至已经成为一种时尚"。而事实上,真正值得我们注意的,恰恰是这两种制度之间存在的差异。"但是今天的经济学法则,……越来越多被认为关于经济数量之间的形式上的关系;它们确定的关系依赖于某些主观因素,而我们根本无法确定,到底是什么决定了这些主观因素。因此任何关于现实政策的讨论,都会很快而且不可避免地成为一种伦理性讨论,在各种主观判断当中,究竟哪一种是可取的(或者不是从伦理的角度,而是从科学的角度)"。因此,迪金森和勒纳等人,之所以没有发现那些最重要的差异,很可能就是因为"他们使用了静态的需求决定曲线,假定价格都是固定不变的"。① 从这一角度出发,多布认为,勒纳的观点大部分都只是对迪金森的重复。

至于勒纳在分析社会主义经济体系时,坚持采用的最大化原则,多布再次指出,这不可能是一个纯粹形式上的原则,它不可能像新古典主义经济学所向往的那样,抛开一切主观判断,必定会诉诸某种目标。因为最大化必定指的是价格总量的最大化,而不可能仅仅是产出的最大化。后者是"一个工程师所需要解决的问题,而不是经济学家或者市场需要做的"。② 在讨论到底应该实现这些产品的最大化,还是另外一些产品的最大化时,必定诉诸某些目标。这是在经济分析中无可逃避的。

既然如此,那么这一目标是否一定需要通过市场,允许消费者的自由表达来确定呢? 多布认为,勒纳对此问题的观点是既复杂又简单。"说复杂是因为,他过分估计了在不诉诸价格体系的前提下,通过判断和推理来满足消费者需求的复杂性,在这种情况下,大量商品,我指的是大量生活必需品以及使人们感到舒适的产品,是可以确定的。说简单是因为,他将政府确定的标准视为一方,而将完全的民主决定视为另一方,非常愚蠢的用市场体系支持后者"。而在多布看来,在这两者之间,事实上还存在着广阔的中间地带。例如"人们完全可以想象,在一个国家中,根据价格进行生产,但是利用各种手段和社会压力诱导,保证人们购买国家销售部出售的商品"。③ 此外,还可以采用对消费者代表进行问卷调查等形式,发

---

① Maurice Dobb, "Economic Theory and Socialist Economy: A Reply", *The Review of Economic Studies*, Vol. 2, No. 2 (Feb., 1935), p. 141.

② Ibid., p. 146.

③ Ibid., p. 147.

现消费者更多的需求，而不需要诉诸价格体系。

多布补充说，他并不像勒纳所描述的那样，认为最大限度地满足消费者的需求，就是支持经济民主，就是对政治权力进行控制。在资本主义制度下，它恰恰是民主的对立面，具有极高程度的独裁。民主大众只有对自由选择的幻觉，他们只有在有钱的情况下才能有选择的自由，在广告、商人以及统治阶级的社会习惯面前就缴械投降了。也正因为如此，多布才希望国家能够发挥更多的作用，在创造新的消费需求时，在多样性生产与标准化生产之间进行选择时，在长期需求与短期欲望相对立时，能够更多地代替消费者个人进行选择。

本章小结

巴罗尼将一般均衡思想应用于社会主义经济领域时，很可能会遇到一些棘手的问题。首先，坚持个人主义和主观主义的奥地利学派，对于个人的消费数量和新资本数量是价格的函数这一点，并不认同。或者说，在他们看来，通过确定价格，根本无法最终定义消费品的总量和资本积累的总量。在市场上，各个消费者的需求除了受到价格的约束外，需求本身也是一个变量。在不同的环境下，不同的个体会产生不同的需求。而在相同的环境下，不同的个体也不大可能产生一致的需求。个体需求的差异性本身，是经济变动的重要因素之一。可以说，在导致消费者需求变化的因素中，价格变动仅仅是其中的一个因素，还有很多无从考察和量化的主观因素，同样在起着不容忽视的作用。因此，我们无法单纯地用价格，来定义消费者的需求总量和积累总量。

其次，为了建立社会主义经济的一般均衡体系，巴罗尼只关注于纯粹的技术条件，而没有"深究在竞争下，商品数量固定时，额外的个人交易会不会是相互有利的这一事实"。[①] 事实上，在1902年皮尔逊发表的《社会主义共同体的价值问题》一文中，就已经对社会主义经济体系中必然存在的交换现象进行了讨论。皮尔逊认为，即使在社会主义国家中，"与那些不太漂亮、不太符合心意的东西相比，只要人们愿意为更漂亮、更符合心意的商品付出更高的价格，那么后者就会被视为比前者更有价值，交换

---

① [美] 萨缪尔森：《经济分析基础》，甘华鸣等译，北京经济学院出版社1990年版，第218页。

第四章 论战过程（二）：社会主义者对奥地利学派的回应

由此便会自动出现"。①②

至于泰勒，在大部分西方经济学家和社会主义者看来，他已经成功地回应了米塞斯的挑战，即生产资料公有制的社会主义，能够通过试错法，和资本主义一样，确定各种要素的实际重要性，并进行经济核算。因此，在关于社会主义经济核算论战的大部分描述中，泰勒的贡献主要体现在以下两个方面：第一，在巴罗尼 1908 年发表的文章中，虽然提到了社会主义为了实现经济均衡，可以采用试错法，但是对于错误的标准和表现等问题并没有进行详细的描述，而泰勒的文章做到了这一点，从理论上论证了如何具体操作试错法，不仅使社会主义一般均衡理论更加完整，而且为后来兰格提出的市场社会主义模型奠定了基础；第二，泰勒的文章成功地回应了米塞斯对社会主义的挑战，使奥地利学派对社会主义的批评，从理论上的不可能性转向了现实中的不可能性。③

对于泰勒的观点，奥地利学派的学者很明显不会认同。因此，哈耶克在 1935 年的文章中，对泰勒进行了直接的批评。泰勒在文章中说道："我们必须提醒我们自己，在任一时刻，在当前生产阶段可以利用的每种基本要素的储备或者收益，必然可以进行充分的量化"，而且"在特定生产阶段，任何可以利用的经济要素的数量实际上是确定的"。这对于坚持知识

---

① N. G. Pierson, "The Problem of Value in The Socialist Community", *Collectivist Economic Planning: Critical Studies on the Possibilities of Socialism*, ed. by F. A. von Hayek, London: George Routledge & Sons, 1935, p. 80. 很明显，巴罗尼忽视了这一重要的经济现象。这在某种程度上，可能也要归结于他刻意回避效用等概念。

最后，巴罗尼的一般均衡理论是对现实经济生活的一种抽象，它是一种虚拟的状态。在自由竞争体制下，我们可以说，一般均衡是一个趋势，但是没有人能够知道，市场在哪一个时刻会达到均衡，因为均衡本身是短暂的，整个市场的动力，更多的是来自非均衡状态下产生的利润。即使社会主义实现了均衡，那么，是否以后就一劳永逸，按照这一均衡价格进行生产，不进行任何改进了呢？事实上，如何看待和评价一般均衡理论，也是论战中奥地利学派与社会主义者反复纠缠的话题之一。对于这一点，我们还是应该记住哈耶克对一般均衡的两个评价："第一，均衡分析根本就不探讨社会过程的问题；第二，均衡分析只是我们着手研究主要问题之前的一种有助益的准备工作而已"。

② F. A. Hayek, "The Use of Knowledge in Society", *The American Economic Review*, Vol. 35, No. 4 (Sep., 1945), p. 530.

③ 关于论战过程的"标准"解释，参见 Don Lavoie, *Rivalry and Central Planning, The Socialist Calculation Debate Reconsidered*, Cambrige University Press, 1985, pp. 10 – 20。

具有分散性的哈耶克而言，显然是无法接受的。他认为，泰勒的观点"在逻辑上是矛盾的"，"既是不可行的也是不可能的"[①]，因为社会主义管理部门不可能掌握所有商品和生产要素的基本信息，也不可能及时了解到最新的技术信息，更不可能对消费者的即时需求作出迅速的反应。通过对经济生活进行细致入微的观察，然后确定各种要素的价值，是在任何情况下都无法利用理性来完成的任务。

泰勒对社会主义到底持有一种什么样的态度，或者说，他写作的目的是不是为了支持社会主义，或许也值得我们探讨。通过泰勒的《经济学原理》，我们可以发现，他主张政府对自由竞争的后果进行管理和调控，但是对社会主义并没有明显的倾向性。泰勒的主席演讲虽然讨论的是社会主义试错法，但是他之所以选择这样一个题目，很可能是为了证明，社会主义和资本主义在确定产品价值和价格方面之间存在着相似性，社会主义也可以而且能够通过某种途径，确定各种资源的相对重要性，而不是为了证明实现社会主义的必要性。或者说，他是站在一个中立的立场上，对社会主义和资本主义进行理论上的相似性分析。站在中立的立场上，对问题进行客观的分析，泰勒在早年也是如此行事。为了论证货币改革的必要性，泰勒曾说过："我的文章的主要目的，是希望通过给读者提供一些货币和银行方面的基本常识，使他们熟悉货币学和财政学的基本原则，以及在这些发展过程中的过去所从事的实验。但是它绝不能被理解成，之所以将报告加上理论或者历史色彩，是为了引导人们支持国家货币。在价值上，它是绝对中立的，而且文中引用的几乎所有的观点，都是没有争论的共识。"[②] 同为密歇根大学的迪金森教授，在1960年发表的文章中，利用了泰勒教授大量的第一手资料，如泰勒这篇文章的草稿、泰勒的读书笔记和剪贴报纸等，对上述判断给予了证明。迪金森教授在文章中指出，"泰勒在教授经济学理论过程中，长期使用比较经济学研究方法，使他对苏联的经济事务长期保持着关注，从而选择了这个作为题目演讲"。因此，"他的这篇文章在某种程度上，是为了论证任何社会都会存在的一个基本问

[①] F. A. Hayek, *Collectivist Economic Planning: Critical Studies on the Possibilities of Socialism*, London: George Routledge & Sons, 1935, p. 207.

[②] F. M. Taylor, "The Final Report of the Indianapolis Monetary Commission", *The Journal of Political Economy*, Vol. 6, No. 3 (Jun., 1898), p. 295.

题；也许在某种程度上，也是为了告诫人们，从不可能进行理性的资源分配这一角度对社会主义进行批评，是不明智的"。①

由此可见，泰勒并不是一个支持社会主义的经济学家，最多只能说他对社会主义有好感，并不厌恶。像泰勒和巴罗尼这样的学者，在没有明显的倾向性的情况下，依然努力地在理论上建构社会主义经济体系的均衡，可以充分地说明，第一，社会主义在当时蒸蒸日上，得到越来越多的关注；第二，社会主义经济核算论战，吸引了众多学者的注意力。这也为我们的思考提供了一种借鉴，即虽然社会主义经济核算论战带有浓烈的意识形态色彩，是整个20世纪社会主义与自由主义争论的一部分，但是我们依然可以从相对客观的角度，站在中立的立场上，对双方的观点进行分析和研究。或许在这一点上，泰勒给我们的参考价值，比他在理论上为社会主义提供的帮助要更有意义。

在继承巴罗尼和泰勒等人学术成果的基础之上，兰格试图重新在计划经济的框架内，利用资本主义制度中的市场机制，建立起一个部分竞争性的社会主义市场。兰格的出发点在于，"绝大多数商品通过市场机制进行分配，同时对资本实行社会所有。这样，我们就能够享受到市场经济条件下的所有好处，同时又克服了在资本主义制度下生活的所有弊端"。② 在米塞斯和哈耶克等人的挑战下，既需要维护社会主义公有制这一既定前提，又需要对社会主义经济不可能良好运行这一论断进行回击，兰格所采取的模式似乎是唯一可以想象的，即将计划和市场融合在一起，同时吸收两者的优点。兰格创造性地提出了市场社会主义的概念，第一次打破了传统社会主义者对计划和市场的认识，将市场机制引入到社会主义经济体系中来，在社会主义思想史上获得了极高的评价。正如英国经济学家特纳和科林斯所说，"兰格的模式成为了新近一些试图在理论上结合计划工作和市场机制者的理论基础"。③ 而瑞典经济学家本特·汉森则认为，兰格提出的社会主义经济中的行为原则，是"现代对经济政策理论作出的最动人的贡献之一"。④ 后来的市场社会主义者，如布鲁斯、罗默等人，就是以

---

① Z. Clark Dickinson, Fred M., "Taylor's Views on Socialism", *Economica*, New Series, Vol. 27, No. 105 (Feb., 1960), pp. 51 – 52.

② [英] 皮尔森：《新市场社会主义》，姜辉译，东方出版社1999年版，第274页。

③ [英] P. 特纳、C. 科林斯：《计划经济学》，商务印书馆1982年版，第18页。

④ 朱庭光：《外国历史名人传》（补遗本），中国社会科学出版社1985年版，第83页。

兰格的设想为模版，对市场社会主义模式不断地修正和完善，推动了社会主义经济体制的研究进一步向前发展。

然而，"这种巧妙的做法最终难以奏效，其原因在于：市场社会主义者所谈论的市场，被证明同新自由主义者所谈论的市场没有相似之处"[①]，只希望借鉴市场的过程，同时对市场的结果进行全盘干预，这种市场仅仅是一种理论上的模型而已。市场自身蕴含的激励机制，就在于通过利润最大化这一结果，刺激企业家不断地技术革新，对未来的变化形成良好的预期，更好地满足消费者的需求，从而带动整个经济的进步。然而，直到晚年兰格也没有充分认识到这一点。在其一生的最后一篇论文《计算机与市场》中，兰格讨论的，仍然是社会主义的经济核算问题。他认为，可以将市场看作是一台计算机，其作用就在于求解一个联立方程体系。然而，将社会主义可以应用的计算机，与资本主义的市场相比，前者的很多优点是后者无法比拟的，例如前者工作速率极快，在实际的经济生活中不至于产生波动等，而后者的一个重要局限性在于，它只能采用静态均衡的方法来处理核算问题。因此，兰格满怀信心地说道："如果今天我重写我的论文，我的任务可能简单得多。我对哈耶克和罗宾斯的回答可能是，这有什么难处？让我们把联立方程输进一台电子计算机，我们将在一秒钟内得到它们的解。市场过程连同它的繁琐的试验过时了。实在可以把它看成是前电子时代的一种计算装置。"这段话在一定程度上表明，兰格一直未能理解米塞斯所提出的经济核算问题的性质。"无论在宏观还是微观层次上，经济计算本质上是经济关系、经济利益的协调，是经济行为每个当事人的利益博弈，而不是管理结构的会计学意义上的数字运算"[②]。

兰格之所以一直未能认识到这一点，很重要的一点在于他对市场本身的误解。在市场中，各种事物紧密地联系在一起，往往是一种相互决定的关系。而兰格则将"这种相互决定的关系，描述成一种线性关系，即简单的决定与被决定的关系"[③]。从个人情况来看，个人的偏好并不是一个确定的因素，由此带来了市场的不确定性，然而，兰格完全忽视了个人偏好

---

① ［英］皮尔森：《新市场社会主义》，姜辉译，东方出版社1999年版，第275页。
② 王建民：《路德维希·冯·米塞斯社会主义观述评》，《山东大学学报》2007年第6期。
③ Paul Craig Roberts, "Oskar Lange's Theory of Socialist Planning", *The Journal of Political Economy*, Vol. 79, No. 3 (May-Jun., 1971), p. 571.

的差异性和变化，在他看来，只要知道个人的收入和市场的价格，就可以确定个人的需求。从整个市场的状况来看，人们的偏好、实际收入、市场上的供应等，众多因素共同导致了价格的形成，而兰格却简单地归结为价格决定了供求，只要中央计划委员会调整了价格，就能改变市场的一切。对个人行为的忽视，对市场过程的简单化处理，是导致兰格模式失败的主要原因。与兰格相对照的，则是奥地利学派对个人行为的重视，对市场动态过程中的复杂性的强调。米塞斯在20世纪40年代发表的《人类行为》，以个人在具体环境下作出的选择为起点，研究人类在市场上的经济行为，以及其他一切社会现象。而哈耶克也是从手段与目的的关系出发，依据特定手段在满足人类目的方面的有效性，对各种制度和规则进行判断。可以说，对市场的特征、运行机制等问题认识上的差异，是兰格与奥地利学派的分水岭。而兰格参与其中的社会主义经济核算论战，对我们而言，一个非常重要的启示，也就是如何正确地看待市场、价格和竞争。

　　如果说理论上的论证，还不足以说服那些依然信奉市场社会主义的学者，那么，看看东欧国家的改革和中国改革的实践差异，可以让我们对兰格模式有更清晰的认识。在从事学术研究的同时，兰格一直致力于发挥自己的政治影响力。可以说，东欧国家改革的很多措施，都是参照兰格模式来展开的。改革中出现的众多问题，在很大程度上，也是兰格模式自身所难以逃避的。而回首我国改革开放30年的历程，从80年代家庭联产承包责任制的确立、以价格双轨制为突破口的全民所有制企业改革的启动，到90年代初将改革的目标确定为建立社会主义市场经济体制，再到世纪之交明确非公有制经济是社会主义市场经济的重要组成部分以及将保护私有财产写进宪法，这些政策措施已经远远超出了兰格模式的范围，不仅建立了消费品市场，生产要素市场和资本市场也逐步完善，不仅给予企业管理者自我决策的权力，而且保障了个人的财产。因此，如果我们从实践的角度来看待兰格模式以及社会主义经济核算的论战，可以说，我国的改革开放为这场论战提供了一个最好的注脚。

　　关于社会主义阵营内部的争论，虽然迪金森、多布和勒纳之间，围绕着将新古典经济学的均衡理论应用到社会主义经济体系中是否恰当这一问题，展开了激烈的讨论，但是我们仍然能够从中发现，他们的基本立场是相似的，都是为了支持社会主义，或者说对社会主义有好感，这是他们的基本出发点。在面对米塞斯发出的挑战之后，他们从不同的角度，对社会主义经济体系的合理性进行了论证，以期能够回应米塞斯的挑战，为社会主义经济提供理论上的证明。因此，这种争论主要还是社会主义内部的争论。

但是，社会主义内部的争论，并不意味着，他们之间的分歧是可以忽视的。事实上，迪金森和勒纳二人，主要是坚持新古典主义经济学。在哈耶克看来，迪金森所提出的解决方案，"在本质上与兰格等人所建议的解决办法没有什么不同"。[1] 这种方法或许就是承认了米塞斯的第一个论断，即任何复杂社会体系中，要作出合理的决策，必须有价格体系的帮助。而他们所否定的，则是米塞斯的第二个论断，即只有在私有产权体制中，才能出现这种恰当的价格体系。因此，他们的主要目的都是为了将市场竞争机制引入到社会主义经济体系当中，用市场社会主义体系来协调个人选择自由与中央集体计划之间的关系，试图将市场定价体系与社会主义公有制联系起来。然而，通过米塞斯和哈耶克后来的论证，我们可以发现，这种模式虽然有可能实现新古典主义所向往的均衡，但是，在面对激励机制、权力分配、创新等方面的质疑时，他们的回答往往无法令人满意，其最终的实际可操作性也无法得到证明。例如，当代奥地利学派的代表人物之一罗伯特·墨菲，在回顾社会主义经济核算的论战时就曾指出，为了理论建构和解释的需要，从理论上对消费品和生产要素进行区分，是可以理解的。但是如果把这种理论上的区分，直接应用于现实，恐怕就很难进行操作。例如，同样是一升石油，如果用来发动汽车，那么它就是消费品，而如果用它来提炼化工产品，则它就是生产要素。在现实生活中，石油作为消费品还是生产要素，可以随着市场行情的变化而及时发生改变，但是迪金森的模式中，类似的现实问题一定和在资本主义社会中一样多，但是显然，迪金森无法提供一个合理的解决方案。

而多布则和迪金森、勒纳有本质上的区别。当面对米塞斯等奥地利学派的挑战时，当迪金森等人采用新古典主义经济学对社会主义经济理论进行重构的时候，作为一个忠实的传统马克思主义者，多布的出发点就是要为原初的社会主义观进行辩护。多年以后，多布仍然坚定地认为，"任何把市场作为生产资料配置和积累的真正手段的企图，都将逐渐削弱社会主

---

[1] F. A. v. Hayek, "Socialist Calculation: The Competitive 'Solution'", *Economica*, *New Series*, Vol VII, No. 26 (May 1940), p. 129.

义的优越性"。① 在多布看来，在市场中，消费者的偏好或者品味是无法预见的，这是人们成功进行计划的唯一障碍，或者说是主要障碍，而且消费者的偏好本身也是不值得信任的。从这种思路出发，多布希望社会主义国家，应该更多地发挥国家的作用，而不是任由消费者自由选择。对于多布的这种观点，哈耶克从三个方面进行了批评。第一，"社会主义者始终反对这种看法，即社会主义制度中的生活，就像是兵营中的生活一样，所有的细节都要受到严密的管制"，多布的观点在现实生活中，能够找到多少追随者呢？第二，在资源始终稀缺的前提下，即使用独裁者的选择，代替了消费者自己的选择，经济核算问题的必要性依然存在，没有市场定价体系，统治者的决策依然是盲目的。第三，消费者的选择，并不是导致变化的唯一因素，技术的更新、气候的变化、某项资源的突然被发现或耗尽等，都会给统治者的决策带来影响，取消了消费者自由选择这一变量，并没有减轻中央决策的复杂性。

多布的这种中央统一计划模式，不仅受到了勒纳、哈耶克等人的挑战，30年后，波兰著名的社会主义经济学家布鲁斯，在谈到多布的这种观点时，分四个方面讨论了其局限性：第一，中央统一决策不可能解决所有的问题，在一些处于从属地位的领域，分权是必要的；第二，中央决策的复杂性，并没有如多布所想象的，很简单、很容易；第三，事先的决策固然重要，但是依然离不开事后的不断适应；第四，多布没有注意到社会效率、激励手段等问题，而这些问题，对于一个经济体系的成功运行而言，同样至关重要。② 中央统一计划体系的问题如此之多，多布却始终不渝地坚持它，很可能是受到两方面的影响：一方面是他对传统马克思主义的信仰；另一方面则是苏联计划经济繁荣的外表，给予了他无限的希望和信心。

从1933年到1935年这两年间，社会主义阵营内部的这场争论，在主观上，他们是希望对米塞斯的挑战作出回应，但是在客观上，却使我们更加清晰地认识到，奥地利学派、新古典主义经济学与传统的马克思主义经

---

① ［英］霍华德·金：《马克思主义经济学史》，顾海良等译，中央编译出版社2003年版，第372页。

② 参见［波］布鲁斯《社会主义经济的运行问题》，周亮勋等译，中国社会科学出版社1984年版，第41—42页。

济学之间，存在的重大差异。事实上，奥地利学派所面对的回应，不是社会主义者的，或者可以说，主要并不是社会主义者的，而是新古典主义经济学的均衡理论。但是在此之前，人们几乎一直把奥地利学派视为新古典主义经济学的一部分，因此，这场争论带来的一个意想不到的结果，就是体现出了奥地利学派与新古典主义经济学之间的差异，这也为奥地利学派在战后70年代的复兴，提供了重要的历史依据。或许，这也可以为哈耶克后来所坚持的"无意图的后果"提供另一个鲜活的证明。

第五章

论战过程（三）：奥地利学派对市场社会主义的回应

针对兰格提出的市场社会主义模式，哈耶克于1940年发表文章，从知识论的角度讨论兰格模式内在的问题，并对市场社会主义模式的现实可行性问题进行了分析。后来，米塞斯也在1949年发表的最为重要的代表作《人类行为》中，对兰格模式进行了批评。哈耶克和米塞斯批评的重点，涉及试错法、均衡分析以及人造市场等方面。通过分析米塞斯与哈耶克对兰格模式的批评，我们可以更加清晰地看到奥地利学派与新古典主义经济学之间的差异。

第一节 哈耶克对市场社会主义的批评

对于20世纪20年代到40年代的社会主义经济核算论战，人们通常认为，米塞斯于1920年对社会主义发起的挑战有一定道理，但是他没有注意到，早在20世纪初，巴罗尼等人就运用瓦尔拉斯的一般均衡理论证明了，社会主义计划能够像资本主义市场一样具有效率；哈耶克和罗宾斯等人因此承认社会主义在理论上是可行的，但坚持认为，社会主义在实践中不可行，而兰格和勒纳等人之后提出了市场社会主义的方案，最终成功地回应了哈耶克等人的批评，从而赢得了论战。[1] 在这一标准版本的叙述中，不仅存在着理论上的误解，即巴罗尼所运用的一般均衡理论无法证明社会主义最终所具有的可行性，米塞斯和哈耶克等人之间也不存在所谓的理论和实践的界限，而且在论战事实上，也忽视了一个重要的环节。在兰

---

[1] 关于论战过程的"标准"解释，参见 Don Lavoie, "*Rivalry and Central Planning, The Socialist Calculation Debate Reconsidered*", Cambridge University Press, 1985, pp. 10 – 20。

格等人提出市场社会主义之后,无论是米塞斯,还是哈耶克都没有在论战中偃旗息鼓,而是不断地发表作品,对兰格模式进行回应。① 本节所关注的,就是在兰格提出具体的市场社会主义模型之后,奥地利学派的代表人物之一哈耶克对兰格模式的批评。在介绍了哈耶克对社会主义经济核算论战的贡献之后,着重分析两个问题:第一,一般均衡理论与哈耶克知识论之间的关系;第二,兰格模式的现实可操作性如何,最后对哈耶克的观点进行评述。通过对哈耶克这段论战经历的描述,一方面可以使人们对论战过程的了解更完整,对哈耶克的思想有更全面的认识;另一方面还可以更清醒地认识到市场社会主义模式存在的问题,为我们社会主义改革的实践提供某种借鉴。

一 哈耶克在论战中的贡献

1922年,在《社会主义共同体的经济核算问题》这篇论文的基础上,米塞斯发表了《社会主义》鸿篇巨著,对社会主义进行了全方位的批评。这部作品的发表,不仅进一步推动了社会主义经济核算论战的进程,而且对年轻的哈耶克产生了重要影响。《社会主义》这本书,使哈耶克从一个温和的社会主义者,逐渐转变成一个坚定的市场捍卫者。尽管发生了思想的转向,但是哈耶克并没有"完全注意到这场论战",直到30年代,哈耶克来到英国之后,才真正意识到米塞斯与社会主义者之间的论战。由此,哈耶克参与到了这场在某种程度上改变了其整个学术生涯的论战。

正如哈耶克在接受采访时所说,"20年代是米塞斯出战,30年代则由我出战"。② 从1935年正式代表奥地利学派参与到社会主义经济核算的论战,哈耶克主要在三方面作出了贡献。第一,编辑出版与论战相关的作品。《苏俄的计划经济》和《集体主义计划经济》的发表,代表着哈耶克正式加入到论战中来。前一本书的作者是苏俄著名的经济学家布鲁斯库斯,该书最初于1920年以俄文发表。在哈耶克编辑的英文版前言中,哈耶克对作者和这部作品都给予了高度赞扬。在哈耶克看来,既了解俄国现

---

① 米塞斯对兰格模式的批评主要包括以下作品:《作为经济核算问题之出路的人造市场》,《数理经济学的均衡与社会主义国家的经济核算问题》,《社会主义经济核算的不可能性》。关于米塞斯对市场社会主义的批评,另文论述。

② Richard Ebling,"An Interview with Friedrich Hayek", *Libertarian Review*(September,1977),p.11.

第五章 论战过程（三）：奥地利学派对市场社会主义的回应

状，又能从理论上进行思考，同时还可以自由言论的经济学家实在是少之又少，而布鲁斯库斯就是其中的一位。他不同寻常的预见性，给哈耶克留下了深刻的印象。所以哈耶克认为，这本书连同米塞斯和韦伯的作品，共同引发了对现代社会主义经济问题的讨论。[①] 第二本书则是哈耶克汇编的与论战相关的论文集。在这本书中，哈耶克收录了皮尔逊的《社会主义共同体中的价值问题》、巴罗尼的《集体主义国家的生产部》以及米塞斯的《社会主义共同体中的经济核算问题》等一系列重要文章。哈耶克对这些作品的整理，为英语体系内的经济学家更全面地了解论战，提供了文献上的帮助。

除了编辑论战文献之外，哈耶克本人也通过发表文章，对论战的进程时刻保持关注。前期哈耶克发表的文章，都是对社会主义计划经济的批评，这也是哈耶克在论战过程中作出的第二项贡献。哈耶克对论战的性质、历史和双方主要观点进行总结，开创性地提出了经济学中的知识论问题，并从知识的角度，对中央计划经济进行批评。哈耶克指出，除了科学知识以外，现实生活中还存在着大量的默会知识，它们具有主观性、时空性和分散性的特点。在经济生活的方方面面，这些默会知识都发挥着巨大的作用，而中央计划机构根本无法完全掌握这些知识，因此，中央计划必定是失败的。

哈耶克在论战中所作的第三项贡献就是，在兰格、迪金森等人的模式还没有出现之前，就已经预见到他们的很多观点，而在兰格的市场社会主义方案出台之后，哈耶克又对兰格等人的建议重新进行了全方位的批评。哈耶克的分析，主要包括一般均衡理论、试错法、责任认定、风险投资以及激励机制等方面。下面我们就具体看看，哈耶克是如何从这些角度，对兰格模式进行批评的。

二 哈耶克对均衡分析的批评

通过前文对兰格模式的介绍，我们可以将兰格模式的主要特点归结为以下几点：分析工具是数理经济学的均衡理论，核心思想是人造市场，其主体是中央委员会，目标是实现整个经济生活的一般均衡，手段是模拟市

[①] 参见 Boris Brutzkus, *Economic Planning in Soviet Russia*, London: George Routledge & Sons, 1935, pp. 8 – 10。

场和试验错误。在讨论哈耶克对兰格的批评之前，我们首先需要明确一个概念：即在哈耶克看来，什么是社会主义。因为哈耶克批评兰格的文章发表在1940年，当时社会主义这一概念的内涵，与马克思意义上的原初的社会主义概念相比，已经发生了较大的变化。原初意义的社会主义，指的是所有生产资料收归国有，中央权力机构通过计划，指导一切社会事务，无论生产领域还是消费领域。但是，随着米塞斯挑起的社会主义经济核算的论战，越来越多的经济学家部分地接受了米塞斯的观点，他们倾向于将市场因素重新引入社会主义模式当中，即社会主义为了合理地分配和利用资源，也必须有市场竞争，必须给消费者选择自由和就业自由。这就在一定程度上给社会主义的概念造成了混乱。在此情况下，哈耶克指出为了保证社会主义这一概念还有意义，其最低限度在于，"'谁应当为社会支配或掌握特定数量的资源'或'不同的企业家应当被委任掌握或支配多少资源'这样的问题必须由中央权利机构来决定"。[①] 也就是说，只要国家还保有对资源的控制权和最终决定权，只要中央控制能够使物质性生产资料的收益拥有支配权，这种体制就应当被视为社会主义。这样一种对社会主义的理解表明，哈耶克所关注的主要还是经济领域的生产资料所有权问题。

在厘清了社会主义的概念之后，下面我们就围绕兰格模式中的两个核心问题，即一般均衡这个理论前提，和实现均衡的具体措施，看看哈耶克在面对兰格模式时如何继续坚持他的知识论，如何从奥地利学派基本理论的角度，对兰格模式的内在一致性和现实可操作性展开批评的。

先来看哈耶克对均衡模式的批评。虽然哈耶克在社会主义经济核算的论战中对一般均衡理论进行了批评，但是需要我们注意的是，哈耶克早期的商业周期理论，也是建立在均衡分析的基础上。他是从某种均衡状态出发研究经济波动理论的，这种均衡是比例均衡，即"一切可用的资源都被使用（即充分就业），货币数量一定，整个社会的消费——储蓄比例一定，从而生产的纵向结构一定时，用于购买消费品的货币和用于购买资本品的货币之间的比例（即对这两类产品需求的比例），等于消费品的产量

[①] F. A. Hayek, *Collectivist Economic Planning: Critical Studies on the Possibilities of Socialism*, London: George Routledge & Sons, 1935, p. 20.

第五章　论战过程（三）：奥地利学派对市场社会主义的回应

与资本品产量之间的比例"①，可见，哈耶克本人并不反对均衡理论本身，他所反对的是用均衡理论来解决现实问题。均衡理论的作用，"主要在于帮助我们理解，洛桑学派的经济学家所表述的关于经济数量之间相互依赖的理论"②，除此之外，我们不能对它寄予厚望。而社会主义者，则希望利用均衡理论，来实现社会主义经济的协调和发展，因此，成为哈耶克批评的对象。

要了解哈耶克对社会主义均衡分析的批评，我们不得不涉及哈耶克的知识论这个主题。"哈耶克对非市场计划经济的批评，植根于他深刻的经济哲学思想……从某种程度上说，正是由于在不断变化情况下导致的知识分散性，才带来了经济问题，这种观念在哈耶克批评兰格模式的时候，发挥了重要作用"③。换句话说，哈耶克对一般均衡理论的批评，从某种意义上来说，与之前对中央计划经济的批评是一致的，其理论武器都是两种知识的划分以及对知识性质的分析。这是因为，中央制订计划，必须掌握大量的经济数据，从而对整个经济体系进行安排和计划；而一般均衡的实现，同样需要对大量的经济数据进行汇总。也就是说，应用一般均衡理论来分析社会主义经济问题时，"真正相关的并不是这种方程体系的形式结构，而是求得一项数学方程所必需的具体信息的数量和性质，以及这些微分方程在任何现代社会中必定会涉及到的任务的规模"④。

为了使社会主义经济体系达到均衡，中央计算机构首先要了解消费者的需求，并对消费者的需求按照重要性进行序数排列。这一点在哈耶克对兰格模式的批评中具有重要意义。因为哈耶克特别强调目的与手段之间的关系。哈耶克告诉我们，如果我们所要达到的目的是单一的，那么计划作为手段，就是可取的，或者说是可能的。当我们认定这种单一的目的是我们唯一值得追求的理想时，我们必定可以为了实现这一理想而付出任何代

---

① ［英］哈耶克：《物价与生产》，朱宗风等译，上海人民出版社1958年版，第35页。

② F. A. Hayek, *Monetariy Theory and the Trade Cycle*. Clifton, New Jersey：A. M. Kelley, 1933, p. 42.

③ Daniel Shapino, "Reviving the Socialist Calculation Debate：A Defense of Hayek Against Lange", *Social Philosophy & Policy*, Vol. 6 Issue 2, 1987, p. 102.

④ F. A. Hayek, *Collectivist Economic Planning：Critical Studies on the Possibilities of Socialism*, London：George Routledge & Sons, 1935, p. 208.

价。在此情况下，社会主义制度中根本不存在经济问题，我们也根本不会考虑成本问题，唯一需要考虑的仅仅是一些类似于工程性质的技术问题，例如如何从一定的矿石中冶炼出更多的金属，或者如何提高汽车的速度，等等。战时经济之所以被认为是计划经济可行的证明，就是因为在战争期间，获得最终的胜利是唯一的目的。为了达到这一目的，任何其他的目的，包括爱情、亲情、友情，甚至是生命，都是可以付出的。通过计划和国家管制，不仅可以应对战争带来的物资严重短缺，而且还集中一切可以利用的资源，最大限度地满足战争的需要。同样，苏联建设期间所取得的一系列工业上和军事上的成就，也都是因为倾尽全国之力，只为达到这一目标才实现的。在此过程中，人们生活水平的提高、公共福利的扩展等等，统统等而下之。

那么，社会主义的目的是不是单一的呢？哈耶克认为，从理论上来说，社会主义者利用中央权力机构的计划，统一指导全部经济生活，他们希望同时达到下述两个目的："第一，实现一种独立于生产资料私有权的收入分配理想；第二，达到一个至少接近甚或超过自由竞争条件下的产品产量。"也就是说，社会主义在追求平等的同时，必定会追求繁荣，甚至包括自由等，当这些价值同时成为社会主义的目的时，计划手段恐怕就无法担此大任。从现实上来说，要想使社会主义实现一般均衡，就必须使生产的产品能够恰好满足消费者的各种需求，从而实现帕累托最优。但是实现均衡的前提是，中央权力机构能够充分掌握消费者的消费需求，包括对产品的种类以及具体的数量的需求等，而且能够对消费者的需求进行准确的预期。只有了解了消费者的偏好，才能形成一个完整而统一的价值序列；只有根据这个价值序列进行计划，才能避免社会主义生产的盲目性。但是通过知识的性质我们清楚地知道，消费者偏好这类知识完全是主观的，不同的个体对于同一消费品的偏好很难形成一致意见。虽然在一个消费者可以自由进行选择的社会中，通过以往消费者的消费记录，可以大体判断之前消费者的总体偏好。但是，知识还具有时空性，尤其是像个人的品位和喜好这类知识，往往会随着时间的流逝而发生巨大的变化。因此，即使是过去的消费经验也无法为中央计算机构提供一份完整的清单，上面明白无误地显示着消费者在未来某个时段，会有什么样的消费偏好。再说了，即使中央计划委员会成功地预测了消费者在未来的消费状况，但是不同消费者的主观偏好差异很大，在资源的稀缺性无法改变的前提下，势必

第五章 论战过程（三）：奥地利学派对市场社会主义的回应

有一部分人的欲望优先得到满足，如何在他们之间作出平衡呢？"世界上根本就不存在任何能够使我们对不同个人的需求所具有的相对重要性进行比较或者评估的科学标准"，所以"一种得到人们一致同意的共同的价值序列根本就是不存在的"。①

在兰格看来，不仅"指导选择行动的一个优先顺序"是已知的，而且"现有资源数量的知识"同样是已知的。② 但是在哈耶克看来，中央权力机构不可能了解全部产品的所有相关信息。哈耶克秉承的是奥地利学派主观价值论和边际效用递减规律，即使是同一数量的商品，在不同的时空环境下，对消费者的欲望满足也具有完全不同的意义，更不用说不同的商品以及不同数量的商品了。因此，中央计划委员会在制订计划的时候，"必须把每台机器、每件工具、每栋建筑物都当作单个事物来对待（因为它们的作用乃是由它们各自特定的损耗程度及其所在位置等情况所决定的），而不是把它们当作一类在物理上相似的东西中的一个事物来对待"。③ 也就是说，对于两种产地不同、包装不同或出厂时间不同但在技术上相似的产品的作用，在制订计划过程中绝不能等而视之。"显而易见，仅仅中央一项统计任务的负担就要比迄今为止人们所做过的任何这类统计工作都沉重得多"。尽管这是一项非人力所为的工作，但是要保证均衡的实现，中央计算机构不得已而为之。因为只有在充分了解这些产品信息的基础上，中央计算机构才能决定应当把多少原材料和新设备分配给某个企业，才能确定市场上的定价到底为多少才是合理的，才能达到所谓的均衡。

除了消费者的偏好和产品信息之外，还有一个至关重要的方面，它直接影响着社会主义生产的效率，并与一般均衡的实现息息相关，那就是关于生产技术的知识。在数理经济学家对均衡状态的描述中，生产特定产品的技术知识往往被视为给定的。中央计算机构为了实现整个经济体系的一般均衡，必须保证能够获得这类知识，也就是说，必须将这类

---

① F. A. Hayek, *Collectivist Economic Planning: Critical Studies on the Possibilities of Socialism*, London: George Routledge & Sons, 1935, p. 25.

② ［波］兰格：《社会主义经济理论》，王宏昌译，中国社会科学出版社1981年版，第3页。

③ F. A. Hayek, *Collectivist Economic Planning: Critical Studies on the Possibilities of Socialism*, London: George Routledge & Sons, 1935, p. 209.

知识汇总到中央计算机构的手中。然而,"无需强调的是,即使就那种能够被恰当地视作任何时候都'存在'的知识而言,这种想法也是极为荒谬的"。① 更何况,关于生产技术,往往并不是以一种可以用语言来表述的知识,它经常表现为一种默会知识,或者说是一种仅仅"知其然"而不知"其所以然"的知识,这类知识只可意会不可言传的。例如手中制作者熟能生巧的技艺,或者偶发灵感对生产工艺作出的改进,等等,都属于这类知识。

上文的分析表明,无论是消费者的消费偏好,还是各种产品的信息,抑或生产技术,都是以分散的形式存在的,根本不可能进行统一的汇总。也就是说,一般均衡所要求的条件,即各项数据是给定的,对于所有人而言都是已知的,根本无法实现。因为恰恰是这些知识的产生、传播和利用,才是社会生活的主题。如果一般均衡是现实生活中的一种确实可以达到的状态,而且一旦实现之后能够保持稳定,或许人类假以时日,通过各种统计技术的提高,可以达到这种均衡。但是,遗憾的是,经济生活中每时每刻都在发生着变化,在此过程中,均衡点势必也随之不断地改变。因此,无论任何经济形态,至关重要的问题都在于如何通过迅速的调整,不断地适应经济生活中任何细小的差异和变化,而根本不在于是否能够达到片刻的均衡。

兰格在文章中曾指出,经济均衡理论可以追溯到帕累托,而巴罗尼在《集体主义国家的生产部》这篇文章中,则明确说明了,社会主义经济也可以实现经济均衡,兰格甚至认为,米塞斯和哈耶克等人的讨论,都没有超出巴罗尼的这篇论文的内容。② 那么,巴罗尼的思想到底是否真的为社会主义经济的可能性提供证明呢?哈耶克认为,巴罗尼的确论证了,社会主义和资本主义在经济均衡方面存在着相似性,但是巴罗尼并没有因此而认为,社会主义能够履行这一功能。那些强调这一相似性的社会主义经济学家,丝毫没有注意到,巴罗尼在说明了微分方程如何用来解释市场价格的决定因素之后,补充说道:"真正的困难——或者更坦率地说,解决这

---

① F. A. Hayek, *Collectivist Economic Planning: Critical Studies on the Possibilities of Socialism*, London: George Routledge & Sons, 1935, p. 210.

② [波] 兰格:《社会主义经济理论》,王宏昌译,中国社会科学出版社 1981 年版,第 2—5 页。

一问题的不可能性——乃在于不可能事先解决这些等式。"① 这意味着，社会主义不可能通过生产之前的计划，确定实现一般均衡的价格。更重要的是，巴罗尼似乎预见了哈耶克之后提出的知识论，他明确地指出，即使社会主义能够提前确定技术系数，在收集均衡等式的各项数据时，依然会面临着几乎无法克服的困难。巴罗尼所提到的一些数据，恰好就是哈耶克对兰格的批评所涉及的数据，例如消费者的偏好、资本的数量，等等。

总而言之，无论是采用微分方程的形式来实现一般均衡，还是通过试错法来达到一般均衡，在收集市场数据这方面，都难逃哈耶克来自知识论的批评。单纯这一点，就注定了兰格所接受并应用的一般均衡理论，仅仅是一种理论上的虚构而已。因此，对于一般均衡理论，我们始终应该牢记哈耶克的两点总结："第一，均衡分析根本就不探讨社会过程的问题；第二，均衡分析只是我们着手研究主要问题之前的一种有助益的准备工作而已。"②

三 哈耶克对竞争解决方案的批评

通过前文对兰格模式的描述可以看出，兰格希望把竞争机制融入到生产资料集体所有的社会主义当中，用模拟竞争达到的均衡，来代替之前通过计算获得的均衡。针对兰格的这种竞争解决方案，哈耶克提出了以下三个问题："第一，这样一种社会主义制度在多大程度上仍然与那些主张用计划性的社会主义制度去取代混乱的竞争状况的愿望相符合呢？第二，他们所建议的那种方法究竟能够在多大程度上解决这个领域所存在的主要难题呢？第三，他们所建议的那种方法又在多大程度上可以得到适用呢？"③

第一个问题其实很好回答。在原初的社会主义者看来，计划和竞争是彼此对立的两种手段，二者水火难容，甚至在兰格提出市场社会主义方案

---

① Enrico Barone, "The Ministry of Production in the Collectivist State", *Collectivist Economic Planning: Critical Studies on the Possibilities of Socialism*, ed. by F. A. von Hayek, London: George Routledge & Sons, 1935, p. 287.

② F. A. Hayek, "The Use of Knowledge in Society", *The American Economic Review*, Vol. 35, No. 4 (Sep., 1945), p. 530.

③ F. A. v. Hayek, "Socialist Calculation: The Competitive 'Solution'", *Economica*, New Series, Vol. VIII, No. 26, 1940, pp. 129–130.

的年代里，很多人都持这种观点，而且大部分支持社会主义的人都认为，之所以要采用计划手段来组织社会主义生产，就是要克服竞争过程中的盲目性和破坏性，这是社会主义优越性的重要体现之一。虽然在社会主义经济核算的论战过程中，莫里斯·多布[①]等人坚持由中央统一制定计划，将一切投资权、生产经营管理权都收归中央所有，甚至不惜为了计划的成功而取消就业自由和消费者的选择自由，但是兰格模式却在社会主义经济体系当中重新植入了竞争因素，这在某种程度上也是对米塞斯和哈耶克的认可，或者说，一部分社会主义经济学家已经认识到，单纯的计划经济无法避免价格缺失带来的后果，无法避免如何利用知识这个重大问题，甚至无法避免生产的盲目性——这原本是社会主义者对竞争的指责。因此，通过兰格模式可以看出，随着论战的进行，除了生产资料所有制问题以外，社会主义经济学家已经在很大程度上接受了奥地利学派的观点。

问题也恰恰出在这里，在依旧取消生产资料私有制的前提下，用试错法来引导中央计划，最终达到经济体系的均衡，这种方法能够回答哈耶克从知识论角度提出的疑问吗？这就是哈耶克思考的第二个问题。这里的关键问题在于试错法的效率。也就是说，中央计划委员会定价之后，中间间隔多长时间，才对价格体系进行调整呢？在未来始终充满了不确定性的现实生活中，如何才能保证导致价格变动的各种信息及时有效地传达给中央计划委员会呢？为了更形象地说明问题之所在，哈耶克将中央统一制定的价格体系与市场决定的价格体系之间的区别，比喻为两支作战部队之间的区别：前一支军队当中，所有的士兵和小分队在发现情况之后，必须及时上报，等到将军命令之后才可以行动，而在后面这支部队当中，每个士兵和小分队则拥有自由行动权，他们可以根据战场的形势随时作出调整，见机行事。这两支部队的作战效率，孰高孰低，读者很容易就可以作出判断。由此可见，兰格模式中虽然引入了试错法等竞争性的举措，但是从根本上说，兰格还是过分关注有关静态均衡的纯理论问题。我们在前文对一般均衡理论的批评，完全可以再次应用到这里，也就是说，在一个变动不居的现实环境中，所谓的均衡根本无法实现，因此问题根本不在于如何才能通过各种方法实现经济体系的均衡，而在于如何通过迅速的调整，以更

[①] 参见 Dob, "Economic Theory and the Problem of a Socialist Economy", *Economic Journal*, December, 1933。

彻底更迅速的方式应对在各个地方和各个行业有可能出现的变化。

至于第三个问题,即兰格模式在现实中如何适用,是否会遇到困难,则是哈耶克分析的重点。既然兰格将竞争与社会主义公有制相结合,那么,我们首先需要思考的一个问题是:谁是竞争的主体?是行业与行业之间的竞争,还是每个行业内部各有竞争呢?这个问题之所以重要,是因为在资本主义发展过程中,很多人主张在行业内部实行垄断,这样既可以对自由竞争导致的"混乱不堪"进行"合理化"管制,又可以使每个人都处在垄断之中,不至于彼此之间相互妒忌。可是,到底如何界分不同的行业呢?或者说,一个行业是否应当把生产一件产品所需要的全部过程都涵括在内呢?我们在日常用语中,常常使用电力行业、保险业、汽车业等用语,似乎行业之间的确存在着明显的界限,但是这仅仅是一种笼统的说法,不同的产业之间的关系往往错综复杂,根本无法进行清晰的界分。同一产品可以满足不同的产业需求,同样,同一产业的需求也可以用不同的产品来满足,各个产业之间彼此交汇,根本无法在它们之间进行划分。

即使我们能够在经济体系中区分出一系列个别的行业,是否这种行业之间的竞争就是可行的呢?哈耶克引用著名经济学家埃奇沃思的话来讨论这个问题,即如果社会主义将生产某种产品的全部资源都集中在一个企业内部,稍微的变化就会导致整个产品生产的变化,必定"造成某些商品的价值的不稳定,而我们知道,人们对所有那些商品的需求乃是受其他商品(亦即一类范围很可能极其广泛的商品)的价格的影响的"[①],因此任何产品价格的变化,都会带来与之相关的产品的价格发生变化,而且更为重要的是,这些价格的变化绝不是按比例进行的,而是受到各种需求弹性以及各种替代性选择的影响。在此情况下,中央计划委员会根本无法掌握这些时刻发生着变化的数据,更无法根据这些数据的变化作出价格体系的调整。

既然仅仅在行业之间引入竞争不可行,那么接下来只能将竞争进一步扩展至行业内部,比较可行的办法似乎是以历史上已经形成的行业机构为基础,在各个企业之间进行资源的初次分配。虽然这种方案一定程度上解决了竞争的主体问题,但是它马上又引发了另外一个问题,即谁应当成为

[①] F. Y. Edgeworth, *Colleted Paper*, I, p.138, 转引自 [英] 哈耶克《个人主义与经济秩序》,邓正来译,三联书店 2003 年版,第 237 页。

这些相互竞争的企业管理者？应该在哪些人群当中进行选拔？选拔的标准又是什么呢？

在资本主义条件下，企业家之间通过竞争优胜劣汰，凡是能够最大限度上满足消费者需求的企业家，或者说获得了大多数消费者认可的企业家，就是成功的。与那些失败的企业家相比，他们对资源的使用更节约，对消费者需求的预期更准确，他们对未来价格的判断更合理。在社会主义条件下，未来同样充满了变数，一个人要想成为企业家，在没有私有产权的情况下，他只能通过财务报表、企业运行预算等方式，向中央计划委员会表明，他有能力在实现资源有效利用的前提下，满足消费者的需求。可是，他所制定的预算，依据的价格只是中央计划机构指定的价格，而不是市场竞争中所形成的价格，根本无法向他传达正确的关于市场状况的信息。在个人知识有限、同时又缺乏价格机制提供帮助的情况下，一个企业家向中央表达的壮志雄心，几乎无法衡量其现实可行性。

虽然无法通过确定的标准委任企业管理者，可是为了社会主义生产的继续，终归还是可以通过一些方式，比如通过抽签（社会主义一向强调平等）来指定企业的管理者。那么，对于已经上任的企业管理者而言，如何对他们的业绩进行衡量呢？如何判断企业管理者的成败呢？如何知道企业管理者所做的一切到底是对还是错呢？

对于企业管理者而言，最大的任务就是利用自己所掌握的知识，不断地创新，从而满足消费者的欲望和需求，获得市场份额，从而赢得利润。这里的创新是一个十分宽泛的概念，任何能够使企业扩大利润的措施，对于企业管理者而言，都算得上是创新。比如，发现以及创造消费者的新需求；努力实现技术改进，提高劳动生产率和资源利用率，降低成本，等等。通过这些创新，企业才能更好地服务于消费者，得到消费者的认可，才能在激烈的竞争中谋得一席之地。但是并非所有的技术改进和发明都算得上创新，在经济上都会带来收益。比如说，某项生产技术原来需要耗费3吨煤炭和5吨钢材，改进之后，生产同样的产品需要耗费5吨煤炭和3吨钢材，那么，这项改进是不是创新呢？在资本主义社会中，个人自由得可以利用他能够掌握的各种信息，比如原有设备的处理问题、现有设备的价格问题、煤炭和钢材在现阶段以及未来的市场需求和供给状况，等等。在综合利用这些知识的基础上，判断这项技术改进是不是值得投入。但是在社会主义社会中，企业管理者只有政府制定的价格，其他的他几乎一无所知。像固定设施的损耗、非标准化产品的成本等这些问题，根本无法进行统一的定价，但是这些信息却是一个企业管理者在作出决策时必须掌握的。所以在社会主义社会中，一项技术改进到底是否可行，完全是模糊的，没有切实可行的判断依据。最终结果要么将所有的改进都应用到生产中，其中包括大量的浪费，要么就是忽视所有的改进，将很多不仅具有技术可行性而且在经济上也可行的方案扼杀在摇篮中。

与技术创新密切相关的，是风险投资。如果要引入一条新的生产线，或者改进技术，必须以投资为前提。这种投资本身就是一种风险。米塞斯曾说过，"社会主义者有关'人造市场'和以人为竞争解决经济核算问题的全部设想的根本缺陷是，他们坚信只靠生产者的商品买卖就能形成生产要素市场。取消资本家的资本供给的影响和企业家对资本的需求，而又不摧毁生产要素市场本身，是不可能的"。[1] 哈耶克同样指出，"风险性的企业，乃至纯粹投机性的企业，在'竞争性'的社会主义制度中所具有的重要性，丝毫不亚于它们在资本主义制度中的重要性"。[2] 但是，社会主义的企业管理者，到底应该被赋予多少权限呢？投机者的资本量应该确定为多少才合适呢？如果企业的管理者从事了某项风险投资，企业的收益是否是对资源的过度耗费而获得呢？而如果企业亏损了，到底是由企业管理者的决策问题导致，还是市场上突然出现需求的变化所导致的呢？对于一个正在亏损的企业，社会主义计划委员会应该容忍它多少时间呢？它是否有可能是一项在近期很难获益、但是从长远来看却极具价值的投资呢？只有回答了上述这些问题，我们才能对企业管理者的决策进行检验，才能判断企业管理者的成败，才能根据事后的评估选择，到底谁更适合担当社会主义企业的管理者。

但是我们看到，在社会主义制度中，资本的分配权和控制权归属于中央计划委员会。如何调整在公共投资与企业投资之间的比率，如何调整资本在不同的企业之间的流动，完全是由中央计划委员会决定的。企业在资本方面的任何投入和改变，都必须以中央计划委员会的批准为前提。因

---

[1] [奥] 米塞斯：《社会主义》，王建民、冯克利等译，中国社会科学出版社 2008 年版，第 105 页。

[2] F. A. Hayek, *Collectivist Economic Planning: Critical Studies on the Possibilities of Socialism*, London: George Routledge & Sons, 1935, p. 234.

此,企业管理者唯一能做的,"似乎就是'经委会'所确定的价格(以及根据市场所决定的消费品价格和工资)去决定如何生产商品和生产多少商品这样的问题"。① 在这种情况下,冒险进行创新以及风险投资,远不如听从中央权力机构的指示更为重要。一种"不求有功但求无过"的官僚主义心态必定盛行。

关于兰格模式是否可行的问题,并不是一个简单的社会主义管理者能力或者忠诚的问题,而是在缺乏生产资料私有制的情况下,企业管理者根本无法以一种自担风险的方式参与到经济生活中来,根本无法激励他们尽可能地利用一切可资利用的知识。资本主义制度下企业家的职能,完全由中央权力机构来承担。因此,哈耶克对兰格模式的总结是,"第一,真正负责人并不是企业家而是那些批准企业家决策的政府官员;因此第二,所有棘手的难题实际上都是因创新自由及责任判定这两个问题的不明确而产生的,而这两个问题的存在又往往是与官僚制度紧密联系在一起的"。②

第二节 米塞斯对市场社会主义的批评

在对社会主义经济核算论战过程的一般性描述中,人们经常忽略了其中一个十分重要的环节:即在兰格和勒纳等人提出市场社会主义方案之后,米塞斯并没有销声匿迹,而是积极地作出了回应。论战中的头号人物对自己最初的立场和观点作出的辩护,却受到很多人的漠视,不能不说是一种遗憾。更何况,与米塞斯的原初观点相比,由于有了具体的社会主义模式作为批评对象,米塞斯的回应当中,体现了更多能够引导当今奥地利学派发展的思想,也包含了很多能够对我们今天的社会主义改革实践提供思考的想法。因此,本节将在对米塞斯和兰格等人的观点作出简单总结之后,重点分析了米塞斯对市场社会主义的批评,包括对均衡分析的批评和对人造市场的批评两部分,最后对米塞斯的回应作出总结,以期能够从理论和实践两方面获得一些启发。

---

① F. A. v Hayek, "Socialist Calculation: The Competitive 'Solution'", *Economica*, *New Series*, Vol. VIII, No. 26, 1940, p. 138.

② Ibid., p. 145.

第五章 论战过程（三）：奥地利学派对市场社会主义的回应

一 米塞斯的论战经历

1920年，米塞斯发表了《社会主义共同体的经济核算问题》的论文，从经济核算这一独特的角度，对社会主义的可能性提出了质疑，从而引起了一场关于社会主义经济核算问题的论战。米塞斯认为，在资本主义生产资料私有制的条件下，可以形成消费品和生产要素的交换市场。消费者之间的竞争形成了消费品的价格，生产者之间的竞争形成了生产要素的价格。生产者能够利用消费品的价格和生产要素的价格，通过经济核算，确定生产是否有利可图。也就是说，价格引导着各种稀缺资源在生产者之间的分配，并促使生产者在最大限度利用稀缺资源的同时，满足了消费者的需求。而在社会主义制度中，由于取消了生产资料的私有制，也就不存在交换市场和货币价格，因此必然无法进行经济核算，稀缺资源的分配必然是盲目的、任意的。"证明了社会主义社会里经济核算的不可能性，也就是证明了社会主义的不可行"。[①]

米塞斯的论文发表之后，德国学者库恩、卡尔·博兰尼和爱德华·海曼最先作出了直接的回应。库恩认为，米塞斯之所以会相信社会主义不可能进行经济核算，是因为他忽视了谢夫勒的"社会税"[②]理论，后者在米塞斯发出挑战之前，就已经成功地解决了这一问题。[③] 而博兰尼则承认，在集中管理的经济中不可能解决经济核算问题，为此他设计的方案是，让政治共同体成为生产资料所有者，安排生产的任务由工人选举产生的生产者协会负责，以此将所有权和管理权分开。海曼的观点与博兰尼很相似，他主张在社会主义社会中，将每个生产分支的管理委派给各个独立的部门。

针对他们的观点，米塞斯于1923年冬天给予了回应，将《社会主义经济核算问题的最新进展》一文发表在与1920年的文章相同的杂志上，

[①] ［奥］米塞斯：《社会主义》，王建民、冯克利等译，中国社会科学出版社2008年版，第102页。

[②] 谢夫勒提出的社会税，其主要观点是：通过生产者协会和消费者协会的协商，中央计算委员会能够确定每一产品的成本，如果产品供过于求，就降低该产品的税率，反之则提高该产品的税率，以此来调整社会生产过程。

[③] 参见 Ludwig Von Mises, *Selected Writings of Ludwig Von Mises*, Liberty Fund, 2002, Vol 2, p. 352。

后来又经过编辑整理，作为《社会主义》一书英文版的附录发表。米塞斯指出，谢夫勒关于社会税的观点，其主要缺陷在于，"他相信，存在着一个社会主义程序，能够直接对价值进行社会性衡量，而价值是由社会全体人员通过社会化劳动时间所创造的直接利润构成的"。① 至于博兰尼和海曼，米塞斯认为，将生产管理权下放，无论是生产者协会，还是具体的生产企业，"并没有改变之后中央权力在下达指令的事实。决定各部门之间的不是市场上的买卖人的竞争，而是权力当局的命令"。② 生产资料私有制的取消，必定同时取消了真正的交换市场，权力当局在干预的过程中，依旧无法进行经济核算。

随着米塞斯经济核算理论的影响力越来越大，不断有学者从各个角度进行回应。泰勒提出，社会主义国家的生产至少能够像资本主义一样具有效率，通过政府控制，能够有效地弥补最初工资收入的不平等，而这一点是市场经济中无法做到的。莫里斯·多布主要关注的是消费，他认为消费者主权这一说法本身就是夸张的，甚至主张在社会主义制度中取消消费者选择自由。如果政府能够像控制生产一样控制消费，根本就不存在所谓的"缺乏效率"，而且能够杜绝消费者需求的变化而带来的麻烦。而迪金森则接受了巴罗尼早年的论证，认为社会主义能够实现均衡，根本不需要对大量的中间产品进行定价。在众多回应者当中，兰格的观点最具代表性，史称兰格模式。他的观点被视为市场社会主义的源头，而米塞斯后来的批评也主要针对的就是兰格模式。

兰格模式的具体内容，前文已经作了详细的说明。根据兰格提出的解决方案，米塞斯先后作出了三次回应。第一次是在1936年，《社会主义》英文版出版的时候，米塞斯增添了"作为经济核算问题之出路的人造市场"一章；紧接着在1938年，发表了法文版的《数理经济学的均衡与社会主义国家的经济核算问题》③，重点讨论了一般均衡分析方法的局限性；

---

① Ludwig Von Mises, *Selected Writings of Ludwig Von Mises*, Liberty Fund, 2002, Vol 2, p. 353.

② ［奥］米塞斯：《社会主义》，王建民、冯克利等译，中国社会科学出版社2008年版，第488页。

③ 米塞斯后来以英文重写了这篇文章，但是他本人一直没有发表。英文版的文章见 Mises, "The Equations of Mathematical Economics And The Problem of Economic Calculation In A Socialist State", *The Quarterly Journal of Austrian Economic*, vol. 3, no. 1 (spring 2000): pp. 27–32。

最后一次是在1949年，《人类行为》中"社会主义经济核算的不可能性"这一章，就是专门来批评兰格等人的建议。尽管米塞斯本人作出了这些回应，而且还有哈耶克、罗宾斯等人的助阵，但是在人们通常的观念里，兰格模式成功地回应了米塞斯的挑战，而且人们通常认为，至少从理论上来说，社会主义经济能够实现一般均衡。对此，或许米塞斯本人需要作出反思，很大程度上是因为他的用语导致了这个结果。"'不可能'是个刚性的词汇"，虽然米塞斯所指向的是理性的经济生产的不可能性，但是人们往往会理解为社会主义的不可能性。当兰格模式出现的时候，社会主义在苏联已经站稳了脚跟，而且在"那里，这个制度正辛辛苦苦地生产大量物资，而且就某种目的而言都有某种用途，不管它是否与米塞斯的合理性理想一致，总之它是理性的"。因此，"悲剧的根源在于，米塞斯的立场中包含的内容要比通常假定的多得多"。[①]

简单回顾了米塞斯参与社会主义经济核算论战之后，我们将目光集中在米塞斯对兰格模式作出的批评。我们将兰格模式的主要特点归结为以下几点：分析工具是数理经济学的均衡理论，核心思想是人造市场，其主体是中央委员会，目标是实现整个经济生活的一般均衡，手段是模拟市场和试验错误。下面我们就围绕均衡分析和人造市场这两个核心观念，看看米塞斯如何维护其经济核算理论的观点，如何从奥地利学派基本理论的角度，对兰格模式展开批评的。

二　米塞斯对均衡分析的批评

众所周知，从19世纪末20世纪初开始，数理经济学开始在经济科学的纯理论方面发挥重大的、甚至决定性的作用，最为典型的代表人物就是瓦尔拉斯。熊彼特在分析这一时期的历史时，明确指出："使用数字——李嘉图使用了大量数字来说明问题——或使用公式——如我们在马克思的著作中所见到的——甚或以代数形式重现表述某些非数字性的推理结果，并不就是数理经济学；只有当产生结果的推理本身具有明显的数学性质时，才会显现出数理经济学的特征。"在此之后，经济学家不断地将高深的数学方法应用到经济分析中，以至于人们形成了这样一种认识：只有明

[①] [英] L. 罗宾：《过去和现在的政治经济学——对经济政策中的主要理论的考察》，陈尚霖、王春育译，商务印书馆1997年版，第145页。

确地采用微分方程来表达变量、函数、极限以及数量之间关系，才算得上真正的数理经济学研究。

在数理经济学的分析框架中，最重要的工具就是均衡分析。所有商品的价格都是在相互影响和制约的条件下形成的，各商品的价格之比应等于它们的稀少性（即边际效用）之比，这就是瓦尔拉斯的一般均衡价格。从另一位信奉一般均衡理论的领军人物——帕累托看来，如果一个经济体系处于均衡状态，那么它就是处在帕累托最优状态，任何变化都不可能带来帕累托改进。米塞斯对此也有清醒的认识，他认为，所谓的均衡，就是假定了一个关于经济生活平稳运行的理想状态，在这种状态下，所有的生产要素，都在可能的范围内实现了最大限度的利用。对这些生产要素使用方式的任何改变，都不可能带来更多的欲望满足。

帕累托和巴罗尼等人在继承瓦尔拉斯一般均衡理论的基础上，致力于研究经济行为的一般逻辑，其副产品就是社会主义经济理论。帕累托在《社会主义》等著作中指出，社会主义制度能够创造并实现最优的福利状态，从而使生产资源达到有效配置。巴罗尼在题为《集体主义国家的生产部》的文章中，详细探讨了如何利用均衡方程式的求解，使计算价格与最低成本相等，从而使社会主义经济达到最优状态。在他们看来，资本主义制度中的价格仅仅是一个交换函数，社会主义可以充分地利用这个交换函数，在保证消费品的边际效用比率对所有消费者都一样，稀缺资源的边际利用率对所有生产者都一样的情况下，能够使消费者的福利最大化、稀缺资源的利用最大化，从而实现均衡。因此，熊彼特对他们的成就做出了高度的赞扬，认为他们创立了实质上是有关社会主义经济的纯理论，从而对社会主义学说作出了社会主义者自己也从未作出的贡献。[1] 而后来的兰格、勒纳等经济学家，只不过在此基础上增添了一些细节，并作了一些深入的发展而已。[2] 事实可能也的确如此。看看巴罗尼对于社会主义经济体系的设计，我们或许就会明白，熊彼特对兰格和勒纳等人的评价是恰如其分的，并没有丝毫贬低他们贡献的意思。例如，巴罗尼明确指出，在社会主义国家中，消费、储蓄、投资以及就业等一切方面均可以进行自由选

---

[1] 在熊彼特的赞扬中，还包括维塞尔。维塞尔在《自然价值》中指出，共产主义经济，就像资本主义经济一样，都需要经济衡量标准和计算。

[2] ［美］熊彼特：《经济分析史》（第3卷），朱泱等译，商务印书馆2005年版，第346页。

第五章 论战过程（三）：奥地利学派对市场社会主义的回应

择，生产者的决定可以由完全的独裁者作出，也可以按照消费者主权的原则作出，这些都不会影响最终均衡状态的实现。[1]

如果借助于瓦尔拉斯的一般均衡，巴罗尼对社会主义经济体系的建构切实可行的话，那么唯一剩下的问题自然就是，"到底通过中央计划当局的计算，还是通过市场上的竞争，来达到一般均衡的价格"。[2] 因此，米塞斯对兰格模式所采用的数理经济学的批评，集中在均衡分析这一具体的理论工具上。米塞斯认为，均衡分析的一个显著特征在于，它是一种想象，是对一种虚拟状态的分析。米塞斯承认，"诉诸建构一种想象的关于经济平稳运转的体系，是经济学理性分析的一个重要工具"。[3] 但是，这种想象的状态不仅和现实不相符，和人们无法预知的未来更没有任何的可比性。它仅仅是一个假设的分析工具。"它们只会告诉我们，如果能够达到均衡的状态，那就不再需要任何交换来增加人们对欲望的满足"。[4] 除此之外，我们对它不能再有任何奢望。

要想实现假想中的均衡状态，其中必不可少的一个要素就是人们的预期必须是正确的，包括所有的生产过程都与消费者对未来的价值评估相一致，同时与未来的技术发展相一致，还要与其他各种条件相一致。或许只有全知全能者才能做到这一点。而在人类交换行为的范围内，我们所能够确定的关于数量之间的关系，都不具有一般性，而只是具有历史性。一件本质上属于上帝的事情，如今要把它交给社会主义的管理者，实在勉为其难。社会主义计划委员会所掌握和面对的关于价值判断、技术知识、资源分配等方面的信息，与均衡分析中所利用的各种信息相比，肉体凡胎的我们几乎看不出有什么关联。因此，经济生活处于均衡状态之下会怎么样的那些知识，对于在现存状态下，要完成当前计划任务的社会主义管理者而

---

[1] 关于巴罗尼对社会主义一般均衡的描述，可参见 Enrino Barone, "The Ministry of Production In The Collectivist State", from *Collectivist Economic Planning*: *Critical Studies on the Possibilities of Socialism*, ed. by F. A. von Hayek, London: George Routledge & Sons, 1935。

[2] Don Lavoie, *Rivalry and Central Planning*, *The Socialist Calculation Debate Reconsidered*, Cambrige University Press, 1985.

[3] Ludwig Von Mises, *Human Action*: *a treatise on economics*, Yale University, 4th rev. ed, p. 701.

[4] Mises, "The Equations of Mathematical Economics And The Problem of Economic Calculation In A Socialist State", *The Quarterly Journal of Austrian Economic*, vol. 3, no. 1 (spring 2000): p. 28.

言，毫无用处。即使他们成功地预见了能够在未来实现的均衡状态，他们今天需要解决的，依然是如何最有效率地利用资源，来满足社会主义劳苦大众的需求。

均衡分析不仅是对虚拟状态的分析，同时也是对静止状态的分析。当然这里的静止状态，主要指的是一种机械循环的状态，而不是完全意义上的静止。且不说这种均衡分析是一种假设，即使它能够在现实的经济生活中出现，不断出现的各种变化也会导致非均衡。我们知道，在资本主义制度下，企业家对利润的追逐，致使他们能够锲而不舍地寻求最有效利用资源的方式，从而不断带来技术创新。虽然企业家对利润的追逐过程可能在客观上，可以利用均衡分析来解释，但是在实际经济生活中，企业家的行为真正带来的是变化，包括技术变革、生产工艺的改进、生产要素的舍弃和引进以及消费者需求的创造和引导，等等。既然市场社会主义者承认了需要利用社会主义经理人的作用，那么也就应当意识到他们在发挥作用的同时，必定带来整个经济系统的内生变化，这种变化与均衡分析在本质上是自相矛盾的。关于均衡分析的适用性问题，在瓦尔拉建立一般均衡理论之前，其父亲在一封信中已经明确地提醒他，数学方法在处理稀少性等问题上有局限性。[①] 著名的均衡分析大师马歇尔也曾作过总结："静止状态假说对于阐明经济学的许多问题是有用的，但如果探求偏离了它的出发点，那正是这些假说的性质，是不可靠的指南。"[②] 看来兰格、勒纳等人，在设计市场社会主义模型的时候，早就将前辈的教导抛之脑后了。

从社会主义计划者的角度来看这一问题，或许更能让市场社会主义者信服。毫无疑问，社会主义计划者面对的不是一个已经形成的均衡状态，而是试图从非均衡状态，通过计划达到所谓的均衡状态。且不说这一过程中会发生各种各样我们根本无法预期的变化，只要这些变化存在，计划者所设计和预期的均衡就会随之发生改变。米塞斯在此指出了一个所有市场社会主义者都忽视了但同时至关重要的问题。社会主义计划者的起点并非是人类文明的开端，或者是经济史的空白页。虽然存在着一些之前并没有

[①] [美]理查德·豪伊：《边际效用学派的兴起》，晏智杰译，中国社会科学出版社1999年版，第46页。

[②] [英]约翰·伊特韦尔等：《新帕尔格雷夫经济学大辞典》（第3卷），经济科学出版社1996年版，第522页。

第五章　论战过程（三）：奥地利学派对市场社会主义的回应

触及的自然资源，但大量生产要素已经刻上了之前人类活动的烙印，因此"它们的结构、质量、数量以及分配在所有经济生活的选择中十分重要"。有的可能已经物尽其用，没有进一步利用的价值了，但是大部分生产要素，在我们大步迈向均衡状态的过程中，还应当发挥巨大的作用。如何有效地利用这些形态各异的生产要素，本身就是一个经济核算问题，是社会主义计划者即使要奔向均衡也不得不面对的问题。

虽然米塞斯在这里的批评直接针对的是兰格等人，但是早在30年代初，米塞斯写作《经济学的认识论问题》时，就已经明确地表达了对数理经济学的反感。在他看来，在物理学等自然科学中，采用数学方法的确可以解决一些特定的问题，例如工程师能够计算桥梁应该如何建设，以便承载一定的重量。但是，争论是否应该在经济学中引用数学形式来表达，却是无聊的。这与奥地利学派与历史学派在19世纪末的那场论战，有着一脉相承的关联。米塞斯对经济理论和经济史作出了严格的区分。他认为经济理论是定性研究，经济史是定量研究。如果要在经济学中引入数学的研究方法，也只能应用于经济史的定量研究，但是，对商品供求关系的定量分析，对于变幻莫测的未来没有丝毫的助益。真正能够对我们有所帮助的，还是要归功于经济理论。而那些所谓的数理经济学大师，最初的成果并非借助于数学形式取得的，只不过到后来，他们才用数学形式来提出之前的研究成果，并冠之以数理经济学的美名。所以之前的研究结果，才是决定最终成果是否有用的关键，中间采用的数学方法仅仅是个形式问题。他甚至认为，对于那些认为不借助于数学推理和术语给他的帮助就不能掌握经济学问题的人而言，简直是"时代的退步！"。[1]

将对一般理论的批评具体到兰格模式的运行方式，即利用政府任意的定价，通过观察市场上的商品的供求状况，来确定提高还是降低价格，从而达到市场均衡，米塞斯认为，如果市场上的真实情况果真如此的话，那么市场上的参与者就根本没有独立的意志，在均衡实现的过程中，所面对的根本不是人类的行为，而只是一些被动接受他人命令的机械行为。"数理经济学家将企业家完全从他们的观念中剔除出去了。他不再需要企业家的活动，他们用不停止的干预导致假想的体系无法达到完美均衡的状态和

---

[1] [奥]米塞斯：《经济学的认识论问题》，梁小民译，经济科学出版社2001年版，第114页。

静止状态。他痛恨企业家这个不安定因素。正如数理经济学家所说，生产要素的价格是由两条曲线的交叉点决定的，而不是由人类行为决定的"。①

根据米塞斯的论述，柯兹纳等人进一步扩展了对均衡分析以及数理经济学的批评。通过描述供给和需求曲线的交叉，来说明为什么只有在交点处的价格水平上，市场才会出清，这个解释的确有一定的吸引力。但是，在均衡价格出现之前，市场上是否只有一个要么高于均衡价格、要么低于均衡价格的价格呢？事实上，"假定的唯一价格只能是均衡过程本身的结果。至少在这个范围内，均衡价格决定的瓦尔拉斯解释回避了问题的实质"。② 如果在均衡价格之前，市场上既存在着高于均衡价格的价格，又存在着低于均衡价格的价格，那么这个事实又如何使市场参与者作出调整，使市场价格朝着均衡价格的方向发展呢？显然，瓦尔拉斯的均衡分析对于这些问题无法给我们提供一个清晰的答案。因为在一般均衡分析中，所要取消的恰恰是这些动态的不稳定因素，它将这中间的一切过程都作为前提假定来处理了，这就是市场社会主义均衡分析的致命缺陷。

罗纳德·科斯在建立经济理论、分析经济问题的时候，经常提到罗宾逊夫人曾说过的话："对经济学中的一组假设应提出两个问题：它们易于处理吗？它们是否符合实际？"。③ 利用一般均衡来分析经济生活，的确易于处理，但是很明显，它们并不符合实际。米塞斯对均衡理论的分析表明，不仅在社会主义国家，即使在资本主义国家，也不存在纯粹的均衡状态。所谓的均衡，只不过是一种为了分析方便而想象出来的一种状态，类似于马克斯·韦伯意义上的理想类型。把一个本来就是想象的状态，当作社会主义经济生活为之奋斗的目标，实在有些滑稽。除此之外，米塞斯还证明了，即使一般均衡作为社会主义管理经济生活的目标，值得追求，兰格模式远远没有说清楚，这一目标究竟是如何实现的。企业家是资本主义社会保持活力的源泉，而均衡模式中所忽略的，恰恰就是企业家的作用。失去了动力机制，任何目标恐怕都无法实现。

---

① Ludwig Von Mises, *Human Action: a treatise on economics*, Yale University, 4th rev. ed, 1996, p. 702.

② [美]埃德温·多兰主编：《现代奥地利学派经济学的基础》，浙江大学出版社 2008 年版，第 106 页。

③ R. H. Coase, "The Nature of The Firm", *Economica*, New Series, Vol. 4, No. 16. (Nov., 1937), p. 386.

三 米塞斯对人造市场的批评

刚才我们讨论的，是米塞斯如何批评均衡的一般理论以及社会主义具体的均衡目标。既然兰格模式忽视了企业家所发挥的作用，忽视了资本主义中最为重要的角色，那么，在他们的设想中，这一模式又如何实现均衡呢？下面我们就把目光转向实现均衡的手段上：人造市场和试验错误。

在兰格模式的人造市场构想中，涉及生产过程的主要是国有企业或者市有企业的经济人，他们的职责是在中央计划委员会确定了一组价格之后，按照两条规则行事：第一，生产成本最小化，第二，边际价格等于边际成本。也就是说，只要经理人严格执行这两条规则，就可以保证生产的合理性以及整个生产过程的效率。这表明，在兰格的市场社会主义设想中，企业仅仅代表了一种生产函数，或者生产可能性集，即把一种投入转换成产出的手段。如果能够利用的技术、生产要素的价格以及消费者的需求都是既定的，那么企业仅仅是执行生产功能的工具而已。通过命令社会主义各个企业的经理人像资本主义的企业家一样行动，就可以建立人造市场，而且社会主义的经理人很可能比资本主义社会的经理人，更加谨慎、忠于职守。

遗憾的是，兰格等人再次犯下了只看表面、不看本质的错误，他们"只是从一个次要的秘书的角度来看到经济问题，而这些秘书的角色不可能超过服从命令之外"。[1] 的确，资本主义制度下，每个公司都有经理人，他们充分行使着管理企业的职责，企业中的很多决策都是他们作出的。但这些只是问题的表面。问题的实质在于，经理人的背后，是企业的所有者，是股份公司的股东。在资本主义制度下，是股东大会和董事会任命的经理人。经理人仅仅是在企业所有者的授权下，在一定范围内行使自己的职权。管理者职能的发挥，例如他们所从事的交易，仅仅是整个市场过程中相对微小的一部分。更为重要的是，资本该投向哪一个行业，哪一条生产线应该扩建，哪一条生产线应该撤销，哪些企业能够兼并，等等。"这不是股份公司经理的事，这本质上是资本家——买卖股票和股份、贷出和

---

[1] Ludwig Von Mises, *Human Action: a treatise on economics*, Yale University, 4th rev. ed, 1996, p. 707.

收回贷款、把钱存入银行和取出银行、在所有买卖中投机的资本家的事"。① 这些投机商和投资者的金融交易，引导着各种生产要素不断在各个生产领域之间分配和流动，从而以最大的可能性、最有效的利用方式满足消费者最急迫的需求。他们的行为才是市场上不可或缺的。如果有人忽略了他们，那么市场也就不存在了。剩下的只是一个无法单独存在、也无法像市场一样发挥作用的框架而已。

投机商和投资者等资本家发挥作用的舞台，是资本市场和期货市场等金融市场。生产要素市场固然重要，但是在其背后，是金融市场在推动着生产要素市场的运转。如果金融资本，根本无法形成任何市场。资本家们在金融货币市场上所从事的活动，例如购买或出售股份和期货，是成立和解散公司、创造和废除生产线的源泉。没有这些金融货币市场，市场实际上就是一潭死水，或者说是无源之水。米塞斯明确指出，"资本家可以利用普通股、优先股以及公司债券的价格变化，最终控制资本的流动。资本和货币市场上的投机以及针对大额商品交换的投机所决定的价格结构，不仅决定了每个公司业务的经营能够得到多少资本，而且创造了某种关系，经理必须根据这种关系来仔细调整其经营行为"。② 而米塞斯对金融货币市场的强调，"预见了亨利·曼恩1965年关于公司控制权市场的开创性论文，以及学术界最近对金融作为经济学基本组成部分的承认"。③ 其实从我们身边发生的事情，就可以清楚地感受到金融资本市场的重要性。无论是东南亚金融危机，还是当前由美国引发、影响全球的次贷危机，都是金融领域出现了问题，而直接影响到整个经济系统。

在分析市场社会主义者为什么会漠视金融资本市场时，罗斯巴德曾作出一个解释。他认为，市场社会主义者不必为此感到难为情。不仅市场社会主义者忽视了金融资本市场的作用，任何接受瓦尔拉斯一般均衡理论的经济学家，必然无法摆脱这一点。"在瓦尔拉斯的一般均衡模式中，根本不存在资本结构，也根本不存在资本发挥作用的空间，资本理论完全被增

---

① [奥]米塞斯：《社会主义》，王建民、冯克利等译，中国社会科学出版社2008年版，第105页。

② Ludwig Von Mises, *Human Action: a treatise on economics*, Yale University, 4th rev. ed, 1996, p. 307.

③ Peter G. Klein, "Economic Calculation and the Limits of Organization", *The Review of Austrian Economics* Vol. 9, No. 2 (1996), p. 3.

第五章 论战过程（三）：奥地利学派对市场社会主义的回应

长理论掩盖了，即同质的资本总量的增长。而资本的分配被视为外在的和既定的，根本不予考虑"。① 而经济学家们能够接受兰格模式，很可能也是因为他们具有共同的理论基础：瓦尔拉斯的一般均衡。

瓦尔拉斯的一般均衡理论的确忽视了金融资本的存在和作用，而在米塞斯看来，市场社会主义者之所以没有认识到，"资本主义制度不是管理者的制度，而是企业家的制度"，更深层次的原因，恐怕还是要归咎于所有制问题。"资本主义条件下的资本家和投机者能够发挥的功能，亦即使资本品用于最能满足消费者需求的方向，只是因为他们受到维持自己的财产并使其增值或至少不亏本的激励"。② 也就是说，生产资料的私有制是资本家和投机者发挥作用的决定性条件。只有对利润的追求，才能激励着他们在金融浪潮中劈波斩浪。这也就意味着，社会主义在废除生产资料私有制的同时，所有这些资本家和投机者都销声匿迹了。他们在金融市场上的一切投机行为，都由一个中央计划委员会全权代替了。

既然社会主义中根本没有资本家和投机者生存的空间，那么社会主义是否可以通过模拟市场，即兰格模式的人造市场，来模拟资本家和投机者呢？米塞斯清楚地告诉我们："人们根本无法像投资者和投机商一样行事。他们是在拿自己的财富和命运作赌注。这一事实，使他们必须对资本主义经济下最终的老板，即消费者负责。如果人们剥夺了这种责任感，他们也就不再是投资者和投机商了。"在社会主义制度下，他们完全蜕变成了官僚体制中的一颗棋子，成本必须遵守各种官员的指示。他无需再为利润而奔波，他的主要任务不是生产效率本身，而是服从条例限制下的效率，是严格的遵守官僚体制的规则。换句话说，社会主义用官僚管理代替了资本主义的利润管理。③

无论是从分析模型一般均衡理论来看，还是从市场社会主义的核心观念——取消私有制——来看，我们都能够理解，为什么在兰格模型中，根本没有这些叱咤风云的资本家和投机者的任何影子。事实上，资本家和投

---

① Murray N. Rothbard, "The End of Socialism and the Calculation Debate Revisited", *The Review of Austrian Economics* Vol. 5, No. 2 (1991), p. 60.

② ［奥］米塞斯：《社会主义》，王建民、冯克利等译，中国社会科学出版社 2008 年版，第 106 页。

③ 关于官僚管理和利润管理的区分，参见［奥］米塞斯《官僚体制》，冯克利译，新星出版社 2007 年版，第 26—37 页。

机者存在的基础是生产资料的私有制，而最初的中央计划经济也好，兰格的市场社会主义也罢，在取消生产资料私有制这一点上是坚定不移的。因此，米塞斯说，"将社会主义与市场以及市场价格结合在一起，这种观念是自相矛盾的，就像圆形的正方形这类概念一样"。[1]

在对一般均衡和人造市场进行攻击之后，米塞斯又将枪口瞄准了试验错误的方法。在米塞斯看来，任何事情，如果要采用试验错误的方法，其前提是存在着一个客观的、稳定的标准答案。[2] 比如，人们出门时发现钥匙不见了，就会在家里各个房间寻找，这个角落没有，再将目光投向下一个角落，直到最后发现钥匙静静地躺在某个地方。钥匙最终的位置是固定的，不依人的意志为转移的。同样，科学研究中，人们通过试验错误来发现杀死病毒的疫苗，万物相生相克，总是存在着某一病毒，能够有效地遏制当前病毒的肆虐。最终的试验结果是确定的。那么，在兰格模式中，试验错误的方法是否存在着一个客观的标准答案呢？

根据米塞斯1920年最先发起的挑战，我们知道，生产过程中需要耗费大量的稀缺资源，需要各种劳动力和技术提供支持，将如此众多不同质的事物结合在一起，而最终的结果是一种简单的消费品，如果要将投入与产出进行比较，必须利用市场上的价格进行经济核算。利润代表着生产者的努力得到了消费者的认可，而损失则代表着其他生产者在这方面比他更好地服务于消费者。这是资本主义制度当中，判断生产是否可行、是否合理的依据。也就是说，生产者在将各种生产要素投入生产之前，并不知道最终产品是否会得到消费者的认可，并不知道自己对生产要素的使用是否节约、是否有效率，因为未来消费者的需求充满了变数，各种偶然因素都会引起消费者需求的变化。如果我们把生产者的这种投资看作是一种试验错误，那么它在本质上更是一种冒险。将生产资料收归公有，企图用试验错误代替经济核算，并没有改变生产是一种冒险的性质。所以米塞斯说，在兰格模式中，试验错误的方法并不存在一个客观的标准答案。

既然并不存在一个客观的标准答案，那么在兰格模式中，试验的最终结果究竟是如何判断的呢？我们看到，无论是生产何种商品，还是各种生

---

[1] Ludwig Von Mises, *Human Action: a treatise on economics*, Yale University, 4th rev. ed, 1996, pp. 709–710.

[2] Ibid., p. 704。

第五章 论战过程（三）：奥地利学派对市场社会主义的回应

产要素的定价，抑或最终对初始价格的调整，所有这些决策都是由中央计划统一安排。表面上看，试验错误的方法充分考虑了消费者的需求，但消费者只是被动地接受了中央的统一生产计划。因为他们没有权利获得更加便宜、更加符合他们口味的商品，更多他们甚至根本不知道能够满足自己需求的商品。因此，在缺乏一个客观的标准答案的情况下，最终的判断标准只能是中央委员会自身。

从兰格模式中的试验错误方法出发，我们可以将问题深化一下，因为这涉及计划到底如何检验成败的问题。人们在看待奥地利学派的时候，一般都强调计划之间的协调性。的确，米塞斯和哈耶克等人，对计划之间的协调问题十分重视。但是不能因此而忽视了计划问题的另一个角度：检验。即使我们接受市场社会主义的假设，中央计划的成败可以通过最终市场上是否均衡来检验，即使我们保证了生产的所有商品都得到了消费者的认可，可是如何检验这种计划是否具有效率呢？我们如何知道在达到这种均衡的同时，是否浪费了大量的资源，是否可以利用那些已经耗费的资源，来满足更多可以创造出来的需求呢？这些问题在市场社会主义的模式中，我们是找不到答案的。而在生产资料私有制的资本主义制度下，各个生产者根据自己的资本积累，根据自己对未来市场的判断，作出各种生产计划。无论成功还是失败，最终可以通过经济核算一目了然。生产者的计划，必须放到一个更大的市场环境中接受检验。不仅检验其最终产品是否符合消费者的需求，更检验其生产过程是否实现了资源利用的最大化。

沿着这个试验错误的思路，我们还可以更进一步，米塞斯对各种取消生产资料私有制的主义和政策深恶痛绝，也可以由此发现答案。既然是一种试验错误，就充分承认了错误存在的可能性。如果将全部生产资料都实行公有制，无论是马克思意义上的社会主义，还是兰格等人的市场社会主义，一旦生产决策失误，带来的是整个国家的灾难，而且这种阵痛往往长时间无法恢复。如果保持生产资料的私有制，当然也会有人犯错，但是这种错误的影响范围不至于扩展到全社会，因为毕竟还有一部分生产者的决策是正确的，他们可以在很大程度上弥补那些失败的决策。也就是说，在我们无法保证决策始终正确的情况下，采用生产资料私有制，实行经济核算，不仅是影响单个生产者利润和损失的问题，从更长远来看，它关乎整个国家乃至人类的前途和命运。

本章小结

在社会主义经济核算的论战中，奥地利学派面对的对手是不断变化的。从信奉马克思和社会主义的中央计划支持者，到迪金森等坚持用数学等式的计算来实现一般均衡的数理经济学家，从极力推崇中央全权计划的多布，到希望用试错法实现一般均衡、并在社会主义经济体制中引入竞争的兰格，即使社会主义阵营内部，也并没有形成统一的理论和认识。对于这些形形色色的社会主义主张，哈耶克始终以知识论为武器，对他们进行批评。在他看来，无论是中央统一计划，还是通过数学计算或者试错法来实现一般均衡，都需要收集大量来自经济生活的数据。而在这些需要集中起来的数据当中，很大一部分是主观的，具有时空性，因而必定是分散的，所以根本无法汇总。可以说，哈耶克的知识论触及到了社会主义经济体制的核心，即这种体制在本质是静态的，忽视了经济体系时刻处在变动之中。这种静态思维，从某种程度上导致了论战中的社会主义者们对中央计划和一般均衡理论的迷恋。

或许同样是因为这种静态思维，兰格等人才认为，模拟市场竞争，就可以在保留市场经济优点（最重要的是生产效率）的同时，消除它的浪费和不平等，实现社会主义的目标。然而，著名奥地利学派学者拉瓦伊指出，"不幸的是，哈耶克并没有对这种预先假设的静态思维进行直接的批评，相反，他极力证明的是，在动态的情境下，兰格和迪金森模式的现实可行性问题"。[1] 事实也的确如此。哈耶克对兰格模式的批评，如果抛开知识论这一理论层面，涉及最多的，就是市场社会主义方案中的模拟竞争，在现实的经济体系中，到底能否有效进行。为了证明这种模式在现实中并不具备可操作性，哈耶克先后讨论了竞争主体、企业管理者的选拔标准、成败考核标准、责任认定以及由此引发的官僚主义等一系列的问题。这些问题固然是市场社会主义进入实践操作层面必须认真考虑的和面对的，但是毕竟在兰格的设想中，它们都属于次一级的问题。在这个问题上，与哈耶克相比较，米塞斯对兰格模式的批评更切中要害一些。在指出了一般均衡理论在本质上是一种静态分析、模拟分析之后，针对兰格对市

---

[1] Don Lavoie, *Rivalry and Central Planning*, *The Socialist Calculation Debate Reconsidered*, Cambrige University Press, 1985, p. 169.

场社会主义的构想，米塞斯重点分析了两个问题：第一，资本家的金融投资才是市场竞争最核心的部分；第二，试错法本身就预设了经济体系是一种静态的。米塞斯通过论证表明，在现实生活中，市场并不只是呈现出均衡，甚至说，均衡并不是市场的主要特征，相反，恰恰是市场中的非均衡，以及由此带来了赢利的可能性，才激发了企业家的创新。

虽然在对兰格模式批评的过程中，哈耶克并没有详细论述资本主义竞争的条件和实质，但是在随后的一系列文章中，哈耶克还是不断地涉及这个问题。例如，1946哈耶克在普林斯顿大学的演讲中明确指出，"竞争，从本质上讲，乃是一种动态的过程，但是构成静态分析之基础的那些假设却把这种作为动态过程的竞争所具有的基本特征给切割掉了"；[1] 在《作为一个发现过程的竞争》这篇演说中，哈耶克说，"经济学家通常把竞争形成的秩序看成一种均衡状态——这是种不太幸运的说法，因为这种均衡状态的前提是，所有的事实都已被发现，从而竞争也停止了。……既然从来就没有存在过经济均衡，因此有理由说，我们的理论所描述的秩序，接近于一种理想类型的程度是相当高的"。[2] 通过后来的这些论文，哈耶克对奥地利学派的市场过程理论进行了更明确的分析，进一步厘清了奥地利学派与市场社会主义者乃至新古典主义者之间的差异，并最终得出这样一个结论：在有效的发现、传递和利用知识方面，市场的作用是独一无二的。

哈耶克对兰格模式进行批评之后，社会主义经济核算论战基本上已经成为一个历史名词了。但是，对论战的参与、对兰格等人的批评，让作为经济学家的哈耶克重新反思这个世界：为什么人们会如此容易受到一些错误的观念指导，并由此开始转向心理学、政治学和法学等领域的研究。对于这个转化过程，哈耶克自己解释说："当一位经济学家发现，他所得出的技术知识结论与这个时代的公共问题是密切相关的，那么，他必定会开始思考很多经济学无法提供答案的问题。"[3] 哈耶克之所以成为20世纪最伟大的社会思想家之一，与他对公共问题乃至人类文明的这种关切是分不开的。当我们以这种视野来回顾社会主义经济核算论战时，我们会发现，

---

[1] [英]哈耶克：《个人主义与经济秩序》，邓正来译，三联书店2003年版，第140页。

[2] [英]哈耶克：《哈耶克文选》，冯克利译，江苏人民出版社2007年版，第112页。

[3] F. A. Hayek, *Studies in Philosophy, Politics, and Economics*, University of Chicago Press, 1967, p. 7.

哈耶克与市场社会主义者的分歧，除了均衡分析、现实操作性等差异之外，更重要的一点在于，哈耶克对如何维护和发展人类文明的理解：只有允许那些无法计划、未曾设计、不可预见的未知事物不断涌现，只有存在着这样一种自由的空间，一个社会才能保持创造力，一个文明才能保持活力。

至于米塞斯对兰格模式的批评，在社会主义经济核算的论战中，并没有引起太多人的重视。这固然有时代的原因，毕竟在他发表这些批评的年代里，以国家干预主义为特征的凯恩斯主义正大行其道，以瓦尔拉斯的一般均衡为主要分析工具的新古典经济学正蒸蒸日上。但是，我们不能不看到，米塞斯自身的极端、偏执，以及其思想对时代潮流的毫不妥协的抨击性，也是导致其长期受冷漠的重要原因。

米塞斯没有预见到，均衡分析已经发生了演变，并成为现代主流经济学的基本分析工具之一。正如熊彼特所说，"历来是静态理论先于动态理论，其原因既显而易见又简单明了，即建立静态理论比建立动态理论容易得多；其命题更容易证明；而且静态理论似乎更接近（逻辑）实质。"瓦尔拉斯的一般均衡在米塞斯的年代，主要应用于静止状态的分析，随着经济学家的努力，已经扩大应用到均衡移动过程的事例上来，均衡分析也可以对一些事物进行预期。而且，到60年代末，均衡概念开始扩展到非古典市场领域，即存在交易成本和信息不完全的市场。在对策理论日益发展的今天，经济学家越来越把它作为一种与特定模型相关、可应用于若干情况的解答性概念。也就是说，均衡分析已经在今天的经济学理论研究中占据了重要地位，这绝对是米塞斯始料未及的。

之前我们曾谈到过，对数理经济学的厌恶，是奥地利学派的一个传统。可以说，从奥地利学派的创始人门格尔开始，该学派就与数学方法绝缘了。虽然门格尔从来没有评论过数学作为经济分析工具的价值，甚至连一字半句都没有，但是哈耶克曾经反问道，在一个明显具有数学气质的家族内，一个致力于研究方法论的学者却没有提及数学方法，"难道我们还不能得出他相当怀疑其有效性的结论？"[①] 自门格尔以来，奥地利学派一直注重推理、演绎和思辨，对于现代经济学经由百年发展，形成的那一整

[①] 门格尔本人对自然科学充满兴趣，他的弟弟以热衷数学闻名，其子是一名知名的数学家。参见［奥］门格尔《国民经济学原理》，刘絜敖译，上海世纪出版集团2005年版，第4页。

第五章 论战过程（三）：奥地利学派对市场社会主义的回应

套学术体系置之不理，这在很大程度上也是造成该学派一直游离于主流经济学之外，缺乏与其他经济学家沟通的主要原因。

但我们不能因此而忽视米塞斯对市场社会主义的批评。虽然米塞斯一直受到时代的漠视，是个时代的孤独者，但他毕竟还是有很多同路人。例如罗纳德·科斯在《企业的性质》中，从市场交易成本的角度，分析了企业规模的边界，从一个侧面证明了，不可能将整个社会组建成一个类似企业的结构；[①] 迈克尔·波兰尼从多中心的角度，说明了无论是消费品的分配，还是生产要素的分配，以及资金的分配，都面临着多中心的问题，而任何人都不可能对多中心问题进行完全的控制；[②] 哈耶克则从知识论的角度，指出市场社会主义在达到均衡的过程中，根本不可能将所有信息汇总到一个人的手中，任何人的知识必定是有限的，无法作出完美的计划；[③] 当代奥地利学派成员罗伯特·墨菲在他的论文中又指出，兰格模式中需要太多的假定，除了经理人的利他主义之外，还需要固定的生产协约、对生产函数相似的偏好关系等。[④] 虽然这些作者的论证，与米塞斯的关系或近或远，但是他们都像米塞斯一样，从自己的视角，对市场社会主义作出了深刻的思考。

米塞斯对市场社会主义的批评，与他1920年对社会主义的批评是一致的。无论是对均衡分析的批评，还是对人造市场和试验错误的批评，基本的出发点都是米塞斯在1920年所提出的经济核算理论。未来、变化、消费者主权、预期、私有制等，它们既是米塞斯最初向社会主义发起挑战时所利用的概念，也是米塞斯对市场社会主义抨击时的利器。但是与米塞斯最初的挑战相比，由于有了具体的参照对象，使得米塞斯的观点表达得更清晰。对奥地利学派思想更加明晰的表达，不仅使奥地利学派逐渐与新古典主义经济学划清了界限，也使奥地利学派逐渐形成自己的理论特色。

[①] 参见 R. H. Coase, "The Nature of The Firm", *Economica*, New Series, Vol. 4, No. 16. (Nov., 1937), pp. 386–405。

[②] 参见 [英] 迈克尔·波兰尼《社会、经济和哲学——波兰尼文选》，彭锋等译，商务印书馆2006年版，第167—176页。

[③] 参见 [英] 哈耶克《个人主义与经济秩序》，邓正来译，三联书店2003年版，第263—301页。

[④] Robert P. Murphy, *Notes on the Socialist Calculation Debate*, 参见 http://homepages.nyu.edu/-rpm213/files/Calc.pdf。

在米塞斯的基础之上，奥地利学派的传人柯兹纳和拉赫曼等人，逐步形成了独具特色的市场过程理论、企业家理论，引导着奥地利学派不断前行。

在《科学革命的结构》一书中，当代科技哲学家库恩指出，历史的发展并不是传统意义上辉格党式的演进，而是一个范式取代另一个范式的过程。范式之间的更迭并不一定就是进步的，新的范式会不断受到原来范式的攻击，也会受到人们的质疑。如果我们把米塞斯的经济核算理论作为思想史上的一个范式来看待，那么市场社会主义试图用一个新的范式，在取代马克思的社会主义的同时，也取代米塞斯的范式。但是正如我们所见，市场社会主义是失败的。它既受到了很多正统社会主义的排斥，也没有解决米塞斯所提出的问题。而米塞斯范式尽管有些偏激，但是对于中国的改革而言，的确提供了很多的借鉴。家庭联产承包责任制的确立，明确非公有制经济在社会主义市场经济的地位，将保护私有财产写进宪法，等等，所有这些措施，都在不同程度上促进了市场经济体制的建立，为我国经济的发展注入了活力。而我们对米塞斯这一范式的研究，其价值也正在于此。

第六章

论战的延续

20世纪20年代到40年代的社会主义经济核算，无论在经济思想史上，还是社会主义思想史上，都占有十分重要的地位。虽然在萨缪尔森描绘的经济学族谱中，否认奥地利学派是一个独立存在的实体，甚至将哈耶克归入芝加哥学派的门下，但是，随着哈耶克于1974年获得诺贝尔经济学奖，以及在此契机下，奥地利学派逐步地复苏，社会主义经济核算的论战已经被越来越多的人所关注，成为一个富含大量学术资源的矿藏。德国经济学家Kerzer将这场论战称为20世纪最为重大的经济论战[1]，反映的正是这一点。

虽然在20世纪40年代，论战已经结束，但是，无论是奥地利学派，还是后来的社会主义者，都不断地重新阐述各自的理论，从而使论战得到了延续。从奥地利学派一方来说，在论战过程中，社会主义的回应使他们越来越清晰地认识到自己的理论特色，米塞斯详细地阐述了市场过程理论、激励机制等，而哈耶克也转而从政治学、法学等角度，再次对社会主义进行批评。从社会主义的角度来看，布鲁斯在兰格模式的基础上，发展了分权模式，而罗默则重新阐述了市场社会主义模型。当然，除了上述人物之外，还有很多学者，或者通过描述这场论战，间接表达自己的观点，或者直接对自己的理论进行阐述。本章将重点讨论米塞斯、哈耶克、布鲁斯和罗默等人对论战的延续。

---

[1] Ivan Progracic, *Austrian Economics and The End of Socialism*, presented at the 6th Austrian Scholars Conference, Auburn, Alabama, March 24—25, 2000.

第一节 米塞斯的理论扩展

社会主义经济核算的论战,是由米塞斯本人挑起的。作为这场论战最主要的参与者,论战过程对米塞斯本身也产生了重要的影响,从而使米塞斯在论战结束之后,对自己的理论进行了深化。社会主义经济核算论战,不仅确立了米塞斯一生的研究方向,而且使米塞斯对自己的观点,越来越清晰,越来越明确,这主要体现在以下几个方面:即更加清晰地阐述市场过程理论,明确地提出了企业家理论,以及对官僚体制问题的研究。

一 市场过程理论

首先,米塞斯更加明确地提出了市场过程理论。20 年代初,米塞斯最先向社会主义发起挑战的时候,对于奥地利学派的市场过程理论,他并没有作出详细的表述。例如在《社会主义》中,米塞斯曾说道:"每个人在这个标准(价值标准)的建立中都扮演着双重角色:首先是消费者,其次是生产者。作为消费者,他确定消费品的价值。作为生产者,他使生产要素的利用做到产出的最大化。在这一过程中,全部生产性产品也根据现有生产条件和社会需求,以其适当的用途分门别类。"[①] 这样的表述,很容易被日渐崛起的新古典主义经济学所误解。在他们看来,最大化地利用生产要素来满足消费者的需求就是实现均衡的必要条件。米塞斯的类似的言论,很容易成为他们反驳奥地利学派、为社会主义辩护的托词。

其实在最先对社会主义进行批评的过程中,米塞斯所理解的市场,就是一个动态的过程。米塞斯对导致变化因素的分析,可以充分反映这一点。米塞斯明确指出,"在现实世界中是不存在静态的,经济活动的条件处在非人力所能控制的不断变化之中"[②],而导致市场体系始终处于变动之中的因素,主要包括生产技术的变化、资本品的数量和质量的变化、需求的变化、外部自然条件的变化、人口的数量和质量的变化以及劳动组织的变化。这些导致变化的因素,无论在资本主义社会中,还是在社会主义

---

① [奥]米塞斯:《社会主义》,王建民、冯克利等译,中国社会科学出版社 2008 年版,第 86 页。

② 同上书,第 162 页。

社会中，都会同样存在。米塞斯甚至明确指出，"在经济生活中，除了变化之外没有任何东西是永恒的"。

然而，米塞斯并没有对这些变化究竟意味着什么，给出更加深刻、更具有奥地利学派特色的解释。迪金森、兰格和勒纳等人，从一般均衡的角度对社会主义进行的论证，才使米塞斯更加清晰地阐述了市场过程理论。在兰格等人看来，市场最重要的特点，在于寻找均衡价格，只要确定了均衡价格，整个经济体系就处于一般均衡之中。社会主义的中央计划经济，可以通过数学计算的方式，或者模拟市场、试验错误的方式，不断地接近这一均衡价格，最终实现一般均衡。这种静态的均衡观，让米塞斯彻底地认识到，奥地利学派对市场过程的解释，与兰格等新古典主义之间存在着巨大的鸿沟，因此，在后来发表的文章和作品中，米塞斯不断地论证和宣传奥地利学派的市场过程理论。

米塞斯对市场过程理论的坚持，体现在以下两个方面：一方面，他在《人类行为》这部鸿篇巨著当中，对奥地利学派的市场过程理论进行了详细的论证；另一方面，则通过各种途径，对新古典主义的数量分析和均衡理论进行了批评。米塞斯的《人类行为》，清晰地表述了市场过程这一观点，并对奥地利学派后来的发展产生了深远的影响。这本书的发表，使奥地利学派与主流的新古典主义之间的区别变得如此清晰和明确。例如，米塞斯指出，"市场不是一个地点、一种事物，也不是一个集体存在。它是一个过程，是形形色色的个人，在分工合作的体系下，相互之间彼此影响而产生的。决定这个——不停地变动的——市场情况的力量，是这些人的价值判断，以及他们的行为……市场过程是市场社会中，林林总总的各色人等，对相互合作作出的必要的行为调整"。[1]

在30年代后期发表的一系列文章，以及后来结集出版的《经济学的认识论问题》中，米塞斯对新古典主义的数量分析和均衡理论进行了批评。米塞斯认为，在物理学等自然科学领域，我们大体上能够通过经验观察等方式，发现物体之间的常数关系。但是在人类行为领域，其中包含着经济学领域，我们根本无法知道任何常数关系。"我们所能确定的全部数量，都不具有一般性，而只具有历史性"。因此，"即使我们知道当前的

---

[1] Ludwig Von Mises, *Human Action: a treatise on economics*, Yale University, 4th rev. ed, 1996, pp. 257–58.

现状，在这类知识的基础上，我们也无法确定任何未来价值的数量特征。这是那些希望用定量分析取代定性分析的经济学家们所犯下的一个重大错误。从数量上对待经济问题只能是经济史：绝对不可能是经济理论。根本不存在关于未来的经济史"。①

至于米塞斯对均衡理论的批评，当代著名的奥地利学派学者沃恩曾指出，在米塞斯的分析中，隐含的均衡概念不是一个，而是三个。② 第一个是简单的静止状态，例如股票交易所每天结束交易的时候，就处于这样一种简单的静止状态；第二个均衡概念指的是最终静止状态，它否认变化的存在，因此，这显然是一种虚拟的状态，在现实生活中从来都无法实现；第三种均衡则指的是"均匀轮转经济（evenly rotating economy）"③，在这种构想当中，资本的积累率刚好能够维持当前的消费和投资，所有的产品都在周而复始地生产和消费。在米塞斯看来，"均衡状态仅仅是想象中的均衡。尽管它必不可少，但是它仅仅是一个假设的分析工具，在现实中并不存在。它不仅是一个与刚才逝去那一刻不同的未来状态，而且它是一个永远都不可能成为现实的、处于想象中的状态"。换句话说，均衡分析"在分析数据变化问题以及不规则的变化运动问题方面是必要的"④，但是在真实的世界中，根本无法像兰格等人那样，将这一理论直接进行应用。

事实上，经历了整个长达 20 多年的论战过程，米塞斯之所以能够更加清晰地阐述奥地利学派的市场过程理论，是因为论战的对手发生了变化。在米塞斯最先对社会主义进行批评的时候，他针对的目标是传统意义上的马克思主义，在马克思最初的构想当中，根本没有市场和货币的存在，米塞斯就是想证明，没有货币价格的引导，整个计划经济体系就会处于一种盲目和混乱的状态。而 30 年代，代表社会主义应战的，

---

① Ludwig Von Mises, "The Equations of Mathematical Economics And The Problem of Economic Calculation In A Socialist State", *The Quarterly Journal of Austrian Economic*, vol. 3, No. 1（spring 2000）: p. 28.

② [美] 沃恩：《奥地利学派经济学在美国》，朱全红等译，浙江大学出版社 2008 年版，第 90—91 页。

③ 米塞斯对第三种均衡的看法，与熊彼特十分相似。熊彼特曾指出，均衡状态是有一定环境制约的经济生活的循环流转。

④ Ludwig Von Mises, *Human Action: a treatise on economics*, Yale University, 4th rev. ed, 1996, p. 247.

主要是信奉新古典主义、同时对社会主义抱有同情心的经济学家，他们的论证表明，他们只是部分地接受了米塞斯的挑战，即货币在引导资源分配方面的确是必需的，但是计划经济体制下，能够和市场经济体系一样，通过各种途径寻找到均衡价格。兰格等人从新古典主义经济学的角度，对社会主义进行的辩护，使米塞斯在后来的研究当中，重点阐述了市场本身是一个动态的过程，只有在市场体系中，才能存在真正的价格体系。

二 企业家理论

在讨论市场过程理论的时候，米塞斯指出，市场是一个充满了变化的过程，充满了各种各样的不确定性。"一旦一切处于变动状态，所发生的一切都是创新，甚至对旧事物的重复，也是一种创新，因为新的条件下它会有不同的作用，它会造成创新的结果"。[1] 然而，在此过程中，这些创新的主体是谁呢？是谁在不断地满足消费者充满变化的需求，不断地进行技术创新，从而引导着整个经济水平的进步呢？对这一问题的思考，就牵涉到社会主义经济核算论战对米塞斯另一项重大的影响，当然也是米塞斯对奥地利学派乃至整个经济思想的贡献，即企业家理论。

米塞斯认为，从宽泛的意义上来说，每一个在市场上，按照市场的变化而有所行为的人，都是企业家。因为市场上的所有参与者，都必须面对市场的不确定性，而且必须按照这种不确定性来安排自己的行为。因此从本质上来说，每个人的行为都具有企业家行为的性质。不过，从狭义的角度来看，"企业家的专业功能在于决定生产要素的使用"，米塞斯称之为"促进者"。[2]

这些促进者在市场过程中，发挥着无法替代的作用。他们"特别渴望根据市场的变化来调整生产，从而获得利润，他们比普通人更有主动性、更富有冒险精神，他们的眼光更加敏锐，他们是经济进步的推动者和促进者"。如果单纯从促进创新的角度来看，米塞斯对企业家功能的描述，与

---

[1] ［奥］米塞斯：《社会主义》，王建民、冯克利等译，中国社会科学出版社2008年版，第169页。

[2] Ludwig Von Mises, *Human Action: a treatise on economics*, Yale University, 4th rev. ed, 1996, p. 254.

熊彼特似乎没有什么差异。熊彼特认为，企业家的职能就在于通过创新，打破市场上的均衡状态。企业家的创新主要包括以下几个方面：开发新产品，采用新的生产方法，开辟新的市场，依靠新的方法来获得生产要素，以及建立一种新的产业组织，等等。从这些功能来看，米塞斯和熊彼特对企业家的认识，基本上是一致的。

不过，与熊彼特相比，米塞斯更深刻地分析了企业家创新的动力。在他看来，企业家的创新并不是目的，真正的目的是为了更好地满足消费者的需求，从而获得利润。甚至整个市场过程的动力都在于，资本家和企业家通过满足消费者的需求，而不停地追逐利润最大化。因为在市场中，消费者是真正的上帝，消费者的需求决定了企业家投资的成败。而消费者的需求本身并不是固定不变的，这就要求企业家不仅要了解消费者在过去的需求状况，而且需要对消费者未来的需求进行合理的预期。在这些预期的基础上，企业家决定买卖股票和股份、贷出和收回贷款、把钱存入银行和取出银行，以及在所有的买卖中进行投机，而这些市场投机活动，又进一步影响了各种生产要素和消费品的价格。在市场竞争过程中，那些成功地预期到消费者需求的企业家，就会获得利润，从而在市场竞争中获胜，反之就是市场竞争中的失败者。

由此可见，创新仅仅是企业家为了获得利润而从事的一种行为，并不能完全概括出企业家的特色。当代奥地利学派研究者柯兹纳指出，"米塞斯的人的行动的理论把个人想象为对'藏在角落里'的机会耳聪目明的人。他警惕着，等待着，善于接纳突然发生的事情"。[①] 也就是说，企业家本身是一种个人品质的化身，即机敏。企业家这种机敏的品质，是理解市场过程的关键之所在。

事实上，企业家的这种机敏并不可能总是正确的，企业家的预期也可能出现错误，企业家的投资也可能失败。然而，市场之所以能够充分地调动起企业家的这种机敏品质，就在于一旦对消费者未来的需求形成正确的预期，就会带来收益和利润。正如米塞斯所说，"资本主义条件下的资本家和投机者能够发挥的功能，亦即使资本品用于最能满足消费者需求的方

---

① ［美］柯兹纳等著、多兰编：《现代奥地利学派的经济学基础》，王文玉译，浙江大学出版社2008年版，第109页。

向",只是因为他们受到维持自己的财产并使其增值或至少不亏本的激励"①,为了更好地分析这一点,米塞斯将利润动机与官僚体制进行了比较。这就是论战对米塞斯产生的另外一个影响。

三 激励机制

透过苏联和其他社会主义国家糟糕的实践,人们往往可以观察到,似乎激励问题比经济计算问题更加重要。这是因为相对而言,经济计算问题属于深层次的问题,即使那些受过专业的经济学训练的人,也未必能够明白这一点,否则就不会有这场论战的发生了,更何况是对经济学常识往往都很缺乏的普通人呢?而人浮于事、相互推诿等属于激励机制的问题,则表现得更加突出,更容易被人们觉察到而已。这就是为什么很多人认为,真正导致苏联等社会主义国家失败的原因,在于激励问题,而不是经济计算问题。他们甚至指责,米塞斯等奥地利学派学者误导了人们的视线,忽视了激励机制这一至关重要的问题。②

激励问题之所以在社会主义经济核算的论战中没有成为双方讨论的焦点,主要是出于三个方面的考虑。第一,在米塞斯等奥地利学派的学者看来,激励机制问题与人性、心理等问题密切相关,而且社会主义者相信,一旦社会主义国家建立之后,新新人类就会出现,激励机制问题根本不值一提。因此,为了避免使双方陷入拉锯战,相互指责对方是"伪科学",对于这些无法证伪的问题,奥地利学派并没有过多地涉及,而是将矛头直接对准了计划经济,指向了经济核算问题。第二,在应对米塞斯和哈耶克的挑战时,兰格曾明确地指出,社会主义制度下,公共官吏的效率问题,"属于社会学而非经济理论领域,所以在这里不谈"③,而且对于经济学家而言,讨论这一问题虽然十分有趣,但是并非社会主义讨论的真正问题。考德维尔对于这一问题,曾经指出,"正因为愿意不时出于辩论的需要承认兰格的说法,即激励问题不是经济学家应该关注的,奥地利学派将其论

---

① [奥]米塞斯:《社会主义》,王建民、冯克利等译,中国社会科学出版社2008年版,第106页。

② 参见 Eric Crampton, Andrew Farrant, "Relaxing benevolence: public choice, socialist calculation, and planner self-interest", *Rev Austrian Econ* (2006) 19: pp. 81 – 93。

③ [波]兰格:《社会主义经济理论》,王宏昌译,中国社会科学出版社1981年版,第29页。

据集中在与信息经济学家所强调的不同的领域,集中于'模型之外'的问题"。[1] 第三,在米塞斯等人看来,即使社会主义的公共管理者能够一心向善,大公无私,在缺乏价格机制引导的情况下,依旧无法进行经济核算,他们不知道如何生产才是节约的,不知道如何才能满足消费者的需求,甚至根本不知道是否应该把新的技术应用到生产中。在无法计算的情况下,社会主义的计划者无论多么渴望管理好整个经济体系,都是徒劳的,结果都是一塌糊涂。

社会主义经济核算的论战中,激励问题并没有成为主要问题,并不意味着米塞斯不重视它。事实上,在米塞斯 1920 年的文章中,其中一章的标题就是"公有企业的责任和激励问题"。米塞斯在这里明确地指出,"在社会主义企业中,责任和激励问题与经济计算问题是密切相关的。消除私人企业赖以成功的自由进取心和个人负责制的做法,构成了对社会主义经济组织最严重的威胁,这在当前已经是举世公认"。[2] 在《社会主义》一书中,米塞斯认为,社会主义制度下,由于缺乏有效的激励机制,必然导致官僚主义盛行,在此基础上,又详细地描绘了官僚主义的种种表现。米塞斯说,"我们都领教过社会主义管理机构那一副长相:数不清的官员,人人尽力自保,不让任何人染指自己的地盘,同时又拼命推诿责任。这种官僚机构尽管爱管闲事,但还是提供了一个人类好逸恶劳的绝佳样板。没有外来刺激,完全是死水一潭"。[3]

在社会主义经济核算的论战过程中,激励机制问题并没有成为核心问题。在论战结束之后,或许是因为经济计算问题在当时并没有获得经济学界的认可,米塞斯重新拾起激励机制这一话题,于 1944 年发表了《官僚体制》一书。在该书的前言中,米塞斯指出,"对于社会主义和资本主义之间的对抗所涉及的问题,可以从不同的角度进行抨击。就当前而言,研究官僚机构的扩展,似乎是一条最方便的途径。对官僚主义的分析,为认

---

[1] Bruce Caldwell, "Hayek and Socialism", *Journal of Economic Literature*, Vol. 35, No. 4 (Dec., 1997), p. 1878.

[2] Ludwig Von Mises, "Economic Calculation in the Socialist Commonwealth", from F. A. Hayek, *Collectivist Economic Planning: Critical Studies on the Possibilities of Socialism*, London: George Routledge & Sons, 1935, p. 116.

[3] [奥] 米塞斯:《社会主义》,王建民、冯克利等译,中国社会科学出版社 2008 年版,第 171—172 页。

识这场争论的基本问题提供了很好的机会"。① 因此，这本书的主要内容，就是将官僚体制管理与利润管理，都视为激励机制，并对这两种激励进行了比较。

米塞斯认为，在生产资料私有制基础上建立的资本主义或者市场经济，是一种社会合作和劳动分工体系。在这一体系当中，消费者是市场上的主宰者。那些希望获得利润的企业家，必须向消费者提供他们最需要的商品。"利润动机是迫使商人以最有效率的方式提供消费者所需要的商品的要素"。如果采用利润管理体系的话，就意味着必须进行经济核算，用一个统一的尺度，将各种成本和收益纳入计算体系。这就是为什么在米塞斯的眼里，经济核算问题与激励问题密切相关的原因。

采用利润管理体系，之所以能够刺激整个资本主义的发展和进步，是因为它能够有效地刺激个人的自利心理。自利心会驱使着每一个市场参与者，尽可能地向消费者提供更完美的服务、更廉价的商品，从而赢得消费者的认可，获得利润。除此之外，利润管理体系还为管理者提供了一个总揽全局的办法，使其不必拘泥于细枝末节。在公司的内部事务管理中，企业家不必对总经理以及各个部门经理的活动进行全方位的监督，他发出的唯一指令就是：尽可能多地创造利润，由此不仅可以使管理的目标更加明确，而且降低了管理的成本。与此密切相关的另外一点就是，在利润管理体系中，对每个人工作能力和工作结果的评价，无需涉及道德和人格因素，从而能够摆脱各种偏见和厌恶，换句话说，利润管理体系作为评价标准，在本质上是中性的。从某种程度上说，因为利润管理体系具备以上三条优点，米塞斯这样总结："驱使企业家竭尽全力为消费者服务的利润动机，同时也是任何商业和工业企业内部的第一组织原则。它是整个企业的集权制同各部门的完全自治结合在一起。它使中央管理的全面责任同部门、分部和分支机构的下级经理的激励因素取得了一致。它赋予自由企业制度以灵活性和适应能力，结果是永不停歇的改进趋势。"②

与利润管理体系相反，在官僚体系下，管理的目标并不是十分明确，更准确地来说，是没有一个恰当的标准来衡量，它不可能用金钱来衡量，也不可能用会计的方法进行核算，收支之间也基本上没有多少关联。在官

---

① ［奥］米塞斯：《官僚体制》，冯克利译，新星出版社2007年版，第7页。
② 同上书，第37页。

僚体系内部，领导者要限制下属的自由裁量权，就必须通过法典、政令和法规等各种方式来管理下属，因此，"他们主要关心的是服从规则和法条，行政官员的第一美德就是服从法典和政令"。此外，利润管理体系的中立性，在官僚体制中也消失殆尽。那些高高在上的管理者，往往自封为道德典范和完美的化身，他们是正义的捍卫者，甚至即使有时候违反了法律，也可以从道德的角度自圆其说。对于官僚体制管理的失败，米塞斯认为，"肯定不能归因于这群人的无能。它是由任何公共事务管理部门不可避免的弱点造成的。对于官员履行职责的表现缺少确定无疑的成败标准，造成了无法解决的问题。它扼杀了抱负，毁灭了开拓精神和超越最低标准的激励因素。它使官僚只看命令，不在乎实质和真正的成功"。[1]

虽然米塞斯对社会主义制度下的官僚体制管理持批评态度，但是他明确地指出，"官僚体制本身既不好也不坏。它是一种管理手段，可以被用于人类活动的不同领域"。也就是说，在无法应用利润管理体系的地方，即政府管理领域，或者公共政治领域，必须采用官僚管理体制，官僚手段是必不可少的。真正的问题并不在于官僚体制本身，而在于官僚体制的扩展，即在一些本应该采用利润管理体系的领域，官僚管理体制却越来越盛行。"这种扩张，是日益限制公民个人自由以及今天的经济和社会政策用政府管制取代私人主动精神这一内在趋势的不可避免的结果"。因此，作为两种不同的激励机制，利润管理和官僚管理应该各司其职，各就其位，当我们思考列宁的如下主张，即要把整个国民经济组织得像一个邮政系统那样，要使整个社会成为一个官府和一个工厂，要把全体公民转化为国家的雇员时，或许米塞斯对官僚体制的分析，应该给我们提供另外一种思考。

第二节　哈耶克的理论扩展

社会主义经济核算的论战，对哈耶克而言，具有特殊的意义。这主要体现在两个方面，第一，哈耶克的学术生涯中，发生过两次至关重要的转变，都直接与这场论战相关；第二，哈耶克在论战中提出的知识论，成为影响其一生的学术思想，也是哈耶克对整个思想史最为卓越的贡献。从知

---

[1]　[奥] 米塞斯：《官僚体制》，冯克利译，新星出版社2007年版，第52页。

识论的角度出发,哈耶克先后讨论了自发秩序、法治等问题,从而对自由主义政治哲学作出了新的阐述。

一 学术生涯的第二次转变

哈耶克思想第一次发生重大的转折,就是因为要参与这场论战。在参与到社会主义经济核算的论战之前,哈耶克不仅不反对社会主义,甚至还是一个温和的社会主义者,米塞斯发表的《社会主义》,引起了哈耶克对社会主义思想进行重新审视,如此令人着迷的社会主义,如此令人向往的美好未来,到底能否实现呢?对这些问题的思考,使哈耶克的思想立场最终发生了改变,以一个坚定的反对者的姿态,站在了社会主义面前,并积极地参与到这场在20世纪思想史上占据重要位置的辩论中。

如果说,社会主义经济核算论战的开始,是哈耶克思想发生第一次转折的契机,那么,社会主义经济核算论战的结束,则直接导致了哈耶克的第二次思想转折。在当时的学术环境中,米塞斯和哈耶克为首的奥地利学派,显然属于论战的失败者。论战的这一结局,使哈耶克开始思考另外一个视野更为宏大的问题:"人类在思考如何改进自身的社会处境时,何以会普遍地受到一些错误观念的支配?"[①],对这一问题的思考,使哈耶克逆学科的专业化趋势而动,转而研究心理学、哲学、政治学和法学等其他社会学科,成了一名社会思想家。在经济学领域中批评计划经济的知识论问题,即何为知识、知识的性质是什么以及如何获取和利用知识等,也随之成为他观察世界的利器,成为他整个社会思想体系的基石。

二 自发秩序

在社会主义经济核算的论战中,哈耶克对知识的性质进行了详细的分析,他提出了人类在本质上是无知的,因为知识具有主观性、时空性和分散性。知识的主观性,使我们无法了解别人的知识,在我们眼中毫无价值的信息,在别人眼中,可能价值千金;知识的时空性,使我们虽然能够通过统计,知道一些过去的信息,但无法准确地预测未来的变化;而知识的分散性,则彻底打击了我们集中知识、统一利用知识的想法。对知识性质

[①] [英]阿兰·艾伯斯坦:《哈耶克传》,秋风译,中国社会科学出版社2003年版,第6页。

的认识，使哈耶克提出了整个社会科学都必须面对的问题，即如何利用知识。在他看来，利用知识最为合理的途径，就是维护自生自发的秩序。

哈耶克认为，西方文明自古希腊伊始，就一直存在着自然秩序与人为秩序的二分法。"自然秩序，即 kosmos，是既定的，它独立于人的意志和行为"，而人为秩序，即 taxis，则"是人类有意安排的结果"。不过，自苏格兰启蒙运动开始，人们越来越重视第三种秩序，它是人类行为的结果，却不是人类理性设计的结果，或者说它是人类无意图的后果。哈耶克根据以弗格森等人为代表的苏格兰学派的基本主张，提出了"自生自发的秩序"这一著名概念。关于它在人类社会发展过程中所发挥的作用，哈耶克总结说："我们的文明虽是个人知识积累的结果，但获得这种结果，靠的并不是自觉地把所有这些知识集中在哪个人的头脑中，而是由于它包含着我们在并不理解的情况下使用的符号，包含着各种习惯和制度、工具和观念。"[①]

生活中的很多事物都是自发秩序的构成部分，只不过我们常常因为过于熟悉，而忽视了它们的起源。例如语言、货币、法律这些对于维持文明社会极为重要的制度，就都是人类自由发展的结果，是利用分散的知识而形成的，而一旦形成之后，它们又进一步促进了知识的发展和利用。再以市场机制为例，自发形成的交换体系，建立了无数个进行思考和行动的决策中心，这些决策中心拥有广阔的自由空间，能够在价格的引导下，决定在什么时间、什么地点、生产什么商品，或者销售和转让某件物品。通过价格机制，市场中的参与者能够根据各自所拥有的主观的、有关特定时空的分散知识，来确定各种资源流向何方。市场体制不仅能够传播信息，更重要的是，它还可以提供激励机制，刺激人们去捕捉新的知识。或许市场及其价格所能提供的最独特的东西，就是有关不同商品和服务不断变化的相对匮乏状况的不断更新的信息。"正是通过这种价格体系的作用，劳动分工和以分立知识为基础的协调运用资源的做法才有了可能"。[②] 但是市场作为一种惯例和制度，人类最初并不理解它，而是在漫长的时间里习用而察，只是在偶然发现了它的内在机制之后，才慢慢学会如何运用它。但

---

① ［英］哈耶克：《科学的反革命——理性滥用之研究》，冯克利译，译林出版社 2003 年版，第 87 页。

② ［英］哈耶克：《个人主义与经济秩序》，邓正来译，三联书店 2003 年版，第 132 页。

是即便如此，今天也不能说人类已经完全学会如何充分运用它，还在不断因为理性的自负而付出惨重的代价。

自发秩序之所以能够比集中的方案更好地获得和利用知识，就是因为它赋予了知识主体更大的自由，更多的自我发挥的空间。只有在某种制度框架提供激励和保护机制的前提下，使这些个体拥有充分的行动自由，才能促使个体最大化地利用他们所掌握的知识，不断带来技术创新，不断为人类的进步添砖增瓦。在现实生活中，究竟何人能够利用知识带来进步，我们事先无法确知，无法确定谁将成为时代的先行者。只有将利用知识的自由赋予每个人，才不会将那个可能给我们带来创新的人扼杀在摇篮之中。从另一方面来看，创新者在为自己谋得利益的同时，也为整个社会做出了贡献。因此，赋予所有人自由，也能够使几乎所有的人享受这种自由带来的益处。当然，我们需要强调的是，虽然自由是迄今为止最好的利用知识的途径，但是人们对于创新过程中究竟利用了何种主观性知识，往往是并不知情的。从幼稚的唯科学主义角度来看待自由，难免让人心生悲观。但是，往往是悲观带来的谨慎、谦虚和耐心，而不是乐观带来的自负、急切和冒进，才是维护和发展人类文明和福祉最强有力的保障。

三　法治

从哈耶克的知识论，以及自发秩序理论当中，我们可以引申出另外一个话题，即政府的作用。在哈耶克看来，政府存在的必要性就在于提供一种个人知识能够充分利用的制度框架。这种制度框架不仅能够提供激励机制，使个体自由地利用掌握在自己手中的知识，而且能够提供知识传递机制，使个体在创新的过程中，能够尽快通过各种途径得到他所需要的知识。换句话说，我们需要政府利用它所掌握的知识为我们服务，但我们更需要的是政府要为我们利用那些不可能被政府所获得、而只能由我们自己所掌握的知识，提供各种便利和保障。这便是"有限政府"的基本含义之一。在对政府的所有限制当中，最重要的当然就是法治原则。

从个体知识的利用这个角度看，法治包含着两个最为有利的特点，一是它的稳定性，二是它的抽象性。用哈耶克的话说，"法治的意思就是指政府在一切行动中都受到事前规定并宣布的规则的约束——这种规则使得一个人有可能十分肯定地预见到当局在某一情况中会怎样使用它的强制权力，和根据对此的了解计划他的个人事务"。① 这种规则必须具有稳定性和抽象性。所谓的稳定性是指，"法律必须是已知而且确实肯定的"。虽然法律的绝对确定性是一个永远无法达到的目标，法律必定随着时代的变迁而逐步演化，但是这并不妨碍我们对一个稳定的法律体系的追求。因为法律规则本身，对于所有个体的计划而言，也是一种必须了解的知识。任何个体都只有在法律规则的范围内，才能有所作为。只有通过确立稳定的法律，才能使个人在作出计划时，对未来形成稳定的预期，在此基础之上充分利用主观性知识。也是基于这一点，哈耶克说，"对于西方的繁荣起了作用的种种因素之中，恐怕没有哪一个因素能比在我们这里一直占主导地位的法律相对的确定性所起的作用更大的了"。②

法治思想的另一个重要内涵就是立法不能规定具体的目标，而只能确立抽象的规则，即规则的统治而非目标的统治。知识的分散性和理性的局限性，凸显了抽象规则的意义。如果有人能够掌握全部的知识，并能够对不同个体所追求的目标，通过某种序列来确定相对重要性，并最终使人们达成共识，那么，政府对社会生活进行全面的直接干涉，或许具有合理性。既然由知识本身的性质所决定，这一点无法做到，那么立法就只能确定各类"抽象的规则"，以保证个人能够最大限度地利用所拥有的知识，追求自己所选择的目标，而不是服从政府确立的具体目标，不管此目标是特定集团的利益，还是所谓的公共利益。因此，"抽象的法律，亦即实质意义上的法律，正如我们已经看到的，是一些从根本上来说长期性的措施，针对的是一些尚未知的案例，并不包含涉及特殊的个人、地点或事物的内容"。

为了保证政府能够公正制订这些抽象而稳定的规则，哈耶克针对传统权力分立的缺陷，提出了他自己的权力分立观，也就是将两种不同且独立的代议机构在职能上进行区分，将立法权与治理权进行区分。行使立法权的机构的主要职能是确立抽象规则，从而保证个人拥有的知识能够得到最大程度上的利用。至于行使治理权的机构，在作出任何决策的时候，都必

---

① ［英］哈耶克：《通往奴役之路》，王明毅等译，中国社会科学出版社1997年版，第73页。

② ［英］哈耶克：《自由宪章》，杨玉生等译，中国社会科学出版社1999年版，第331页。

须受到立法议会所制定的抽象行为规则的约束；它向公民发布任何命令，也必须能够直接地、必然地从立法议会所制定的抽象行为规则中推导出来。在权力分立的基础上，哈耶克还要求建立一个更高层的司法权力机构，即宪法法院，其主要职责在于"裁定这两个代议机构之间所发生的纠纷，并通过这种实践而以渐进的方式对上述两类规则作出更精准的界分"。[①] 这个独立的宪法法院必须努力对什么才是真正的抽象的行为规则作出判断。

虽然哈耶克呼吁将立法权与治理权区别开来，但是现实的发展却并未如其所愿。在哈耶克看来，随着民主在世界范围内的急剧扩张，根据多数选票所获得的政府权力，已经逐步使对政府权力进行限制的举措边缘化，甚至被有些狂热的民主人士视为多此一举。权力分立、法治等理念，已经随着立法机构演变成全能机构而被人忽视和遗忘。今天的代议机构在无法抗拒的压力之下，往往倾向于利用其权力为特殊的利益群体服务，法律的内容不再具有抽象性，反而越来越具体。这种压力就是如何才能成为多数派的压力。也就是说，在民主制度中，政府不得不尽力维持多数人对它的支持，利用它的权力来为特殊利益群体服务，如特定的工会、特定地区的居民，等等。而且人们往往认为，在民主制度中，要剥夺多数享有的权利是十分困难的，从现实来看似乎也的确如此。"歧视性限制权力的不断增多，其势头甚至大有终止那种以个人自由为基础的文明继续向前发展的危险"。对于现代民主的这种趋势哈耶克可谓忧心忡忡："无论何时，只要人们把某个明确的目标确定为一个国家的最高目的——尽管这个目标是某个阶级的利益之所在、是这个国家的安全或强盛之所在、是最大多数人的最大幸福之所在、或是捍卫某种纯思辨理念的根本之所在，那么这个国家就必定会在某个时候堕落成一个专制国家。"[②] 因此，"与其他任何政体形式相比较，人们甚至需要对民主政府所能行使的自由裁量权施以更为严苛的限制"。在此意义上，哈耶克尤其强调"具有否定性价值"的抽象行为规则，因为"这些否定性价值能够使个人在一个公知的领域内，有权根据

---

① ［英］哈耶克：《法律、立法与自由》，邓正来译，中国法制出版社2000年版，第427页。

② ［英］哈耶克：《个人主义与经济秩序》，邓正来译，生活·读书·新知三联书店2003年版，第27页。

自己的知识去追求自己的目的"。① 甚至他明确地表示，在非民主的法治政府和权力无限的民主政府之间，他更倾向于前者。

第三节 布鲁斯的分权模式

社会主义经济核算的论战随着"二战"的开始，而逐步进入尾声。作为奥地利学派的主要参与者，米塞斯和哈耶克先后转移了研究方向，从政治哲学等角度，讨论社会主义制度下的国家干预、个人自由等问题。由于奥地利学派在西方经济学处于边缘，所以在论战之后的30多年里，他们并没有对论战进行直接地讨论和回顾。相反，论战的另一方，即社会主义者和支持社会主义的西方经济学家，随着东欧国家在经济发展过程中遇到的各种困难和障碍，他们不断地回顾这段历史，并沿着兰格模式的方向，继续发展市场社会主义体系。这其中最为典型的代表就是布鲁斯和罗默。

一 布鲁斯其人

布鲁斯是波兰著名的经济学家，曾任华沙中央计划学院政治经济学系副教授，波兰社会科学院政治经济学院主席等职务，并在日内瓦大学、哥伦比亚大学、牛津大学等著名高校任兼职教授。布鲁斯先后出版了《社会主义经济运行的一般问题》、《社会主义政治与经济》等著作和相关文章，在这些作品中，布鲁斯将社会主义经济核算的论战等理论资源，与波兰等国家的糟糕的社会主义经济实践相结合，提出了社会主义的分权模式，并对社会主义国家的改革，尤其是匈牙利的经济改革，提供了丰富的理论依据。也正因为如此，曼海姆大学的奥泽斯称之为"东欧经济改革的首创人"。②

二 分权模式

布鲁斯1961年发表了《社会主义经济的运行问题》，在该书的前言

---

① [英]哈耶克：《法律、立法与自由》，邓正来译，中国法制出版社2000年版，第459页。

② 参见洪银兴等《当代东欧经济学流派》，中国经济出版社1988年版，第151页。

中，布鲁斯总结了他的写作意图："本书试图说明在总的框架内经济的运行问题。它涉及的是抽象的一般理论问题，而不是具体的价格理论，刺激体制如何设计，各种规章制度如何建立以及过去讨论过的其他问题。"布鲁斯在书中回顾了论战的整个过程，并对双方的观点进行了点评。在他看来，米塞斯的观点就有一种特殊的意义，"他根据过去分散的论据，试图发展一套完整的理论，他宣称在社会主义制度下不可能有合理的经济核算，并以这一论断使这套理论具有明显进攻的性质。此外，米塞斯的论文不同于革命以前那段时期研究社会主义经济问题的旧的著作，是当社会主义在一个大国已经从社会经济层面进行建设的时候发表的。对这种研究的社会需要大大提高了，米塞斯的论文引起了巨大的——虽然不是立即的——反响"。虽然兰格的理论证明了，米塞斯等人"关于社会主义下不可能有合理的经济核算这一论断是站不住脚的"①，不过实践证明，无论是限制企业对中央机构的独立性问题，还是企业领导者的责任、激励等问题，都不是很容易解决的。由此可以看出，布鲁斯对论战的基本观点是：米塞斯和哈耶克的挑战是有一定道理的，兰格的回应虽然在某种程度上解决了问题，但是兰格模式本身也是有缺陷的。这种缺陷最明显的就是体现在集权和分权模式的差异上。

布鲁斯认为，在兰格模式中，各种决策基本上都是由中央统一制定。这种模式只有在下属条件都符合的情况下才会实现，即"对消费结构来说，在实际收入的社会结构中并不存在任何特殊的社会偏好，任何垄断行为的危险也不存在，在供给结构适应由价格波动和与此相连的盈利差别来表示的需求结构的变化中没有很大的拖延"。只有在此情况下，自由市场体系中达到的均衡，才能在中央计划的指导下实现。但是布鲁斯明确指出，"甚至在高度抽象的情况下，也几乎不可能把上述假定看作是现实的"。②

要分析社会主义经济的运行模式，以及社会主义经营的实际经验教训，在布鲁斯看来，最好的出发点就是分析计划与市场、集权与分权的关系。当前社会主义的基本倾向，就是计划与市场、集中决策与分散决策并

---

① ［波］布鲁斯：《社会主义经济的运行问题》，周亮勋等译，中国社会科学出版社1984年版，第29、34页。

② 同上书，第146—147页。

存。由此出发，布鲁斯将社会主义社会的一切经济决策分为三类：第一，根本性的宏观经济决策，一般情况下，这种决策都是由中央机关统一直接制定；第二，在收入分配政策既定的情况下，个人根据自己的收入，对消费结构的决策、对职业选择的决策等，在大部分社会主义模式中，这类决策都是由分散的市场来实现的；第三，其他的决策，或者说日常的经济决策，其主要内容涉及"企业和部门的生产规模和结构、消耗的数量和结构、销售战略和原料供应、较小的投资、工资的具体形式等等"。[①] 各种社会主义经济模式对于前两种决策的制定方式，基本都是一致的，其分水岭就在于第三类决策如何制定。第三类决策的模式不同，决定了该理论体系到底属于集中模式和分散模式。

布鲁斯对于集中模式的批评，与米塞斯的基本观点，在整体上是一致的。集权模式的基本特征在于，几乎所有的经济决策都集中于中央一级，由中央统一制订详细而周密的经济计划之后，各级机关根据中央的计划，制定与之相符的次一级计划，并采用行政手段保证计划的严格执行。这种集中决策的模式，决定了它"对以货币为单位的计算采取不信任态度，因为这种计算被指责为太一般、太无特点、无个性，并且从计划中心的角度来看，它不能提供一副盈亏的最适当的图景"。[②] 货币计算的缺乏，使这一模式只能按照实物单位进行经济核算和制订计划，由此必然会导致无法在投入和产出之间进行对比，也不可能对资源的利用及其在社会分工各个阶段之间的流动进行合理的分析，企业无法确定到底是否应该扩大再生产，也就是说，"在集权的模式中，就企业之间的关系和企业同中央的关系来说，货币并不是影响再生产过程中物质运动的积极工具，而原则上只是起消极的作用"。[③]

与集权模式相对照的分权模式，其基本特征在于，中央的决策和企业的决策是分开的。中央决策的范围包括国民收入分配的领域和选择最重要的投资方向的领域。前者主要涉及个人收入在国民总收入中所占的比例、个人收入结构、集体消费和积累之间的分配、企业收入分配的机构等等，

---

① [波]布鲁斯：《社会主义经济的运行问题》，周亮勋等译，中国社会科学出版社1984年版，第65页。

② 同上书，第80页。

③ 同上书，第133页。

而后者是通过中央投资基金在不同部门和行业的分配来实现的。中央的集中决策规定了国民经济中的整体比例,除此之外,还有一项特殊的权力应该属于中央决策范围,即创办企业的权力。布鲁斯认为,"这必须是社会财产委托机关的特权"。因为一旦企业可以利用自己的盈利而开创新的企业,那就从根本上违反了生产关系的社会主义性质。

在分权模式中,除了中央统一制定整体分配比例之外,其他与企业相关的一切决策,都由企业自己直接作出。企业可以自主地组织再生产过程,可以选择日常的生产目标和生产技术,也可以在生产资料市场上,独立自主地购买自己所需的生产要素,可以自由地选择销售方向和渠道。企业享有决策自由的来源在于,"企业活动的基础是盈利原则。这是企业在选择生产目标和生产方法时自主地进行活动所能遵循的唯一可行的原则"。通过盈利原则,可以综合地考虑生产过程中的成本和收益,并加以比较。"盈利作为企业效率的最重要的标准和作为物质刺激的基础,应当促进生产范围内和交换关系领域内合理经营原则的实现"。[①]

作为对集权模式的修正,分权模式在众多方面都体现出优越性。"赞同应用市场机制的最重要论据之一是供给结构能灵活地适应需求结构"。在分权模式中引入的市场机制,能够使供给结构与需求结构相适应,在计划规定的比例范围内,生产供应者和消费者之间能够建立直接的联系,而无需经过中央一级的审批。支持分权模式的第二类理由"涉及合理的利用生产要素问题,涉及为取得所要实现的收益而把消耗降到最低限度的条件"。利用盈利标准,可以刺激企业管理者尽可能减少产品的各种消耗,即降低成本,使他们尽可能合理地将各种生产要素结合起来。分权模式的第三个优点在于,市场机制能够扩大再生产过程中的平衡,也就是平衡增长的要求。社会主义经济的一个重要目标,就是在克服整体比例失调的情况下,而又不对发展的速度带来消极影响。能够实现这一目标,在很大程度上"取决于经济决策的主体是否和在多大程度上对市场的信号和刺激作出反应"。在分权模式下,各个生产单位的灵活多变,能够最大限度地弥补中央调节的缓慢和滞后。除此之外,分权模式还能保证中央一级的计划活动有合适的条件。当企业能够自发地适应市场的需求,而无需中央每日

---

① [波]布鲁斯:《社会主义经济的运行问题》,周亮勋等译,中国社会科学出版社 1984 年版,第 145 页。

进行大量繁琐的决策时，中央一级就有可能将精力集中于重要的问题，并对经济过程进行更彻底的分析和管理。波兰经济委员会在关于经济模式的讨论中，明确地指出，分权模式是"合理地发展我国经济的主要条件之一"，"改进计划工作的方法，不是采用许多指标，制定非常具体的方案，提出形式上的平衡，而是作出深刻的经济分析和对不可能进行经济计算的那些经济现象作出有充分根据的估价"。①

三 对分权模式的评价

将布鲁斯的分权模式，与兰格的竞争解决法相对比，最明显的变化在于，企业决策的范围大幅度增加了。在兰格模式中，企业管理者事实上并没有决策权，他只是在执行中央计划委员会制定的两条规则，即"平均成本最小化，以及产品的边际成本等于产品的价格"。② 而在布鲁斯的分权模式中，企业除了不能进行新的投资、开办新的企业之外，日常经营中的所有决策，包括生产要素的购买与使用、各种生产技术的采用与废弃等等，都由企业管理者按照盈利的目的和原则，自由作出决策。但是，我们要注意的是，布鲁斯的分权模式并不是要建立市场体系。通过对市场经济和商品的分析，布鲁斯指出："即使完全承认在社会主义的一定发展阶段上扩大商品关系的领域和职能的必要性，也绝不允许去掩盖可能带来（在某种程度上一定会带来）与此有关的令人失望的这一方面的后果。"③

正因为这一点，布鲁斯的分权模式与兰格的竞争解决法，在本质上看来，又具有明显的一致性。二者都试图在计划与市场、集权与分权之间进行调和，都是在中央计划的前提下，在不同程度上模拟市场。因此，布鲁斯的分权模式，同样很难摆脱米塞斯和哈耶克在社会主义经济核算论战中提出的一些批评。从企业管理者的角度来看，在没有产权保障的情况下，到底是否能够建立起生产要素市场？他们是否能够充分地行使所谓的企业管理权？盈利的原则是否能够真正得到贯彻？而从中央计划的角度来看，中央计划委员会如何能够知道，确定的分配比例到底是什么？他们能够获

---

① ［波］布鲁斯：《社会主义经济的运行问题》，周亮勋等译，中国社会科学出版社1984年版，第150—158页。

② 同上书，第12页。

③ ［波］布鲁斯：《社会主义的政治与经济》，何作译，中国社会科学出版社1981年版，第52页。

得作出计划所需要的充足的信息吗？对于这些问题，在布鲁斯的作品中，有的根本没有作出明确的回答，有的虽然涉及了，但是其解决办法并不能真正地解决问题。例如，在生产要素市场问题上，分权模式中允许企业管理者根据盈利原则，通过货币购买，但是，他同样认为，"实物单位的平衡是计划经济的一个不可缺少的要素，因为计划经济由于问题的宏观经济性质并首先在生产能隔离程度得到正常高度利用的情况下，不能满足于总量"。也就是说，中央要通过制订计划，在相当大的程度上对生产要素进行平衡性分配。在价格形成机制上，分权模式中价格并不取决于企业，价格在这里发挥的作用，与兰格模式中的作用是一样的，都仅仅执行参数的职能，也就是说，企业管理者没有权力通过市场活动，对价格产生影响，价格的变动，反映的仅仅是中央计划的改变。"中央一级可以从价值规律的要求出发，给各企业下达提高或降低生产数量的指令，以使价格关系同价值关系保持一致"。由此看来，布鲁斯的分权模式中内在的一些问题，根本无法得到解决。这些问题不是布鲁斯个人的问题，也不是他和兰格两个人的问题，而是所有视图在计划的前提下，模拟市场的市场社会主义者，必然会遇到的、难以克服的问题。

第七章

对论战的思考

通过前文对社会主义经济核算论战过程的梳理，以及对论战主题的分析，我们可以进行一些思考。首先是关于论战的过程，之前关于论战过程的描述，存在着众多错误，并且对于重要人物有所遗漏，因此，我们首先尝试着，对论战过程进行一个全面的客观的描述。其次，对于论战过程中涉及的最为主要的主题，即市场与计划、市场体制与计划体制，我们进行了理论上的分析，在详细比较的前提下，厘清各自的优缺点。最后，从社会主义经济核算论战的角度，我们对中国改革开放进程进行回顾。

第一节 论战过程的重述

20世纪20年代到40年代的社会主义经济核算论战，在20世纪思想史上，具有重要的地位。事实上，从19世纪中后期奥地利学派和马克思主义诞生之日起，双方就始终处于一种紧张的关系之中。从这一角度看，这场论战的爆发，是双方在沿袭各自传统的基础上，针对经济核算问题而进行的一次较量。关于这场论战的过程和结果，传统的描述一般如下：米塞斯最先对社会主义者发起挑战，他在1920年发表的文章中，提出了社会主义国家在缺乏价格和私有制的情况下，不可能进行经济核算这一论断；但是社会主义者认为，早在20世纪初，巴罗尼的文章就已经证明了，社会主义可以通过数学计算的方法进行经济核算，无须诉诸价格；在理论上的批评失败之后，奥地利学派的另一位代表人物哈耶克，转而从实践的角度对社会主义进行批评，认为社会主义经济在实践中必然是缺乏效率的；兰格在30年代后期发表的论文中，提出了市场社会主义的"竞争解决法"成功地回应了哈耶克的挑战，从而结束了这场论战。

通过本书对论战过程的综合回顾，我们可以发现，之前对于社会主义经济核算论战过程的描述，在众多问题上都难以让人满意。首先，在一些基本事实上，忽略了一些比较重要的细节。巴罗尼 1908 年的确发表了《集体主义国家的生产管理》一文，论文中也的确提到了社会主义制度下，如何运用数学计算的方法，实现经济体系的均衡，但是在论文的结尾处，巴罗尼明确指出，"真正的困难——或者更坦率地说，解决这一问题的不可能性——乃在于不可能事先解决这些等式"。[1] 这意味着，巴罗尼的论文，并不能成为社会主义者回应米塞斯的论据。

其次，这种对论战过程的描述，缺乏完整性。要了解这场论战，很多重要的思想背景不能忽视。如果我们一定要从奥地利学派的创始人门格尔，和科学社会主义的创始人马克思谈起，未免有些强人所难。但是，20 世纪初，皮尔逊和考茨基之间，关于社会主义经济体系中价值问题的争论，则是一定要考虑在内的。因为这场交锋，蕴含了社会主义经济核算论战中的大量问题，我们甚至可以称之为论战之前的论战。另外，对哈耶克和米塞斯的论述也有重大的疏漏。哈耶克在 1935 年编撰的《集体主义计划经济》中，对社会主义经济核算论战的现状和问题，进行了详细的梳理。但是除此之外，在兰格于 30 年代后期对米塞斯和哈耶克作出回应之后，哈耶克于 1940 年，针对这场论战又发表了第三篇文章，即《社会主义的计算（三）：作为一种"解决办法"的竞争》，在这篇文章中，哈耶克对兰格的"竞争解决法"提出了更加详尽的批评；而米塞斯同样如此，在兰格的文章发表之后，米塞斯先后作出几次回应，最集中地体现在《人类行为》这部鸿篇巨著当中。也就是说，在兰格对奥地利学派作出回应之后，米塞斯和哈耶克并没有偃旗息鼓，而是各自都作出了回应。在没有描述这些回应之前，就笼统地认为，兰格成功地证明了社会主义经济计算的可能性，未免过于武断。

最后，对论战过程和结果的这种描述，无论对奥地利学派的观点，还是对社会主义者的观点，都存在着比较明显的误读。传统的观点认为，奥地利学派内部存在着两条战线，即米塞斯是从理论上对社会主义经济核算之不可能性进行论证的，而哈耶克则承认，从理论上讲，社会主义是有可

---

[1] Enrico Barone, "The Ministry of Production in the Collectivist State", *Collectivist Economic Planning: Critical Studies on the Possibilities of Socialism*, ed. by F. A. von Hayek, London: George Routledge & Sons, 1935, p. 287.

能进行经济核算的,但是在实践中,社会主义经济体系注定缺乏效率。但是通过对米塞斯和哈耶克的作品进行梳理,我们很难发现,在米塞斯和哈耶克之间存在着如此巨大的鸿沟。尽管二人在方法论和一些具体的观点上,存在着一些差异,如米塞斯在方法论上注重先验主义,而哈耶克则更为强调经验主义,米塞斯对社会主义经济的批评,重点在于强调经济是一个动态的过程,而哈耶克则看重的是,相对于中央计划,市场价格在传递和利用信息方面所具有的无可比拟的优势。但是在社会主义是否有可能进行经济核算这一核心问题上,二人的观点是一致的,或者说,奥地利学派内部是一致的,并不存在这种理论和实践上的分水岭。

通过对论战过程的回顾,我们不仅能够发现,奥地利学派的内部是一致的,即米塞斯和哈耶克之间并不存在两条战线,而且还可以发现,真正的不一致恰恰发生在社会主义者内部。众所周知,在科学社会主义的原创者那里,社会主义经济的重要特征,就在于用中央计划取代市场和竞争,从而实现对经济生活有意识、有目的的调节和控制。从这一论断出发,米塞斯认为,由于私有制和市场价格的缺失,无法进行经济核算,经济决策和经济生活必定是盲目的、混乱的。然而,论战中支持社会主义的众多学者当中,支持马克思所提出的社会主义,并为之进行辩护的,并不多见,莫里斯·多布和泰勒可以称为其中的代表。其他人,如迪金森、勒纳和兰格等人,纷纷抛弃了马克思对社会主义的设想,转而接受了米塞斯的观点,即社会主义经济体系当中不能缺少价格的引导作用。当兰格等人坚持认为,在生产要素公有制的情况下,通过模拟市场,同样能够发挥价格的作用时,他们似乎没有意识到,这样的观点,在事实上已经宣告,米塞斯成为这场论战的胜利者了。至于究竟价格能否在私有制缺失的情况下,依旧发挥作用,这乃是与米塞斯最初的挑战无关的另外一个话题了。

如果说,兰格等人的市场社会主义方案,并不能证明社会主义内部的不一致,毕竟他们都支持社会主义,只是具体设计的方案不同而已,那么,在应对奥地利学派的挑战,论证社会主义经济核算之可能性的过程中,社会主义阵营内部发生的激烈的争论,则是反驳此种观点最好的依据。迪金森提出自己的观点之后,坚守经典社会主义的多布,对迪金森提出了严厉的批评,而迪金森随后就对自己的观点进行辩解,并对多布进行指责。不仅如此,多布的观点,还受到了勒纳更进一步的批评,而多布也在此之后,不断地发表文章,对自己的观点进行捍卫。对这一过程的回顾，可以让我们更加清楚地看到这场论战的复杂性，或者说，让我们更加确信，之前对社会主义经济核算论战的描述，无法让人信服和满意。

当然，论战的复杂性，更多地还体现在论战的结果方面。在前文，我们已经明确指出，在米塞斯最初的观点被兰格等社会主义者接受的同时，也就意味着米塞斯对传统社会主义的批评，受到很多人的认可。不过这并不意味着，兰格提出的竞争解决法，就能够有效地解决社会主义经济体系中必然存在的问题。在米塞斯和哈耶克在40年代发表的相关作品中，奥地利学派指出，在缺乏私有制的情况下，价格可以有效地反映市场的变化，为企业家的决策提供有效的信息，并激励企业家为更好地服务消费者、更有效地利用资源而努力。兰格等人提出的市场社会主义模型，固然是社会主义者在理论上，对社会主义发展模式一次具有重要意义的探讨，甚至直到今日，仍然在发挥其影响，但是奥地利学派对这一观点的质疑和批评，的确值得市场社会主义在今天的信奉者们深思。

综上所述，关于社会主义经济核算论战的过程，应该完整地表述如下：20世纪，荷兰自由主义学者皮尔逊，与第二国际著名的理论家考茨基，围绕着社会主义共同体中的价值问题，展开了一场辩论，这场辩论涉及了众多问题，如社会主义的价值、交换、价格等，为后来的社会主义经济核算论战埋下了伏笔。1920年和1922年，米塞斯先后发表文章和著作，论证了社会主义在缺乏市场和价格的情况下，不可能进行经济核算，经济决策必然是盲目的，经济生活必然是混乱的。针对米塞斯的批评，社会主义者认为，巴罗尼在1908年发表的论文中，已经证明了社会主义可以通过数学计算的方法，成功地实现经济体系的均衡。但是实际上，巴罗尼自己在论证之后，已经明确地承认，这一方法在现实中，根本无法实现。美国经济学会会长泰勒，在1928年的演讲中，提出了试错法，试图为社会主义经济核算问题寻找出路。在此之后，迪金森、勒纳等人，先后又针对数学解决法，提出了大致相同的见解。但是，坚守传统社会主义观点的多布，对数学解决法进行了言辞激烈的批评，并提出了"集中解决法"。1935年，奥地利学派的另一位主将——哈耶克加入了论战，将德语世界中的一些论战文章，引介到英语世界。1937年前后，社会主义者最重要的代表人物兰格，发表了关于社会主义经济核算的长篇论文，根据前人提出的试错法，提出了"竞争解决法"，以市场社会主义作为对奥地利学派的回应。在此之后，由于战争的爆发，双方的论战不了了之。但是，

40年代，哈耶克和米塞斯先后发表了系列作品，对兰格的模式重新提出了各自的批评。

在回顾这场论战时，我们要记得，论战不仅存在于奥地利学派与传统社会主义者之间，还存在于奥地利学派与市场社会主义者之间，同时，社会主义阵营内部也存在着较为激烈的争论。如果我们要完整地理解社会主义经济核算论战，并准确地把握论战过程中各位学者的观点，其中涉及的这些争论，都应该受到人们的关注。

第二节 市场与计划

社会主义经济核算论战过程中，几乎所有的争论，都集中在一个问题上，那就是如何认识市场与计划的关系和各自发挥的作用。奥地利学派认同市场，认为市场是唯一能够有效配置资源的工具。米塞斯将市场看作一个动态的过程，在此过程中，企业家发挥着核心作用，而消费者则是市场中的主人。哈耶克将市场视为一个最能促进个人利用主观性知识的场所，市场价格传递了信息，并鼓励市场参与者对各种信息作出积极的反应。支持传统社会主义的多布，则信奉计划的力量，主张通过国家的集中计划，对一切经济问题进行控制和安排，从而创建一个符合人类理想的经济秩序：即人类的意识和目的能够得到充分体现的秩序。兰格等市场社会主义者的立场则稍微复杂一些，一方面他们相信，只有实行市场定价，才能有效地利用各种资源，为此他们希望建立消费品市场和劳动力市场，但是另一方面，他们又对市场配置资源的能力持有一定的怀疑，主张国家控制最为关键的生产要素，按照统一的规划，协调各种要素的分配和使用。由此可见，论战中各方的观点，都是围绕着市场与计划而展开的。

一 市场与计划

市场和计划，并不是论战过程中出现的新鲜事物。让我们先来看看"计划"吧。著名的钱伯斯词典将计划定义为"有根据的打算，或者事先仔细制订的方案"。从此意义来看，可以说，人类自古以来就一直存在着计划。每个人的行为都是一种计划，每一个家庭集合体内部，都要制定并执行计划。远古时代的人们，为了更好地生存，需要协调整个家庭内部成员的分工，男耕女织是一种计划，将打猎获得的食物加以储存，日后享用，也是一种计划。在全球化迅速扩展的今天，每个人，每个家庭，同样需要及时作出决策，这些决策涉及在工作与休闲娱乐之间分配时间，在不同的消费领域分配金钱等，这些都是我们生活中的计划。事实上，在当今社会中，计划已经深入到企业的内部，成为企业发展过程中不可或缺的一部分。企业为了更好地获得利润，就必须在各个部门之间进行计划、在当前的生产与未来的投资之间进行选择。由此可见，计划作为一种社会现象和社会事实，一直与人们的日常生活息息相关。

计划成为人们生活当中不可或缺的一部分，与人类始终需要面对稀缺的困境有着密切的联系。试想一下，如果某种生产要素极其丰富，任何时候，只要你有所需求，就能够有所得，根本无须担心被耗尽，那么人类对这种要素的使用，是无需进行计划的。就像空气一样，虽然人类对空气的依赖程度，几乎是最高的，但是没有人会有计划地进行呼吸。从整个社会的情况来讲，几乎所有的消费品、生产要素都面临着短缺，从每个人和每个家庭来讲，几乎总有没有得到满足的欲望。每个人都必须面对这种短缺的状态，导致我们必须对何时、何地、为何以及如何使用各种稀缺资源，进行安排和计划。

与计划一样，市场同样与人们的生活息息相关。市场最主要的特征，在于交换。而交换是随着社会的发展、文明的进步而出现的。当人们对于某种必需品有所富余，而又对另外一种被别人所拥有的必需品感兴趣时，交换就具备了可能性。在这种可能性的基础之上，如果双方都意识到了这一点，交换就具有现实的可行性了。而发生交换的场所，便是人们所谓的"市场"。

市场之所以会出现，是因为个体在直接满足个人欲望的能力方面，存在着严重的欠缺。每个人的时间、能力和精力都是有限的，在特定的时间内，花费的精力只能直接获得少数的必需品，而人类的需求，相对而言是比较宽泛的，为了更好地满足个人的需求，客观上就需要一个使人类交换得以发生的场所，能够经常性地或者周期性地进行交换活动，这就是市场。当然，市场的出现反过来又促进了个体尽可能地从事自己所擅长的某种生产，并极力提高自己的劳动生产率，从而在市场上交换到更多能够满足自己欲望的产品。

从上述关于计划和市场的起源上看，市场主要涉及的，是人们为了提高更好地满足自己的欲望和需求，彼此之间各取所需的交换，因此，它是一种经济现象。但是计划则不仅仅发生在经济领域,无论是生活、工作还是从事任何其他活动,每个人都必须有所计划,所以计划是人类各种生活中必不可少的一部分。但是,从最初零星出现的市场交换,发展到整个社会都处于市场体制之中的时候,市场对于人类的意义,以及对于人类的整个社会生活,也随着而发生了变化。同样,当计划不仅仅是个人或者家庭的一种决策,而是整个社会和国家有组织的安排一切生产和生活的时候,计划对人类的影响,以及人类生活的本身,也会发生意想不到的变化。

二 市场体制与计划体制

在进一步讨论市场体制和计划体制之前,我们先对这两个概念进行简单的界定。林德布鲁姆在《市场体制的秘密》一书中指出,"所谓的市场体制,就是不通过中央指令而凭借交易方式中的相互作用,以对人的行为在全社会范围内实现协调的一种制度"。[①] 从原始的市场扩展到市场体制,最大的变化在于,原始的市场仅仅是一个偶尔发生交换的场所,但是市场体制却是人类生活于其中的一种社会制度,它对我们的日常生活中的各个方面,都能起到协调的作用。比如我们要到外地去,需要有人为我们生产汽车,需要有人给我们提供高速公路,需要有人为我们绘制地图,在途中,当我们饥饿的时候,需要有人为我们提供食物;当汽车出现问题的时候,需要有人为我们修车;当没有汽油的时候,需要有人为我们提供加油站,等等。这一切的背后,并非有人在刻意地安排,大部分都可以由市场体制进行协调。通过市场体制的这种巨大的协调功能,我们几乎能够在任何时间和任何地点,及时地满足自己的欲望和需求。

市场体制中,并不排除计划存在的可能性。从个人的角度来讲,在市场体制为每个人提供了众多实现欲望满足的可能性,人们必须在这些越来越让人眼花缭乱的可能性之间作出选择,并对自己的选择进行筹划。比如在选择贷款买车的同时,可能就意味着需要在一段时间内,远离一些日常的奢侈品。从家庭的角度来讲,尽管市场体制日益完善,但是家庭依然是市场中一个重要参与者,家庭内部承载了很多市场体制无法替代的功能,例如抚育后代,等等。一个家庭为了在市场体制中获得自己应有的收入和

[①] [美]林德布鲁姆:《市场体制的秘密》,耿修林译,江苏人民出版社2002年版,第4页。

地位，也需要从各方面进行规划和安排。因此，市场体制与计划并不是对立的产物，在市场体制中，计划依然是人类日常生活中必不可少的一部分。

　　与市场体制一样，计划体制也是一种协调机制。所不同的是，市场体制的协调，往往依靠更多的是个体或者企业自身，而在计划体制中，则主要由政府充当协调者。在市场体制中，计划主要由每个人或者家庭、企业来作出的，但是在计划体制中，个人的计划必须服从于政府的整体计划。诺夫曾经指出，中央计划之所以能够出现，是基于以下假设，即"社会（实际上是政治领导当局控制下的计划部门）知道或能发现需要什么，能按需要分配生产资料，并发布命令协调这些需要，所以能最经济地满足需求"。① 计划体制的支持者和建立者们相信，通过中央政府的统一安排，可以克服市场体制调节的盲目性，可以有意识地、采取明确的手段，去实现人们所希望达到的一些目标，例如平等的分配、保护环境，等等。这样的一种观念，表明他们对市场体制的不满，以及对计划制定者能力的充分肯定和信任。

　　计划体制与市场的关系，一直以来都是人们关注的焦点之一，对此问题的认识，在很长时间内，存在着一定的分歧。在计划体制的倡导者马克思那里，计划体制与市场是相互矛盾的，社会主义之所以要有意识地制订计划，就是为了取代市场。多布基本上就是这一观点的支持者，所以他提出了以中央计划委员会为主导"集中解决法"。然而，另外一些社会主义计划体制的支持者，例如考茨基、兰格等人，对此问题的态度，则相对温和一些。在接触到自由主义者对社会主义的批评之后，他们的观念慢慢发生了转变。他们虽然认为应该从整体上实行社会主义计划体制，但是在一些特定的领域，允许市场在一定范围内存在，以弥补计划体制的僵硬与滞后，这些市场应用的领域，最主要地体现在某些消费品市场以及劳动力市场。例如考茨基曾经明确地指出，如果彻底废除市场，就意味着"国家必须成为200万生产场所的生产领导者及其产品周转的调解者，这些产品有一部分是作为生产资料彼此供应的，有一部分是作为消费资料销售给消费者的，而在消费者中，每人都有其时时改变的特殊需要。这项任务显然会

---

① ［英］约翰·伊特韦尔等：《新帕尔格雷夫经济学大辞典》（第3卷），经济科学出版社1996年版，第944页。

把人压得喘不过气来,否则就得按照一个简单公式自上而下地调节人们的需要;像过兵营生活那样,让每个人只分得其最低的份额,从而把现代化的文明生活降低到何等低下的水平!难道我们就必须成为一个兵营式的或监狱式的国家吗"?①

通过对市场体制和计划体制概念的分析,我们可以得出以下两点结论:第一,市场体制和计划体制,都不仅仅涉及经济生活,而是关系到人类生活的方方面面。它们都是人类应对未来不确定性而确立的一种制度,影响了每个人的日常生活,也在某种程度上决定了人类的行为方式;第二,市场体制并不排斥计划的存在,相反,在市场体制中,每个人为了更好地满足自己的欲望和需求,必须对自己的现在和未来进行更周全的计划,同样,计划体制也并不排斥市场的存在,在计划体制的格局下,为了使政府更好地制定和执行整体性计划,也需要市场发挥适当的补充性作用。从这两点结论出发,我们可以更好地理解,为什么坚持市场体制的哈耶克,却并不反对计划,而反对社会主义制度中的计划体制,也可以更好地理解,为什么信奉计划体制的考茨基和兰格等人,却并不反对市场,而反对资本主义制度中的市场体制。要判断到底市场体制还是计划体制,能够更好地促进人类社会的进步、生活水平的提高以及欲望的满足,我们需要对这两种体制进行对比。

从价值偏好上来说,市场体制的支持者注重的是自由,计划体制的信奉者则更为看重平等。市场体制下,每个个体可以在各种目的、欲望和需求之间,自由地作出选择,可以为了欲望和需求的满足而自由地选择职业,自由地分配时间、金钱和精力。人们可以选择当前进行消费,也可以为了以后更好地满足欲望,选择在当前进行节约和投资。也正因为如此,市场体制的支持者,一般同时也是自由主义者,他们对政府权力时刻保持警惕,鼓励个人为了自己的选择而承担起应有的责任。由于个人的能力、天赋、机会等方面存在差异,以及由此而导致的最终结果上的差异,市场体制并不关心。与市场体制下自由具有优先权相对照,计划体制下,平等则具有至高无上的价值。设计社会主义计划体制最原始的动机,就是为了改变资本主义市场体制下人们之间收入分配的不平等。在计划体制下,通过政府控制全部生产要素,对生产全部收入所得进行统一支配,除去用于

---

① [德]考茨基:《社会革命》,何江等译,人民出版社1980年版,第101页。

积累和投资的部分,剩下的部分以红利、工资等形式,平等地分配给国民。尽管在消费品的使用、工资的数量等方面会存在一些具体的差异,但是相对于资本主义市场体制下的贫富差异而言,计划体制下的不平等是可以忽略的。在社会主义运动遭受巨大挫折的今天,罗默等人依然高举着社会主义的大旗,其最醒目的标志就是平等,由此足以见得平等对于社会主义者的吸引力。

从具体的目标来看,市场体制并没有明确而统一的目标,而计划体制则由中央计划委员会统一制定长期发展战略以及短期发展目标。在市场体制下,选择目标的权利,基本保留在每一个自由进行选择的个体手中。市场体制鼓励个人的自由选择,通过竞争机制和价格体系,实现人与人之间的合作,促进人类行为的协调。而在计划体制下,中央计划委员会将根据以往的经验和教训,统一制定各项目标,既包括国民生产总值的总量和增长速度等综合性的目标,也包括各行各业的实际发展状况等分门别类的目标。中央制定的这些目标,是各级地方政府以及各个企业行动的指南,一切生产和工作,都要围绕着这些目标而展开。

从实现目标的手段来看,市场体制下利用的是价格机制,而计划体制下利用的则是行政命令。市场体制下,个人的选择和决策,大部分是以价格为基础而展开的。与计划体制下的价格相比,市场体制中的价格,能够更准确地反映物品的稀缺程度,以及其他市场参与者对该物品的珍视程度。作为消费者,个人根据价格的变化,选择消费的种类和数量。作为生产者,个人根据市场价格,决定将资金从某些领域抽出,然后投入到另外一些领域中去,或者对某些领域追加投资。通过价格,企业还可以进行经济核算,通过收益和损失的对比,评估之前作出的投资决策,并为以后的投资提供参考。米塞斯对传统社会主义的批评,其核心就在于此。而在哈耶克看来,价格机制最重要的作用,则在于传递了市场信息,通过这些信息,个人可以更好地利用各自掌握的主观性知识,促进资源的有效利用。在计划体制下,促进个体之间协调的,则是自上而下的行政命令。这种纵向的行政命令,其内容主要是物资之间的供求平衡,也就是说,基本不采用货币形态进行计算,而是以实物形态进行计算,并以此为依据,制订和执行计划,从而对各项生产和工作进行协调。因为行政命令在一切社会生活中占据了主导地位,其他任何形式的协调手段,例如小范围的市场的存在,以及在某些领域允许货币形态的存在,最终都需要在行政命令的指引下发挥作用。在论战中，兰格等人所提议的市场社会主义方案，采用试错法等形式，在一定程度上利用市场，从而实现社会主义计划体制的均衡，其最终无法得到落实，在很大程度上要归因于行政命令占据主导地位，市场难以真正发挥作用，或者说，兰格所看重的，仅仅是市场在一定范围内的利用，而不是市场体制，但是在缺乏市场体制的情况下，市场最多只能提供消费品的交换，无法实现社会范围内的协调。

从激励措施上看，市场体制利用的是个人对自身利益的追求，而计划体制下则主要采用精神激励和道德奖赏。在市场体制下，每个人参与市场协调的目的非常明确，就是尽可能地获得货币财富，从而更好地满足自己的欲望和需求。为此，他需要为其他市场参与者提供他们所需要的服务，无论是加工零部件，或者制作衣服，抑或是革新生产技术。市场体制与计划体制相比，能够更合理地衡量出每个人为他人提供了多少服务，并以此为标准，为每个人支付其应得的报酬。而在计划体制下，由于在整体上采用的是实物计算体系，导致评价标准的多重性，例如我们无法确定制作面包的师傅，与提供牛奶的农夫之间，到底谁做出的贡献更大，因此，我们无法确定每个人的贡献到底有多大。或许在计划体制的支持者看来，这并不是问题最核心的地方。因为前文已经论述了，他们最为看重的价值是平等，所以每个人的实际所得相差不会太大。在此情况下，只能采用精神上的鼓励和道德上的奖赏，来促使每个人尽可能地完成上级所分配的任务。至于这些激励手段到底效果如何，看看社会主义国家的发展史，恐怕很难令人满意。

从产权基础上看，市场体制是以生产要素的私有制为基础，而计划体制则基本上以国有制或公有制为基础。在市场体制下，为了激励个人最大限度地利用所掌握的资源，利用个人的主观性知识，必定要求生产要素以及生产所得私人所有。在没有私人产权保障的情况下，个人很难终其一生的努力，却只为了他人或者集体利益。私人产权是个人参与市场体制的基础，脱离了这一基础，市场体制的活力很难得到保证。在计划体制下，为了保证平等这一价值追求的实现，国家必须掌握大部分最终的生产所得，而要做到这一点，最合适、最稳妥的办法，就是国家控制生产要素。因此，计划体制几乎总是伴随着生产要素的公有制。而计划体制下，几乎杜绝了私人产权的存在，才导致计划体制的僵化。

从最终形成的社会秩序来看，从原初零碎的市场，演化成市场体制，基本上是一个自发的秩序,而计划体制形成的,则是一种人为的秩序。市场体制下形成的秩序,我们可以称之为"COSMOS",它是"独立于人类任何有目的的意图而存在或自发形成的秩序"。在这种秩序中,各种抽象的规则,以及主观性知识,能够更好地发挥作用。计划体制下形成的秩序,则可以"TAXIS"称之,它是"人对各种要素特意进行安排或指定其明确的功能而产生的秩序"。[①] 在这种人为设计的秩序当中,每个人都必须服从组织规则,每个人的行为,都受到组织目标以及组织者的知识的限定。

从哲学世界观上来看,市场体制背后体现的,是人类充分意识到理性能力的不足,而计划体制背后所体现的,则是人类对自己理性充分的自信。市场体制的支持者大部分都认为,市场体制的形成是一个自然演化过程,是人类在各自追求自己利益的过程,通过不断地调整,相互适应,而形成的一种制度。也正因为如此,市场体制中,选择的权利属于每一个市场体制的参与者。而计划体制则不然。恩格斯曾经明确指出,"社会力量完全像自然力量一样,在我们还没有认识和考虑到它们的时候,起着盲目的、强制的和破坏的作用。但是,一旦我们认识到了它们,并理解了它们的活动、方向和作用,那么,要使它们越来越服从我们的意志并利用它们来达到我们的目的,就完全取决于我们了"。[②] 与恩格斯一样,计划体制的拥护者,对于人类的理性认识能力极度自信,他们试图用自己的理性,将一切无意识形成的事物,变成人类有意识的掌控。由此也可以窥见近代启蒙运动对人类至今仍造成的深刻影响。

通过上述对比,我们可以相信,在促进经济繁荣和社会发展等方面,市场体制的确比计划体制更胜一筹。这同样也包括中国在内的社会主义国家,在实行一段时期的社会主义计划经济之后,纷纷向市场体制转变的重要原因。在肯定市场体制相对计划体制具有优越性的同时,为了更全面地理解这两种体制,也为了使这一观点不被误解,我们有必要补充说明以下几点:

第一,无论是市场体制,还是计划体制,都不是一个简单的经济制

[①] [英] 哈耶克:《哈耶克文选》,冯克利译,江苏人民出版社2007年版,第317页。

[②] [奥] 米塞斯:《社会主义》,王建民、冯克利等译,中国社会科学出版社2008年版,第48页。

度，而是一个复杂的、涉及人类生活各个方面的社会制度。这一点，从论战中涉及的效率、公平、平等、自由等问题上，也能充分地反映出来。它们都是人类在面对资源的稀缺性和未来的不确定性时所作出的选择。它们所体现的，都是人类为了更好地实现人与人之间合作、促进行为之间的相互协调、从而创造一种和谐的社会秩序的愿望而努力。尽管这两种体制之间存在着种种差异，但是我们不能忽视其在本质上的相似之处。

第二，虽然与市场体制相比较，计划体制在效率、激励手段、产品的多样性等方面，都存在着众多不足，但是，计划体制并非没有可取之处，尤其在战争、重大灾难等一些非常时刻。这也是为什么纽拉特极力推崇"战时经济学"的原因。对于这一点，哈耶克也予以承认，并对其进行了细致的分析。计划体制之所以能够在战争期间很好地发挥协调作用，是因为战争期间，整个社会的目标是高度统一的，那就是赢得战争的胜利，为此，根本不需要进行经济核算，计算到底需要花费多少成本。人们会为了赢取战争而不惜一切代价。但是在和平时期，由于每个人所追求的目标无法不一致，中央统一制订的计划，就只能以某些人，甚至某个人的目标，作为整个计划体制的目标。从计划体制的应用范围出发，我们也可以再次看出市场体制的优越性。

第三，当我们在表达市场体制相对于计划体制具有优越性这一观点时，我们并没有对市场体制的不足视而不见。毫无疑问，市场体制在最大限度内，激发了人类创新的激情，并带来了人类物质文明的极大进步。但是，市场体制本身，并不关心由此而带来的收入不平等，这种不平等导致人们内心的痛苦与不安，也不在市场体制的考虑范围之内。"现代社会的很多弊端，如人口的过度膨胀以及由此产生的生态问题、马克思主义所说的'劳动异化'和受市场主导的大众文化造成的'单一化'趋势等，这些问题在很大程度上是市场经济的结果，并且也很难完全在市场经济的结构内得到解决"。[①] 市场体制为了更好地协调人类行为，更进一步地推动人类的进步，必须重视这些日益成为人们关注焦点的现代性问题。

---

① ［英］哈耶克：《致命的自负》，冯克利译，中国社会科学出版社2000年版，第11页。

第三节　对中国转型的分析

中国 30 年改革开放的进程，已经取得了举世瞩目的成就。当世界都在称赞中国奇迹的时候，我们不应该忘记，这样的奇迹，是以我们曾经走过的弯路为代价的。当年改革的愿望如此强烈，之所以改革的成就如此突出，是因为之前我们经历了计划体制下太多惨痛的教训。从这个角度来看，中国 30 年的改革开放，最主要的就是逐步废除之前的计划体制，慢慢走向市场体制。

一　对计划体制的分析

从 1956 年开始，到改革开放之前，中国大体上可以称为是一个计划体制国家。在生产方面来看，从 50 年代初开始，国家就对民族资本和私人企业进行社会主义改造，1954 年，国家发布了《公私合营工业企业暂行条例》，规定合营企业要由国家统一领导。到 1955 年，在工业中，国营企业的比重已经达到 63%，而私有企业则下降到 16%。可以说，整个经济体系，大部分掌握在国家的手中。从流通领域来看，1953 年，中共中央先后发布了《关于实行粮食的计划收购和计划供应的决议》和《关于在全国实行计划收购油料的决定》，之后又对很多产品实行了统销统购，从而基本废除了农产品市场，建立了全国统一的计划经济体制。

正如前文所分析，计划体制在特定的环境下，也能发挥一定的效力。在新中国成立初期，我国面对的整体形势，在各个方面还是比较严峻的，资金相对比较短缺，生产技术落后，生产效率低下，因此，迅速发展工业化，实现技术进步，尤其是军事技术的进步，是当时我国最主要的任务和难题。而利用计划体制，我们也确实集中了全国的力量，在军事技术上取得了重大突破，也发展了一些工业基地。从这方面来看，计划体制确实能够在各种不利的条件下，将各项资源集中于某一特殊领域，从而取得一些成果。但是，这种计划体制在整体上，给我国的发展造成了巨大的障碍，这主要体现在以下几个方面。

第一，强制增长模式的出现。新中国成立以后，由于我国的经济发展水平、科技水平以及整个社会的发展程度相对落后，所以迫切希望在短时期内，迅速发展壮大起来，在此情况下，出现了一种强制性的增长模式。

所谓的强制,"是指发展速度的加快并不是源自社会整体运动的自发推动,而是由官僚体制自上而下强迫执行的。强制还意味着社会主义体制想要跑得更快,而它的双腿却根本达不到这样的奔跑速度"。① 其典型的特征表现在三个方面:高投资低消费,到处充满了各种优先发展原则,以及采用各种方式加速利用各种可以掌握的资源,并以牺牲质量为代价,贪图数量的增长。最明显的表现,就是 1957 年,《人民日报》发表题为《发动全民,讨论 40 条纲要,掀起农业生产的新高潮》的社论,号召广大人民群众"在生产战线上来一个大的跃进",第一次提出"大跃进"的口号。从此以后,农民热情高涨地建立人民公社,各地大放"高产卫星",而工人则信心满怀地"大炼钢铁"。

第二,官僚体制。尽管官僚体制并不是社会主义计划体制独有的现象,在资本主义社会中,也存在大量的官僚化组织。但是,新中国成立后出现的官僚体制,却具有计划经济体制的特殊含义。因为在计划体制下,官僚体制与生产要素公有制以及权力的高度集中是密切融合在一起的。整个社会的一切生产活动、人与人之间的所有关系,都要服从于这三者结合而形成的社会网络。权力集团依靠官僚体制,控制着社会的一切资源。企业之间的关系,不是依靠市场来调节,而是依靠上级领导的命令和官僚管理和协调。正如米塞斯在 20 年代所描述的那样,"我们都领教过社会主义管理机构那一副长相:数不清的官员,人人尽力自保,不让任何人染指自己的地盘,同时又拼命推诿责任"②,整个社会没有任何外来刺激,完全是死水一潭。

第三,短缺经济。由于采用的强制增长模式,以及整个社会盛行官僚体制,导致了生产效率的极端低下。而国家发展战略中的各项优先原则,比如重点建设重工业生产基地等措施,不仅导致投资与消费的比例严重失衡,而且往往不计代价地片面发展。种种原因之下,新中国成立后到改革开放之前,我国的各项物资基本都处于短缺的状态。面对庞大的需求市场,政府往往无能为力。而在计划经济体制下,一旦我们陷入了短缺的陷阱之后,这种短缺还会不断地自我膨胀,从而形成一种习惯性的力量,在

---

① [匈] 科尔内:《社会主义体制》,张安译,中央编译出版社 2007 年版,第 187 页。
② [奥] 米塞斯:《社会主义》,王建民、冯克利等译,中国社会科学出版社 2008 年版,第 172 页。

长时期内无法改变。

二 对改革开放进程的分析

在计划体制下蒙受的这些苦难，使我们决定从计划体制下慢慢走出来，改革开放的进程由此而开启。从建立市场体制的角度来看待改革开放这30年，我们可以从两个方面来分析：一个是市场体制本身的确立，这涉及市场定价机制的变化、现代企业制度的形成，建立市场经济目标的确立等方面；另一个就是奥地利学派极为重视的私人产权问题，因为市场的建立，是以得到保护的私人产权为基础的。下面我们就分别分析这两个过程。

第一，市场体制本身的确立过程。1979年，国务院决定在深圳、珠海等地区设立经济特区，并颁布了《关于大力发展对外贸易增加外汇收入若干问题的规定》，这是我国开始重视市场体制建立的重要体现。1984年，中共十二届三中全会通过了《中共中央关于经济体制改革的决定》，明确提出要进行以城市为中心的经济体制改革，次年，又慢慢形成了转型期间独具特色的"价格双轨制"，标志着我国正式从计划体制开始向市场体制转变。1992年，在《中国共产党章程（修正案）》中，第一次明确提出了建立社会主义市场经济体制的目标，决定在社会主义条件下发展市场体制。以此为基础，1993年又通过了《中共中央关于建立社会主义市场经济体制若干问题的决定》，这一决定涉及了市场体制的基础，即现代企业制度，明确了建立产权清晰、责权明确、政企分开、管理科学的现代企业制度的目标。在这些决议的前提下，我国逐步进行了金融领域、外贸领域等改革，市场体制逐步建立和完善起来。

第二，私有产权的确立过程。市场体制的建立过程，同时也是私人产权逐步确立的过程。因为市场体制的基本参与者是个人、家庭和企业，如果没有产权的保障，这些参与者不可能充分地发挥各自的能力，市场体制的建立也仅仅是空谈口号。从1982年中央发布《全国农村工作会议纪要》，到1991年中共十三届八中全会通过的《中共中央关于进一步加强农业和农村工作的决定》，农村地区的家庭联产承包责任制逐步得到了确立，从此以后，尽管土地仍然归国家所有，但是它打破了大锅饭的计划体制，明确承认个人的劳动付出，与个人的收入相联系。不仅如此，在1988年的宪法修正案中，增加了允许私营经济在法律规定的范围内存和发展的内容。1993年的宪法修正案，则肯定了非公有制经济的地位和作用。党的十五大公开表明，将非公有制经济纳入到社会主义初级阶段的基本经济制度框架内。2004年，"公民的合法的私有财产不受侵犯"、"国家尊重和保护人权"等内容明确地写入宪法。2007年，与宪法配套的《物权法》正式通过，标志着私有产权在我国的保护，得到了最终的承认。

通过前文对新中国成立后计划体制的描述，以及对改革开放进行的回顾，我们可以清晰地看到，改革开放之所以取得如此重大的进展，关键在于从计划体制到市场体制的转变。而这两种体制的转变之所以能够如此全面地影响整个社会，乃是因为它们都是一种社会协调机制，而不是简单的经济体制。随着两种体制的转变而同时发生的，是人们思想观念的转变，是整个社会思想的转变，是人的行为方式的转变。也是因为这是一场涉及社会各个方面的改革，对于改革过程中出现的种种问题，我们要认清其根源，到底是市场体制内在的缺陷所致，还是计划体制的遗毒未除使然。通过对社会主义经济核算论战的回顾，将更加丰富我们的理论视野，从而使我们对这类问题的判断和处理，更加理智和清晰。

参考文献

中文书目

1. 阿兰·格鲁奇：《比较经济体制》，中国社会科学出版社1985年版。
2. 阿兰·艾伯斯坦：《哈耶克传》，中国社会科学出版社2003年版。
3. 埃岗·纽伯格：《比较经济体制》，商务印书馆1985年版。
4. 埃里克·罗尔：《经济思想史》，商务印书馆1981年版。
5. 安德鲁·甘布尔：《自由的铁笼：哈耶克传》，江苏人民出版社2005年版。
6. 奥肯：《平等与效率》，华夏出版社1987年版。
7. 奥斯卡·兰格：《社会主义经济理论》，中国社会科学出版社1981年版。
8. 彼得·桑德斯：《资本主义——一项社会审视》，吉林人民出版社2005年版。
9. 伯特尔·奥尔曼：《市场社会主义——社会主义者之间的争论》，新华出版社2000年版。
10. 博恩斯坦：《东西方计划经济》，商务印书馆2000年版。
11. 布鲁斯：《从马克思到市场：社会主义对经济体制的求索》，上海人民出版社1998年版。
12. 布鲁斯：《社会主义经济的运行问题》，中国社会科学出版社1984年版。
13. 布鲁斯·考德威尔：《哈耶克评传》，商务印书馆2007年版。
14. 范恒山：《国外25种经济模式》，改革出版社1993年版。
15. 方福前：《当代西方经济学主要流派》，中国人民大学出版社2004

年版。

16. 冯克利：《尤利西斯的自缚》，江苏人民出版社 2004 年版。

17. 高歌：《从经济思想视角解读哈耶克》，经济科学出版社 2007 年版。

18. 格尔哈德·帕普克：《知识、自由与秩序》，中国社会科学出版社 2001 年版。

19. 哈耶克：《法律、立法与自由》，中国法制出版社 2000 年版。

20. 哈耶克：《个人主义与经济秩序》，三联书店 2003 年版。

21. 哈耶克：《哈耶克文选》，江苏人民出版社 2007 年版。

22. 哈耶克：《货币的非国家化》，新星出版社 2007 年版。

23. 哈耶克：《科学的反革命》，译林出版社 2003 年版。

24. 哈耶克：《通往奴役之路》，中国社会科学出版社 1997 年版。

25. 哈耶克：《致命的自负》，中国社会科学出版社 2000 年版。

26. 哈耶克：《自由秩序原理》，三联书店 2003 年版。

27. 汉密尔顿等：《联邦党人文集》，商务印书馆 2006 年版。

28. 赫尔曼·海因里希·戈森：《人类交换规律与人类行为准则的发展》，商务印书馆 1997 年版。

29. 霍华德等：《马克思主义经济学史》，中央编译出版社 2003 年版。

30. 卡尔·波普尔：《开放社会及其敌人》，中国社会科学出版社 1999 年版。

31. 卡尔·波普尔：《客观知识——一个进化论的研究》，上海译文出版社 1987 年版。

32. 卡尔·波普尔：《历史主义贫困论》，中国社会科学出版社 1998 年版。

33. 卡尔·门格尔：《国民经济学原理》，上海世纪出版集团，2005 年版。

34. 卡尔·门格尔：《经济学方法论探究》，新星出版社 2007 年版。

35. 莱昂内尔·罗宾斯：《经济科学的性质和意义》，商务印书馆 2000 年版。

36. 勒纳：《统制经济学》，商务印书馆 1965 年版。

37. 李兴耕，李宗禹等：《当代国外经济学家论市场经济》，中共中央党校出版社 1994 年版。

38. 理查德·豪伊：《边际效用学派的兴起》，中国社会科学出版社1999年版。

39. 林德布鲁姆：《市场体制的秘密》，江苏人民出版社2002年版。

40. 林德布罗姆：《政治与市场：世界各国的政治经济制度》，上海人民出版社1994年版。

41. 罗宾斯：《过去和现在的政治经济学》，商务印书馆1997年版。

42. 罗伯特·海尔布罗纳：《几位著名经济思想家的生平、时代和思想》，商务印书馆1994年版。

43. 罗默：《社会主义的未来》，重庆出版社1997年版。

44. 罗斯巴德：《权力与市场》，新星出版社2007年版。

45. 马克·史库森：《朋友还是对手——奥地利学派与芝加哥学派之争》，上海人民出版社2006年版。

46. 马克斯·韦伯：《经济行动与社会团体》，广西师范大学出版社2004年版。

47. 迈克尔·波兰尼：《社会、经济和哲学》，商务印书馆2006年版。

48. 迈克尔·博兰尼：《自由的逻辑》，吉林人民出版社2002年版。

49. 曼德尔：《为社会主义计划辩护》，商务印书馆1992年版。

50. 米塞斯：《官僚体制 反资本主义的心态》，新星出版社2007年版。

51. 米塞斯：《货币、方法与市场过程》，新星出版社2007年版。

52. 米塞斯：《经济学的认识论问题》，经济科学出版社2001年版。

53. 米塞斯：《社会主义》，中国社会科学出版社2008年版。

54. 米塞斯：《自由与繁荣的国度》，中国社会科学出版社1995年版。

55. 莫里斯·博恩施坦：《东西方的经济计划》，商务印书馆1995年版。

56. 莫里斯·博恩施坦主编：《比较经济体制》，中国财政经济出版社1988年版。

57. 穆勒：《政治经济学原理及其在社会哲学上的若干应用》，商务印书馆1997年版。

58. 尼·布哈林：《食利者政治经济学》，商务印书馆2002年版。

59. 诺夫：《可行的社会主义经济》，中国社会科学出版社1988年版。

60. 皮尔森：《新市场社会主义》，东方出版社1999年版。

61. 萨松：《欧洲社会主义百年史》，社会科学文献出版社2007年版。

62. 斯蒂格利茨：《政府为什么干预经济》，中国物资出版社 1998 年版。

63. 斯威齐：《资本主义发展论》，商务印书馆 2000 年版。

64. 托马斯·莫尔：《乌托邦》，商务印书馆 1959 年版。

65. 汪丁丁主编：《自由与秩序——中国学者的观点》，中国社会科学出版社 2002 年版。

66. 维塞尔：《自然价值》，商务印书馆 1982 年版。

67. 亚当·斯密：《国民财富的性质和原因的研究》，商务印书馆 1974 年版。

68. 姚中秋主编：《自发秩序与理性》，浙江大学出版社 2008 年版。

69. 伊藤诚：《现代社会主义问题》，社会科学文献出版社 1996 年版。

70. 余文烈：《市场社会主义：历史、理论与模式》，经济日报出版社 2008 年版。

71. 约瑟夫·熊彼特：《经济分析史》，商务印书馆 1994 年版。

72. 约瑟夫·熊彼特：《资本主义、社会主义和民主》，商务印书馆 1979 年版。

73. 布鲁斯·考德威尔著，静虚编译：《哈耶克与社会主义》，《马克思主义与现实》1999 年第 6 期。

74. 巴德汉，罗默著，李春放编译：《市场社会主义思想轨迹》，《当代世界与社会主义》1998 年第 4 期。

75. 阿林·科特尔、W. 保罗·科克肖特著，李陈华译，冯克利校：《计算、复杂性与计划——再谈社会主义核算论战》，《当代世界社会主义问题》2007 年第 2 期。

76. 曹东勃：《奥地利学派对理论经济学前提的追问——论米塞斯的经济认识论》，《经济问题》2008 年第 3 期。

77. 陈学明：《评卡尔·考茨基的主要理论观点》，《马克思主义与现实》2008 年第 4 期。

78. 段忠桥：《国外马克思主义者关于市场社会主义的争论》，《马克思主义与现实》2006 年第 3 期。

79. 傅耀：《奥地利学派经济学方法论论旨》，《贵州社会科学》2008 年第 8 期。

80. 高保中：《市场经济与竞争均衡：哈耶克的启示与超越》，《南开经济研究》2004 年第 4 期。

81. 高歌:《从社会主义经济核算的论战看熊彼特与哈耶克的理论异同》,《当代世界与社会主义》2008 年第 2 期。

82. 高歌:《熊彼特与哈耶克对奥地利传统的批评与继承——以瓦尔拉斯均衡为切入点》,《云南财经大学学报》2008 年第 3 期。

83. 胡义成:《"劳动价值论一元论"的始作俑者是考茨基——对马克思主义价值理论演变史的非主流性考察(上)》,《陕西教育学院学报》2003 年第 2 期。

84. 胡义成:《"劳动价值论一元论"的始作俑者是考茨基——对马克思主义价值理论演变史的非主流性考察(下)》,《陕西教育学院学报》2003 年第 3 期。

85. 贾根良:《奥地利学派的解释学转向与演化经济学的综合》,《学术月刊,2005 年第 4 期。

86. 贾根良:《奥地利学派的演进:传统与突变》,《社会科学战线》2004 年第 3 期。

87. 江宣林、余淼杰:《兰格、布鲁斯经济思想与中国经济改革》,《中央财经大学学报》2000 年第 4 期。

88. 靳涛:《两大经济思潮的碰撞与演进——历史学派和奥地利学派的思想追踪及对现代经济学的影响》,《江苏社会科学》2005 年第 6 期。

89. 景维民、孙景宇:《奥地利学派对社会主义经济的诘难——文献综述及基于中国实践的一个回应》,《当代经济研究》2008 年第 2 期。

90. 李春放:《关于二三十代社会主义经济计算大辩论的解读与反思》,《当代世界与社会主义》1999 年第 6 期。

91. 李春放:《市场社会主义的源流》,《社会科学研究》1999 年第 3 期。

92. 李春放:《市场社会主义的主要代表人物及其观点》,《探索》1999 年第 4 期。

93. 李华芳:《维也纳的回声——关于奥地利学派的经济思想》,《读书》2008 年第 4 期。

94. 刘志铭:《竞争性市场过程产业组织与经济增长奥地利经济学派的发展》,《南开经济研究》2001 年第 4 期。

95. 刘志铭:《市场过程、产业组织与政府规制:奥地利学派的视角》,《经济评论》2002 年第 3 期。

96. 刘志铭:《市场过程中的知识与外部性:现代奥地利学派的视角》,《南京社会科学》2004 年第 3 期。

97. 吕薇洲:《市场社会主义理论的历史回顾——两次论战和两种模式》,《马克思主义研究》1997 年第 4 期。

98. 罗珉:《奥地利学派租金理论述评》,《外国经济与管理》2006 年第 4 期。

99. 彭爱兰:《奥地利学派消费规律理论及其对我们的启示》,《消费经济》1997 年第 3 期。

100. 宋萌荣:《关于市场社会主义的若干问题——与大卫·施韦卡特的对话》,《国外理论动态》2005 年第 1 期。

101. 苏振华:《新兴古典经济学与奥地利学派的理论渊源比较》,《求索》2005 年第 10 期。

102. 孙韶林:《论兰格的"竞争解决"社会主义模式》,《当代世界与社会主义》2001 年第 3 期。

103. 万英,维钧:《关于兰格社会主义经济理论的几个问题》,《经济科学》1989 年第 1 期。

104. 王建民:《路德维希·冯·米瑟斯社会主义观述评》,《山东大学学报(哲学社会科学版)》2007 年第 6 期。

105. 王建民:《中国的改革开放与社会主义观的变革》,《当代世界与社会主义问题》2008 年第 3 期。

106. 韦森:《奥地利学派的方法论及其在当代经济科学中的意义及问题》,《学术月刊》2005 年第 4 期。

107. 卫兴华:《价值理论研究中的热点难点问题探讨(上)》,《南京财经大学学报》2004 年第 1 期。

108. 卫兴华:《价值理论研究中的热点难点问题探讨(下)》,《南京财经大学学报》2004 年第 2 期。

109. 奚兆永:《对劳动价值论的马克思主义经济学史的考察——兼评胡义成先生"对马克思主义价值理论演变史的非主流性考察"》,《东方论坛》2004 年第 2 期。

110. 晏智杰:《劳动价值论:反思与争论》,《经济评论》2004 年第 3 期。

111. 杨春学：《米塞斯与奥地利学派经济学》，《云南财经大学学报》2008 年第 4 期。

112. 张文成：《计划经济体制命运的预言者？—布鲁兹库斯及其〈苏维埃俄国的经济计划〉一书》，《当代世界与社会主义》2002 年第 2 期。

113. 周瑞峰，刘立门：《〈经济学的哲学〉中的芝加哥学派与奥地利学派》，《安徽文学》2008 年第 1 期。

英文文献

1. A. H. Murray, "Professor Hayek's Philosophy", *Economica*, August 1945.

2. A. P. Lerner, "Economic Theory and Socialist Economy: A Rejoinder", *The Review of Economic Studies*, Febrary 1935.

3. A. P. Lerner, "A Note on Socialist Economics", *The Review of Economic Studies*, October 1936.

4. A. P. Lerner, "From Vulgar Political Economy to Vulgar Marxism", *The Journal of Political Economy*, August 1939.

5. A. P. Lerner, "Statics and Dynamics in Socialist Economics", *The Economic Journal*, June 1937.

6. A. P. Lerner, "Theory and Practice in Socialist Economics", *The Review of Economic Studies*, October 1938.

7. A. P. Lerner, "Economic Theory and Socialist Economy", *The Review of Economic Studies*, October 1934.

8. Abba P. Lerner, "The Economics and Politics of Consumer Sovereignty", *The American Economic Review*, March 1972.

9. Abram Bergson, "Communist Economic Efficiency Revisited", *The American Economic Review*, May, 1992.

10. Abram Bergson, "Market Socialism Revisited", *The Journal of Political Economy*, October 1967.

11. Allin Cottrell, W. Paul Cockshott, "Calculation, Complexity And Planning: The Socialist Calculation Debate Once Again", *Review of Political Economy*, July 1993.

12. Bruce Caldwell, "Hayek and Socialism", *Journal of Economic Litera-*

ture, December 1997.

13. Bruce Caldwell, "Hayek and Socialism", *Journal of Economic Literature*, December 1997.

14. Dan Greenwood, "Commensurability and Beyond: From Mises and Neurath to The future of the Socialist Calculation Debate", *Economy and Society*, Febrary 2006.

15. David Ramsay Steele, "Posing the Problem: The Impossibility of Economic Calculation under Socialism", *Journal of Liberation Studies*, Winter 1981.

16. Dennis A. Sperduto, "The Forgotten contribution: Murray Rothbard on Socialism in Theory and in Practice' and the Reinterpretation of the Socialist Calculation Debate: A Comment", *The Quarterly Journal of Austrian Economics*, Spring 2005.

17. Don Lavoie, "A Critique of the Standard Account of the Socialist Calculation Debate", *Journal of Liberation Studies*, Winter 1981.

18. Dudley F. Pegrum, "Economic Planning and the Science of Economics", *The American Economic Review*, June 1941.

19. E. F. M. Durbin, "Professor Hayek on Economic Planning and Political Liberty", *The Economic Journal*, December 1945.

20. E. R. A. Seligman, C. A. Tuttle, F. M. Taylor, E. A. Ross., "The Next Decade of Economic Theory: Discussion", *Publications of the American Economic Association*, 3rd Series, Febrary 1901.

21. Eduard Heimann, "Professor Hayek on German Socialism", *The American Economic Review*, December 1945.

22. Eduard Heimann, "The Future of Free Enterprise.", *American Journal of Economics and Sociology*, April 1944.

23. F. A. Hayek, "The Use of Knowledge in Society", *The American Economic Review*, September 1945.

24. F. A. v. Hayek, "Socialist Calculation: The Competitive Solution", *Economica*, New Series, May, 1940.

25. F. M. Taylor, "The Guidance of Production in a Socialist State", *The American Economic Review*, March 1929.

26. F. M. Taylor, "The Objects and Methods of Currency Reform in the United States", *The Quarterly Journal of Economics*, April 1898.

27. F. M. Taylor, "Monetary Reform in the United States", *The Economic Journal*, December 1898.

28. F. M. Taylor, "The Elasticity of Note Issue under the New Currency Law", *The Journal of Political Economy*, May 1914.

29. F. M. Taylor, "The Final Report of the Indianapolis Monetary Commission", *The Journal of Political Economy*, June 1898.

30. Frank H. Knight, "Professor Hayek and the Theory of Investment", *The Economic Journal*, March 1935.

31. Frank H. Knight, "The Place of Marginal Economics in a Collectivist System", *The American Economic Review*, March 1936.

32. Fritz Machlup, "Friedrich Von Hayek's Contribution to Economics", *The Swedish Journal of Economics*, December 1974.

33. Gary S. Becker, Kevin M. Murphy, "The Division of Labor, Coordination Costs, and Knowledge", *The Quarterly Journal of Economics*, November 1992.

34. George A. Reisch, "Planning Science: Otto Neurath and the 'International Encyclopedia of Unified Science'", *The British Journal for the History of Science*, June 1994.

35. George Reisman, "Environmentalism In The Light Of Menger And Mises", *The Quarterly Journal Of Austrian Economics*, Summer 2002.

36. Gert H. Mueller, Max Weber, "Socialism and Capitalism in the Work of Max Weber", *The British Journal of Sociology*, June 1982.

37. H. D. Dickinson, "Price Formation in a Socialist Community", *The Economic Journal*, June 1933.

38. H. D. Dickinson, "Problems of a Socialist Economy", *The Economic Journal*, March 1934.

39. Israel M. Kirzner, "Mises and His Understanding Of The Capitalist System", *Cato Journal*, Fall 1999.

40. J. C. Rees, "Hayek on Liberty", *Philosophy*, October 1963.

41. Jack Wiseman, "Uncertainty, Costs, and Collectivist Economic Plan-

ning", *Economica*, *New Series*, May 1953.

42. James A. Yunker, "Post-Lange Market Socialism: An Evaluation of Profit-Oriented Proposals", *Journal of Economic Issues*, September 1995.

43. James A. Yunker, "The Microeconomic Efficiency Argument for Socialism Revisited." *Journal of Economic Issues*, March 1979.

44. James·A·Yunker, "The Equity-Efficiency Tradeoff under Capitalism and Market Socialism", *Eastern Economic Journal*, January 1991.

45. Janos Kornai, "What the Change of System from Socialism to Capitalism Does and Does Not Mean", *The Journal of Economic Perspectives*, Winter 2000.

46. John Braland, "Toward a Calculational Theory and Policy of Intergenerational Sustainability", *The Quarterly Journal of Austrian Economics*, Summer 2006.

47. John Gray, "Hayek on Liberty, Rights, and Justice", *Ethics*, October 1981.

48. John O'Nell, "'Radical Subjectivism': Not Radical, Not Subjectivist", *The Quarterly Journal of Austrian Economics*, Summer 2000.

49. John·N·Gray, "F·A·Hayek on Liberty and Tradition", *The Journal of Libertarian Studies*, Spring 1980.

50. Joseph Persky, "Retrospectives: Lange and von Mises, Large-Scale Enterprises, and the Economic Case for Socialism", *The Journal of Economic Perspectives*, Autumn 1991.

51. Karen I. Vaughn, "The Relevance of Subjective Costs: Reply", *Southern Economic Journal*, July 1981.

52. Kenneth E. Boulding, "The Economics of Knowledge and the Knowledge of Economics", *The American Economic Review*, March 1966.

53. Kenneth J. Arrow, "Limited Knowledge and Economic Analysis", *The American Economic Review*, March 1974.

54. Kenneth J. Arrow, "Methodological Individualism and Social Knowledge", *The American Economic Review*, May 1994.

55. Lawrence A. Boland, "Knowledge and the Role of Institutions in Economic Theory", *Journal of Economic Issues*, December 1979.

56. Lawrence J. Connin, "Hayek, Liberalism and Social Knowledge", *Canadian Journal of Political Science / Revue canadienne de science politique*, June 1990.

57. Ludwig Von Mises, "The Equations of Mathematical Economics and the Problem of Economic Calculation in a Socialist State", *The Quarterly Journal of Austrian Economics*, Spring 2000.

58. Maurice Dobb, "Economic Theory and Socialist Economy: A Reply", *The Review of Economic Studies*, Febrary 1935.

59. Maurice Dobb, "Problems of Soviet Finance", *The Slavonic and East European Review*, April 1933.

60. Maurice Dobb, "The Significance of the Five Year Plan", *The Slavonic and East European Review*, June 1931.

61. Michael Ellman, "The Fundamental Problem of Socialist Planning", *Oxford Economic Papers, New Series*, July 1978.

62. Odd J. Stalebrink, "The Hayk and Mises Controversy: Bridging Differences", *The Quarterly Journal of Austrian Economics*, Spring 2004.

63. Oscar Lange, "The Practice of Economic Planning and The Optimum Allocation of Resources", *Econometrica*, July 1949.

64. Oskar Lange, "Mr. Lerner's Note on Socialist Economics", *The Review of Economic Studies*, Febrary 1937.

65. Oskar Lange, "On the Economic Theory of Socialism: Part One", *The Review of Economic Studies*, October 1936.

66. Oskar Lange, "On the Economic Theory of Socialism: Part Two", *The Review of Economic Studies*, Febrary 1937.

67. Peter J. Boettke, Christopher J. Coyne, "The Forgotten Contribution: Murray Rothbard on Socialism in Theory and in Practice", *The Quarterly Journal of Austrian Economics*, Summer 2004.

68. Peter · J · Boettke, Christopher · J · Coyne, "The forgotten contribution: Murray Rothbard on socialism", *The Quarterly Journal of Austrian Economics*, Summer 2004.

69. Pham Chung, "Clarence E. Ayres and the Socialist Planning Debate", *Journal of Economic Issues*, March 1978.

70. R. H. Coase, "The Marginal Cost Controversy", *Economica*, *New Series*, *August* 1946.

71. R. H. Coase, "The Nature of the Firm", *Economica*, *New Series*, November 1937.

72. Reinhard Stiebler, "A Pre-history of Misesian Calculation: The contribution of Adolphe Thiers", *Quarterly Journal of Austrian Economics*, Winter 1999.

73. Robert Bradley, "Market Socialism: A Subjectivist Evaluation", *Journal of Liberation Studies*, Winter 1981.

74. Robert P. Murphy, "Cantor's Diagonal Argument: An Extension on the Socialist Calculation Debate", *The Quarterly Journal of Austrian Economics*, Summer 2006.

75. Sheldon L. Richman, "War Communism to NEP: The Road from Serfdom", *Journal of Liberation Studies*, Winter 1981.

76. Tibor Scitovsky, "Lerner's Contribution to Economics", *Journal of Economic Literature*, December 1984.

77. Vernon L. Smith, "Reflections On Human Action After 50 Years", *Cato Journal*, Fall 1999.

78. William L. Anderson, "Austrian Economics and the " Market Test: "A Comment on Laband and Tollison", *The Quarterly Journal of Austrian Economics*, Fall 2000.

79. William N. Butos, "Hayek and General Equilibrium Analysis", *Southern Economic Journal*, October 1985.

80. Yuri Maltsev, "Murray N. Rothbard As a Critic of Socialism", *Journal of Liberation Studies*, Spring 1996.

81. Z. Clark Dickinson, "Fred M. Taylor's Views on Socialism", *Economica*, *New Series*, Febrary 1960.